全国高职高专规划教材·法律系列
浙江省重点教材

刑事诉讼原理与实务

主 编 高 洁 胡成建

副主编 郑布英 李 静 陈雄武

内 容 简 介

本书以培养高技能的基层法律服务人才为目标,在工学结合教育模式的指导下,结合高职高专法律类专业刑事诉讼课程教学的规律与特点,借鉴全国司法统一考试刑事诉讼法考试大纲的要求,根据司法秘书、律师及律师助理等基层法律服务工作岗位的需要,依据实际诉讼过程,紧密结合专业能力,由简单到复杂,以案件为载体,确定学习情境,依据刑事诉讼的基本程序,选取案件接收与接受、侦查阶段提供法律服务、移送起诉阶段提供法律服务、参与法庭审理、协助案件执行等过程性知识内容作为项目训练的依据,系统介绍了刑事诉讼基本知识,实现传统学科体系的解构与工作过程系统化知识的重构。

图书在版编目(CIP)数据

刑事诉讼原理与实务/高洁,胡成建主编. —北京:北京大学出版社,2010.8
(全国高职高专规划教材·法律系列)
ISBN 978-7-301-17595-8

Ⅰ.刑… Ⅱ.①高…②胡… Ⅲ.①刑事诉讼法－中国－高等学校:技术学校－教材 Ⅳ.①D925.2

中国版本图书馆 CIP 数据核字(2010)第 149677 号

书　　　名	刑事诉讼原理与实务
著作责任者	高　洁　胡成建　主编
责 任 编 辑	周　伟
标 准 书 号	ISBN 978-7-301-17595-8/G·2652
出 版 发 行	北京大学出版社
地　　　址	北京市海淀区成府路 205 号　100871
网　　　址	http://www.pup.cn
电 子 信 箱	zyjy@pup.cn
电　　　话	邮购部 62752015　发行部 62750672　编辑部 62756923　出版部 62754962
印 刷 者	北京鑫海金澳胶印有限公司
经 销 者	新华书店
	787 毫米×1092 毫米　16 开本　17.75 印张　432 千字
	2010 年 8 月第 1 版　2016 年 7 月第 2 次印刷
定　　　价	35.00 元

未经许可,不得以任何方式复制或抄袭本书之部分或全部内容。
版权所有,侵权必究
举报电话:(010) 62752024　电子信箱:fd@pup.pku.edu.cn

前 言

"刑事诉讼原理与实务"课程是根据法律事务专业培养目标,以司法一线的应用型人才为目标,以提高学生综合实践能力为目的而设置的,根据基层法律工作人员岗位人才的任职要求进行课程设计。通过刑事诉讼原理的学习以及刑事诉讼实务的训练,使学生很好地掌握刑事诉讼的基本制度、案件的管辖、证据的运用等基本知识以及审判程序和执行程序的相关规定,并能理论联系实际地加以运用,树立程序公正的理念,达到会办理刑事案件、能参与刑事审判活动、能运用刑事执行的有关规定协助案件执行。可以说,刑事诉讼技能是从事基层法律服务工作必须具备的一项职业关键能力。

本教材的编写立足于高等法律职业教育教学改革,在工学结合教育模式的指导下,结合高职高专法律专业刑事诉讼课程教学的规律与特点,借鉴全国司法统一考试刑事诉讼法考试大纲的要求,根据司法秘书、律师及律师助理等基层法律服务工作岗位的需要,从着重培养学生刑事案件接收与接受、提供法律服务、参与法庭审理、协助案件执行的专业能力以及信息收集、资料整理、创新能力等方法能力以及团队合作、社会责任感等社会能力以及从事法律工作的基本职业道德角度,打破传统刑事诉讼法教材编写的体例、模式,按照任务引领、项目驱动课程内容安排的要求,采用全新的编写方法,充分体现项目课程内涵中的能力观、结构观、综合观、过程观、策略观,以培养职业能力为核心,以诉讼任务分析为基础,以行动为主题,以案例为驱动,通过"序化"、"简化"、"例化"处理好显性知识与默会知识、必备知识与拓展知识、理论知识与实践知识的关系,达到整合课程内容的目的。

(一)内容选取

刑事诉讼程序包括立案、侦查、起诉、审理和执行五个主要诉讼环节,不同性质的案件、不同的诉讼阶段要求不同的技能,不同的岗位需要不同的技能。根据法律事务专业培养基层法律服务人才所需要的刑事诉讼技能,本教材遵循了"以职业行动获得知识"的心理规律,依据实际诉讼过程,充分考虑其实用性、典型性、可操作性以及可拓展性等因素,紧密结合专业能力,考虑知识点的合理分配以及知识解构和学习能力的循序渐进,由简单到复杂,以案例为载体,确定学习情境,从而实现传统学科体系的解构与工作过程系统化知识的重构。

刑事诉讼法律始终存在于一个动态发展的过程,参与刑事诉讼所需要的专业知识也必定不断更新和变化,但是刑事诉讼的基本程序的过程性知识是不变的,本教材将依据刑事诉讼法的基本程序,选取案件接收与接受、侦查阶段提供法律服务、移送起诉阶段提供法律服务、参与法庭审理、协助案件执行等过程性知识内容作为项目训练的依据。

(二) 编写体例

本教材主要介绍刑事诉讼的基本知识,按照"项目导向、任务驱动"课程教学方法,以刑事诉讼基本程序为主线,根据不同的案件设置不同的学习情境,每个学习情境下又分别设置不同的诉讼任务,在每个诉讼任务下分别设置任务描述、知识储备、文书写作、重点内容图解、同步练习等内容。

1. 任务描述

任务描述是学生需要完成的某个诉讼任务,以及通过完成诉讼任务期望达到的教学效果的统一,以及对于学生能力以及素质的培养目标要求。按照实践对于不同知识内容应用要求的不同,任务描述也相应不同。

2. 知识储备

知识储备是每个诉讼任务的内容的主干部分,系统介绍完成每个诉讼任务所需的刑事诉讼基本原理与实务要求。

3. 文书写作

本教材创新性地将刑事诉讼所需法律文书也纳入学生学习范畴,系统介绍相应法律文书的范例、写法以及注意事项。

4. 重点内容图解

重点内容图解是体现每个诉讼中重点知识以及相互关系的知识结构图,或者是难点问题的图解。

5. 同步练习

同步练习是学生通过每个诉讼任务应当掌握的刑事诉讼原理与实务操作的系统检测,是对学生分析问题、解决问题能力的一种显性训练。

目　录

第一编　课程导读

学习任务一　认识刑事诉讼　(3)
　第一节　刑事诉讼　(3)
　　一、诉讼和刑事诉讼　(3)
　　二、刑事附带民事诉讼　(5)
　第二节　刑事诉讼法　(6)
　　一、刑事诉讼法的概念　(6)
　　二、刑事诉讼法的渊源　(7)
　　三、刑事诉讼法与其他相邻部门法之间的关系　(8)

学习任务二　刑事诉讼法律关系主体　(11)
　第一节　刑事诉讼中的专门机关　(11)
　　一、公安机关　(11)
　　二、人民检察院　(12)
　　三、人民法院　(14)
　　四、其他专门机关　(14)
　第二节　诉讼参与人　(16)

学习任务三　刑事诉讼的基本原则　(29)
　第一节　刑事诉讼的基本原则的概念、体系　(29)
　　一、刑事诉讼基本原则的概念　(29)
　　二、我国的刑事诉讼基本原则的体系　(29)
　第二节　一般原则　(30)
　　一、以事实为根据，以法律为准绳的原则　(30)
　　二、对一切公民在适用法律上一律平等的原则　(31)
　　三、各民族公民有权使用本民族文字进行诉讼的原则　(31)
　　四、保障诉讼参与人的诉讼权利的原则　(31)
　　五、依靠群众的原则　(32)
　第三节　特殊原则　(33)
　　一、侦查权、检察权、审判权由专门机关依法行使的原则　(33)
　　二、人民法院、人民检察院依法独立行使职权的原则　(35)

三、三机关分工负责、互相配合、互相制约的原则……………………(36)
　　四、犯罪嫌疑人、被告人有权获得辩护的原则 ……………………(37)
　　五、人民检察院对刑事案件实行法律监督的原则 …………………(38)
　　六、未经人民法院依法判决，不得确定有罪的原则 ………………(38)
　　七、不追究刑事责任不能追诉的原则 ………………………………(40)
　　八、审判公开的原则 …………………………………………………(40)
　　九、追究外国人犯罪适用我国刑事诉讼法的原则 …………………(41)
　　十、国际司法协助的原则 ……………………………………………(42)

第二编　情境教学——刑事自诉案件的诉讼

诉讼任务一　接收与接受自诉案件……………………………………(47)
　第一节　刑事自诉案件的接收 …………………………………………(47)
　　一、自诉案件的范围 …………………………………………………(47)
　　二、提起刑事自诉案件的条件 ………………………………………(49)
　　三、刑事自诉案件的提起程序 ………………………………………(50)
　　四、刑事自诉案件的辩护与代理 ……………………………………(51)
　第二节　刑事自诉案件的审查 …………………………………………(53)
　　一、刑事自诉案件的诉讼时效 ………………………………………(53)
　　二、管辖 ………………………………………………………………(53)
　第三节　刑事自诉案件的证据收集 ……………………………………(57)
　　一、认识证据 …………………………………………………………(57)
　　二、证据的基本特征 …………………………………………………(57)
　　三、证据的种类 ………………………………………………………(59)
　　四、刑事诉讼证明 ……………………………………………………(66)
　第四节　法律文书写作 …………………………………………………(70)
　　一、刑事自诉状 ………………………………………………………(70)
　　二、刑事自诉案件答辩状 ……………………………………………(73)
　　三、刑事附带民事诉状 ………………………………………………(74)

诉讼任务二　参与刑事自诉案件一审法庭审理………………………(79)
　第一节　刑事自诉案件审理的基本制度 ………………………………(79)
　　一、审判的概念 ………………………………………………………(79)
　　二、审判程序 …………………………………………………………(80)
　　三、审判组织 …………………………………………………………(81)
　　四、审级制度 …………………………………………………………(82)
　　五、回避制度 …………………………………………………………(83)

  六、法庭审理的中止与终止 …………………………………………… (90)
  七、庭审中常见的法律文书 …………………………………………… (90)
 第二节 刑事自诉案件第一审程序 ………………………………………… (91)
  一、庭审程序概述 ……………………………………………………… (91)
  二、刑事自诉案件第一审普通程序 …………………………………… (92)
  三、刑事自诉案件简易程序 …………………………………………… (98)
  四、附带民事诉讼的第一审程序 ……………………………………… (99)
 第三节 法律文书写作 …………………………………………………… (100)
  一、刑事代理词 ……………………………………………………… (100)
  二、刑事自诉案件辩护词 …………………………………………… (101)
  三、刑事自诉案件判决书 …………………………………………… (103)
  四、刑事自诉案件裁定书 …………………………………………… (105)

诉讼任务三 参与刑事自诉案件二审法庭审理 ……………………………… (110)
 第一节 刑事自诉案件二审的提起 ……………………………………… (110)
  一、刑事自诉案件第二审程序的概念 ……………………………… (110)
  二、刑事自诉案件二审的提起 ……………………………………… (110)
 第二节 刑事自诉案件二审的审判程序 ………………………………… (111)
  一、审判组织 ………………………………………………………… (111)
  二、审理原则 ………………………………………………………… (111)
  三、审理方式与程序 ………………………………………………… (114)
  四、审理期限 ………………………………………………………… (115)
 第三节 刑事自诉案件二审的不同处理 ………………………………… (115)
 第四节 法律文书写作 …………………………………………………… (116)

诉讼任务四 参与审判监督程序引起的再审审理 ……………………………… (120)
 第一节 审判监督程序概述 ……………………………………………… (120)
  一、审判监督程序的概念 …………………………………………… (120)
  二、审判监督程序的特点 …………………………………………… (120)
 第二节 审判监督程序的提起 …………………………………………… (120)
  一、提起审判监督程序的材料来源 ………………………………… (120)
  二、提起审判监督程序的条件 ……………………………………… (121)
  三、有权提起审判监督程序的主体 ………………………………… (122)
 第三节 依照审判监督程序对案件的重新审判 ………………………… (123)
  一、重新审理的人民法院及对申诉的审查处理 …………………… (123)
  二、重新审判的程序 ………………………………………………… (124)
  三、重新审理后的裁决 ……………………………………………… (124)
  四、审理期限 ………………………………………………………… (125)
 第四节 法律文书写作 …………………………………………………… (125)

诉讼任务五　协助刑事自诉案件执行 ……………………………… (129)
　第一节　执行的依据 ……………………………………………… (129)
　　一、执行的概念 …………………………………………………… (129)
　　二、执行的依据 …………………………………………………… (129)
　第二节　执行的实施 ……………………………………………… (130)
　　一、无罪判决和免除刑罚的执行 ………………………………… (130)
　　二、附加刑的执行 ………………………………………………… (130)
　　三、主刑的执行 …………………………………………………… (132)
　　四、缓刑的执行 …………………………………………………… (134)
　第三节　执行变更 ………………………………………………… (135)
　　一、监外执行 ……………………………………………………… (135)
　　二、减刑 …………………………………………………………… (136)
　　三、假释 …………………………………………………………… (137)
　第四节　对新罪和申诉的处理 …………………………………… (138)
　　一、对新罪的处理 ………………………………………………… (138)
　　二、认为判决有错误和对罪犯申诉的处理 …………………… (138)

第三编　情境教学——刑事公诉案件的诉讼

诉讼任务一　立案、侦查阶段提供法律服务 ……………………… (143)
　第一节　刑事公诉案件的接收与接受 …………………………… (143)
　　一、公诉案件的范围 ……………………………………………… (143)
　　二、公诉案件的立案管辖 ………………………………………… (144)
　　三、公诉案件的追诉时效 ………………………………………… (145)
　第二节　提供法律服务 …………………………………………… (146)
　　一、侦查手段与程序 ……………………………………………… (146)
　　二、侦查终结 ……………………………………………………… (153)
　　三、强制措施 ……………………………………………………… (155)
　　四、侦查阶段律师的法律帮助 …………………………………… (170)
　第三节　法律文书写作 …………………………………………… (171)
诉讼任务二　提起公诉阶段的法律服务 ………………………… (176)
　第一节　公诉案件的审查起诉 …………………………………… (176)
　　一、提起公诉概述 ………………………………………………… (176)
　　二、审查起诉 ……………………………………………………… (176)
　　三、提起公诉 ……………………………………………………… (178)
　　四、不起诉 ………………………………………………………… (180)

第二节　审查起诉阶段的辩护与代理 …………………………… (183)
　　　一、刑事公诉案件的辩护 ………………………………………… (183)
　　　二、刑事公诉案件中的代理 ……………………………………… (185)
　　第三节　法律文书写作 …………………………………………… (187)
　　　一、法律意见书 …………………………………………………… (187)
　　　二、起诉书 ………………………………………………………… (189)

诉讼任务三　参与公诉案件一审审理 …………………………… (194)
　　第一节　公诉案件的第一审程序 ………………………………… (194)
　　　一、公诉案件第一审程序概述 …………………………………… (194)
　　　二、公诉案件一审的管辖 ………………………………………… (194)
　　　三、几种特殊案件的管辖 ………………………………………… (196)
　　　四、公诉案件普通程序 …………………………………………… (197)
　　　五、公诉案件简易程序 …………………………………………… (200)
　　　六、关于适用普通程序审理"被告人认罪案件"的特别规定 ……… (201)
　　　七、单位犯罪案件的审理程序 …………………………………… (202)
　　　八、公诉案件第一审程序的审理期限 …………………………… (203)
　　　九、人民检察院对审判活动的监督 ……………………………… (203)
　　　十、公诉案件与自诉案件的比较 ………………………………… (203)
　　第二节　公诉案件一审的辩护与代理 …………………………… (205)
　　　一、律师担任公诉案件一审辩护人享有的诉讼权利 …………… (205)
　　　二、律师担任公诉案件第一审程序被害人的诉讼代理人
　　　　　享有的诉讼权利 ……………………………………………… (206)
　　第三节　法律文书写作 …………………………………………… (206)
　　　一、辩护词 ………………………………………………………… (206)
　　　二、代理词 ………………………………………………………… (208)
　　　三、公诉意见书 …………………………………………………… (208)
　　　四、判决书 ………………………………………………………… (209)
　　　五、裁定书 ………………………………………………………… (209)

诉讼任务四　参与公诉案件二审审理 …………………………… (214)
　　第一节　公诉案件第二审程序概述 ……………………………… (214)
　　第二节　检察院抗诉的第二审程序 ……………………………… (214)
　　　一、抗诉权与抗诉机关 …………………………………………… (214)
　　　二、提起抗诉的方式和程序 ……………………………………… (215)
　　　三、提起抗诉的期限 ……………………………………………… (215)
　　　四、提起抗诉的理由 ……………………………………………… (215)
　　　五、审理方式 ……………………………………………………… (216)
　　　六、审理期限 ……………………………………………………… (216)

第三节　法律文书写作 …………………………………………… (216)
　　　一、刑事上诉状 ………………………………………………… (216)
　　　二、刑事抗诉书 ………………………………………………… (216)
诉讼任务五　参与死刑复核程序审理 ……………………………… (222)
　　第一节　死刑复核程序概述 ………………………………………… (222)
　　　一、死刑复核程序的概念 ……………………………………… (222)
　　　二、死刑复核的特点 …………………………………………… (222)
　　　三、死刑复核程序中的辩护人 ………………………………… (223)
　　第二节　判处死刑立即执行案件的复核程序 …………………… (223)
　　　一、死刑立即执行案件的核准权 ……………………………… (223)
　　　二、死刑立即执行复核程序 …………………………………… (224)
　　　三、对判处死刑立即执行案件的复核 ………………………… (224)
　　　四、死刑停止执行 ……………………………………………… (226)
　　第三节　判处死刑缓期2年执行案件的复核程序 ……………… (227)
　　　一、死刑缓期执行案件的核准权 ……………………………… (227)
　　　二、死刑缓期执行案件的报请复核 …………………………… (227)
　　　三、对死刑缓期执行案件复核后的处理 ……………………… (227)
诉讼任务六　协助公诉案件执行 …………………………………… (231)
　　第一节　无期徒刑的执行 ………………………………………… (231)
　　　一、执行的程序 ………………………………………………… (231)
　　　二、执行的场所 ………………………………………………… (231)
　　　三、刑期的折抵 ………………………………………………… (232)
　　第二节　死刑的执行 ……………………………………………… (232)
　　　一、死刑立即执行判决的执行 ………………………………… (232)
　　　二、死刑缓期2年执行判决的执行 …………………………… (233)
　　第三节　死刑缓期2年执行的变更 ……………………………… (233)

第四编　特殊程序的刑事诉讼

诉讼任务一　未成年人犯罪案件的诉讼 …………………………… (239)
　　第一节　未成年人刑事案件诉讼程序概述 ……………………… (239)
　　　一、未成年人刑事案件诉讼程序的概念 ……………………… (239)
　　　二、未成年人刑事案件诉讼程序的法律依据 ………………… (239)
　　　三、办理未成年人犯罪案件的方针和原则 …………………… (241)
　　第二节　未成年人刑事案件诉讼程序的特点 …………………… (241)
　　　一、未成年人犯罪立案阶段的特点 …………………………… (241)

二、未成年人犯罪侦查阶段的特点 …………………………………… (242)
　　三、未成年人犯罪审查起诉阶段的特点 ……………………………… (243)
　　四、未成年人犯罪审判阶段的特点 …………………………………… (244)
　　五、未成年人犯罪执行阶段的特点 …………………………………… (245)

诉讼任务二　涉外刑事案件的诉讼 …………………………………………… (248)
　第一节　涉外刑事案件诉讼程序概述 ……………………………………… (248)
　　一、涉外刑事诉讼程序的概念 ………………………………………… (248)
　　二、涉外刑事诉讼程序所适用的案件范围 …………………………… (248)
　　三、涉外刑事诉讼所适用的法律 ……………………………………… (249)
　第二节　涉外刑事诉讼程序的特别规定 …………………………………… (249)
　　一、涉外刑事诉讼的特有原则 ………………………………………… (249)
　　二、涉外刑事诉讼的特别程序 ………………………………………… (251)

诉讼任务三　刑事赔偿程序 …………………………………………………… (256)
　第一节　刑事赔偿概述 ……………………………………………………… (256)
　　一、刑事赔偿的概念 …………………………………………………… (256)
　　二、刑事赔偿范围 ……………………………………………………… (256)
　第二节　刑事赔偿程序 ……………………………………………………… (257)
　　一、刑事赔偿请求人 …………………………………………………… (257)
　　二、刑事赔偿义务机关 ………………………………………………… (257)
　　三、刑事赔偿的具体程序 ……………………………………………… (258)
　　四、刑事赔偿方式、计算标准及费用 ………………………………… (259)
　　五、刑事赔偿请求时效 ………………………………………………… (260)

附录　同步练习答案 …………………………………………………………… (264)
参考文献 ………………………………………………………………………… (269)

第一编 课程导读

学习任务一　认识刑事诉讼

任务描述

　　本章内容是刑事诉讼的入门知识,是学习刑事诉讼首先要掌握的内容。本章主要介绍刑事诉讼、刑事附带民事诉讼的基本概念、特征,刑事诉讼法的概念,三大诉讼的基本比较。通过本章内容的学习,使学生具备以下专业能力:
　　1. 能识别刑事诉讼、刑事附带民事诉讼;
　　2. 会比较民事诉讼、刑事诉讼以及行政诉讼的异同;
　　3. 能识别刑事诉讼法及其渊源。

知识储备

第一节　刑事诉讼

一、诉讼和刑事诉讼

(一) 诉讼

　　"诉讼"一词在不同的语系有不同的表达方式,如拉丁文的 processus,英文的 process、procedure、proceedings、suit、lawsuit,德文的 prozess 等,其最初的含义是发展和向前推进的意思,日本法学家译为"诉讼",实际是"程序"、"过程"之意,用在法律上,也就是指一个案件的发展过程,诉讼是一种三方组合,其最一般的含义是:处于平等对抗地位、有纠纷的双方向处于中立地位的裁判方告诉其纠纷,并请求裁判方解决其纠纷的活动。在现代社会,诉讼是国家司法活动的重要内容,国家司法权通过诉讼活动得以实现,从而达到解决社会纠纷、实现法律正义的目的。诉讼具有四个基本特征。
　　1. 诉讼产生于社会冲突
　　诉讼的发生、发展都是因为存在某种能够通过诉讼加以解决的事实存在,没有社会冲突,也就没有诉讼。
　　2. 诉讼是一种公力救济方式
　　社会冲突可能通过不同的救济方法得到解决,如自行解决与和解,这是最常见的方式,这是一种不动用公共权力的"私力救济"方式;调解与仲裁,自行解决与和解不能及时解决冲突时,调解和仲裁也是人们可能采用的解决冲突方式,调解和仲裁在解决冲突时引入第三方或新的一方劝导发生利益冲突的各方消除对抗,提出争议权益的处置和补偿办法,或对其做出裁决,调解与仲裁的基础是争议各方的自由意志,仲裁通常也是以争议各方事前约定为前提;诉讼,由社会控制系统或国家介入,以社会控制系统或国家强制力进行处置。公共权力的使用以及对诉讼结果的确认往往使诉讼成为一种合法的、最有效的从而也是最终的冲突解决手段。

3. 诉讼是一种三方组合

诉讼必须有案件的原告(控方)和被告(辩方),案件的一方当事人作为原告向公安司法机关提出控告,案件的另一方当事人成为被告接受公安司法机关的审判与追究。根据诉讼中原被告身份的不同,可以将诉讼分为民事诉讼、刑事诉讼和行政诉讼三类。

同时,诉讼必须有公安司法机关的参加,在公安司法机关的主持下对案件进行裁决。

4. 诉讼必须遵循法定的程序

诉讼的一个基本特点就是其程序的规范性,表现在诉讼必须按照分类规定的程序进行,任何诉讼参加人都不能随心所欲。

(二) 刑事诉讼

刑事诉讼是指公安司法机关处理刑事案件的活动,即公安机关、人民检察院、人民法院在当事人和其他诉讼参与人的参加下,依法揭露犯罪、证实犯罪和惩罚犯罪分子的活动,是侦查、起诉、审判、执行等程序的总称。刑事诉讼具有以下特点。

1. 刑事诉讼必须由法定的专门机关主持进行,其他国家机关无权进行。根据《中华人民共和国宪法》(以下简称《宪法》)和法律的规定,我国的刑事诉讼中的专门机关是指公安机关、国家安全机关、人民检察院和人民法院。只有这些机关才能依法分别行使国家的侦查权、检察权和审判权,只有它们才能依法进行刑事诉讼。

2. 刑事诉讼活动必须是在当事人和其他诉讼参与人的参加下进行。因为它是一种诉讼行为,不是一般的行政活动,如果没有当事人和其他诉讼参与人的参加,专门机关也就无从主持进行诉讼活动。

3. 刑事诉讼活动必须依法进行。即必须严格依照刑事诉讼法规定的程序和方式进行。刑事诉讼法所规定的程序、方法和法律手续是公安司法机关和诉讼参与人进行刑事诉讼的依据和行为准则,只有依法进行刑事诉讼,才能具有法律效力。同时,刑事诉讼从立案到执行,自始至终既有明确的阶段性,又有逐步发展的连续性,每个阶段不仅有其特定的任务和程序,而且各个阶段又相互联结一环紧扣一环,环环都必须依法进行,不允许司法工作人员滥用职权,必须严格依法办案,对于违反法定的诉讼程序和方式的,应当依法予以纠正,由于违反诉讼程序和方式造成严重后果的,有关人员应当承担法律责任。

4. 刑事诉讼活动的内容是解决被告人或犯罪嫌疑人是否犯罪,犯了什么罪,是否应当受到刑事处罚,处以什么样的刑罚的问题。它是贯彻落实国家刑罚权,解决被告人定罪量刑问题的一项特定的国家活动。由于这项活动的特定性、严重性、严肃性,所以必须准确地进行,正确地适用法律。

5. 刑事诉讼是在特定的诉讼形式(或曰诉讼"模式")下进行。在人类历史上,不同的社会,不同的历史时期,不同的诉讼制度,有不同的诉讼形式。与一般的行政活动或其他国家活动相比,刑事诉讼对诉讼形式的要求特别严格,只有科学化、民主化的诉讼形式才能保证诉讼的顺利进行。

6. 刑事诉讼是准确、及时、合法地揭露、证实犯罪,依法惩罚犯罪,同时保障无罪的人不受刑事追究,以达到维护社会主义法制,保护公民的人身权利、民主权利和其他权利,保障社会主义经济建设顺利进行为目的。

在诉讼理论上对刑事诉讼的概念理解有广义和狭义的区分。广义的刑事诉讼是指审判机关的审判、公诉机关的起诉和侦查机关的侦查等活动的总称。狭义的刑事诉讼专指人民法院对刑事案件的审判活动。我国刑事诉讼理论中一般采用广义刑事诉讼的解释,本书所指的刑事诉讼指广义的刑事诉讼。

广义的刑事诉讼主要包括以下五个阶段。

1. 立案

立案是指公安机关、人民检察院、人民法院对报案、控告、举报和犯罪人的自首等方面的材料进行审查,判明是否有犯罪事实并需要追究刑事责任,依法决定是否作为刑事案件交付侦查或审判的诉讼活动。

2. 侦查

侦查是指由特定的公安司法机关为收集、查明、证实犯罪和缉获犯罪人而依法采取的专门调查工作和有关的强制性措施。

3. 起诉

起诉包括公诉和自诉两种。提起公诉,作为起诉的一种类型,是指人民检察院对公安机关侦查终结、移送起诉的案件,进行全面审查,对应当追究刑事责任的犯罪嫌疑人提交人民法院进行审判的一项诉讼活动。提起自诉是指法律规定的享有自诉权的个人直接向有管辖权的人民法院提起的刑事诉讼的一项诉讼活动。

4. 审判

审判是指人民法院在控、辩双方及其他诉讼参与人的参加下,依照法定的权限和程序,对于依法向其提出诉讼请求的刑事案件进行审理和裁判的诉讼活动。

5. 执行

执行是指刑事执行机关为了实施已经发生法律效力的判决和裁定所确定的内容而进行的活动。在我国,刑事执行的主体主要是人民法院、公安机关和监狱等。

二、刑事附带民事诉讼

刑事附带民事诉讼是指公安司法机关在刑事诉讼过程中,在解决被告人刑事责任的同时,附带解决因被告人的犯罪行为所造成的物质损失的赔偿问题而进行的诉讼活动。

《中华人民共和国刑事诉讼法》(以下简称《刑事诉讼法》)第77条规定:"被害人

由于被告人的犯罪行为而遭受物质损失的,在刑事诉讼过程中,有权提起附带民事诉讼。如果是国家、集体财产遭受损失的,人民检察院在提起公诉的时候,可以提起附带民事诉讼。人民法院在必要的时候,可以查封或者扣押被告人的财产。"

附带民事诉讼就其解决的问题而言,是物质损失赔偿问题,与民事诉讼中的损害赔偿一样属于民事纠纷,但它和一般的民事诉讼又有区别,有着自己的特殊之处。这表现为两个方面:从实体上说,这种赔偿是由犯罪行为所引起的;从程序上说,它是在刑事诉讼的过程中提起的,通常由审判刑事案件的审判组织一并审判。其成立和解决都与刑事诉讼密不可分,因而是一种特殊的诉讼程序。正因为如此,解决附带民事诉讼问题时所依据的法律具有复合性特点:就实体法而言,对损害事实的认定,不仅要遵循《中华人民共和国刑法》(以下简称《刑法》)关于具体案件犯罪构成的规定,而且要受民事法律规范调整;就程序法而言,除刑事诉讼法有特殊规定的以外,应当适用民事诉讼法的规定。如诉讼原则、强制措施、证据、先行给付、诉讼保全、调解和解、撤诉反诉等,都要遵循《中华人民共和国民事诉讼法》(以下简称《民事诉讼法》)的有关规定,所以最高人民法院《关于执行〈中华人民共和国刑事诉讼法〉若干问题的解释》(以下简称最高人民法院《解释》)第100条规定:"人民法院审判附带民事诉讼案件,除适用刑法、刑事诉讼法外,还应当适用民法通则、民事诉讼法有关规定。"

第二节　刑事诉讼法

一、刑事诉讼法的概念

(一)刑事诉讼法的概念

刑事诉讼法是国家的基本部门法之一,它是关于刑事诉讼程序的法律规范的总和,即有关刑事诉讼活动的进行、诉讼的方式、内容及其效力的各项规定的总称。在我国,刑事诉讼法是指国家制定的调整公安机关(含国家安全机关)、人民检察院、人民法院和诉讼参与人进行刑事诉讼所必须遵守的法律规范。

刑事诉讼法的概念也有广义与狭义之分,上述概念即为广义的刑事诉讼法概念。而狭义的刑事诉讼法也称形式意义上的刑事诉讼法,专指名称叫刑事诉讼法的法律,它不包括其他法律中有关刑事诉讼程序的规定。在我国是指1979年7月1日第五届全国人民代表大会第二次会议通过,1996年3月17日第八届全国人民代表大会第四次会议修正的《中华人民共和国刑事诉讼法》。

(二)刑事诉讼法的特征

刑事诉讼法属于程序法。根据法律的内容分类,国家的法律大体上可分为实体法与程序法两大类。刑事诉讼法属于程序法之一。根据程序法的特征,要求刑事诉讼法的内容必须具有可操作性、应用性和实用性的特点。

刑事诉讼法作为主持刑事诉讼的专门机关和诉讼参与人必须遵守的行为规则,任何一个专门机关及其案件承办人,任何一个诉讼参与人,都不得违反。否则,就不能保证刑事诉讼的正确进行,甚至会导致一定的法律后果,形成冤假错案,无法实现刑事诉讼的任务。

刑事诉讼法的内容一般包括:(1)规定公安机关、国家安全机关、人民检察院、人民法院在刑事诉讼各个阶段的职责、权限,以及它们相互之间的诉讼法律关系;(2)规定公安机关、国家安全机关、人民检察院、人民法院进行刑事诉讼应当遵守的原则、制度、程序和方法;(3)规定公安机关、国家安全机关、人民检察院、人民法院在刑事诉讼过程中调查、收集证据,审查、核实运用证据,查明案件事实的基本规则;(4)规定刑事诉讼中强制措施的种类,以及适用的对象、条件和程序;(5)规定当事人和其他诉讼参与人参加刑事诉讼活动的原则、程序和权利、义务;(6)规定刑事诉讼各个阶段的任务、程序和进行的方法,以及适用的法律文书;(7)规定监督、检查刑事诉讼活动是否正确、合法,以及纠正错误的原则、程序和方法等。

二、刑事诉讼法的渊源

刑事诉讼法的渊源又称刑事诉讼法的表现形式,它是指刑事诉讼法律规范的存在形式或载体。我国刑事诉讼法的主要渊源如下。

(一)宪法

宪法是国家的根本大法,是制定一切法律的依据。刑事诉讼法是根据宪法制定的,宪法所规定的一些带有根本性的国家制度、原则,公民的权利、义务,都是制定刑事诉讼法的依据,宪法中的许多条文所规定的内容就是刑事诉讼法的内容。如公开审判、被告人有权获得辩护等。

(二)刑事诉讼法

我国现行刑事诉讼法是1979年7月1日第五届全国人民代表大会第二次会议通过,1996年3月17日第八届全国人民代表大会第四次会议修正的《中华人民共和国刑事诉讼法》,它构成了我国刑事诉讼法的主要法律渊源。

(三)其他有关法律

其他有关法律是指除了刑事诉讼法之外由全国人民代表大会及其常务委员会制定的与刑事诉讼相关的法律,如《中华人民共和国人民法院组织法》(以下简称《人民法院组织法》)、《中华人民共和国人民检察院组织法》(以下简称《人民检察院组织法》)、《中华人民共和国安全法》、《中华人民共和国监狱法》(以下简称《监狱法》)、《中华人民共和国律师法》(以下简称《律师法》)等。

(四)有关行政法规、规定

有关行政法规或规定是指国务院及其主管部门为了执行国家法律、法令而颁布的行政法规中的有关刑事诉讼程序的规定,或就本部门业务工作中与刑事诉讼有关的问题所作的规定。如1979年12月24日公安部《关于刑事侦查部门分管的刑事案件及其立案标准和管理制度的规定》,1982年1月22日原邮电部《关于军队执行逮捕拘留的机关扣押被逮捕拘留人犯邮件电报批准权限问题的通知》。

(五)有关地方性法规

有关地方性法规是指具有立法权的地方国家权力机关即有立法权的地方人民代表大会及其常务委员会所颁布的地方性法规中,有关刑事诉讼程序的规定及其所作的解释。

(六)有关司法解释

有关司法解释是指最高人民法院和最高人民检察院,就人民法院审判工作和人民检察工作中,如何具体运用法律、法令问题所作的解释、通知、批复等。如1998年6月29日最高人民法院《解释》,1998年12月16日最高人民检察院颁发的《人民检察院刑事诉讼规则》(以下简称最高人民检察院《规则》)等。

(七)有关国际条约

凡经我国缔结或加入的国际条约,经过全国人大常委会批准后,其中与刑事诉讼有关的内容,均为我国刑事诉讼法的渊源,如《联合国少年司法最低限度标准规则》(《北京规则》)、《禁止酷刑和其他残忍、不人道或有辱人格的待遇或处罚公约》等。

三、刑事诉讼法与其他相邻部门法之间的关系

(一)刑事诉讼法与刑法的关系

刑事诉讼法与刑法的关系是刑事程序法与刑事实体法的关系,程序法是为实体法的实现而存在的,二者相互依存、密不可分、缺一不可。刑事诉讼法是刑事程序法,规定如何查明犯罪和惩罚犯罪;刑法是刑事实体法,规定犯罪与刑罚,解决行为人的行为是否构成犯罪,应否处以刑罚的实体性问题。刑事诉讼法与刑法之间是形式与内容的统一,也是方法和任务的统一。对刑事案件的处理,既要有刑法作为定罪量刑的依据,又要有刑事诉讼法来保证刑法的正确实施,如果没有刑事诉讼法从司法程序上保证刑法的执行,刑法所规定的一切内容就成了一纸空文。同样,如果没有刑法作为刑事诉讼的内容和标准,刑事诉讼法的一切规定也就失去了目的和意义。

(二)刑事诉讼法与民事诉讼法、行政诉讼法的关系

刑事诉讼、民事诉讼和行政诉讼都是以某个可以引发诉讼的事实的存在为前提,在当事人的参加下,由公安司法机关依法主持进行并对案件做出处理的诉讼活动。刑事诉讼法、民事诉讼法和行政诉讼法同是程序法,所以,在三个诉讼法中规定的许多诉讼原则、制度和程序都是相同的。如公开审判、两审终审、使用民族语言文字进行诉讼、审判监督程序等。但是,三大诉讼法各自要解决的实体问题的性质不同:刑事诉讼法所要解决的问题是刑事被告人是否犯罪及其应否负刑事责任的问题;民事诉讼法所要解决的是当事人之间民事权利义务的纠纷与争议的问题;行政诉讼法所要解决的是维护和监督行政机关依法行政,保护公民和法人组织的合法权益问题。三大诉讼法的任务、目的的差异使它们在诉讼原则、制度和程序方面又有许多的不同。如主持诉讼的专门机关,刑事诉讼除了人民法院以外,还有公安机关、国家安全机关和人民检察院,民事诉讼、行政诉讼主要是人民法院。在诉讼程序上,刑事诉讼有侦查阶段,还有

专门限制人身自由的强制措施。在证据制度上,证明责任的划分、证明标准的要求都有一定的差异。在诉讼的结果上,刑事责任、民事责任和行政处罚的差别就更大了。

重点内容图解

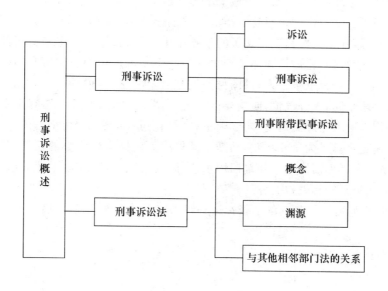

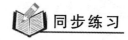

一、单项选择题

1. 我国刑事诉讼法制定的依据是(　　)。
   A. 宪法　　　　　　B. 刑法
   C. 人民法院组织法、人民检察院组织法及中华人民共和国人民警察法
   D. 我国参加和缔结的国际条约

2. 下列关于刑事诉讼法与刑法关系的表述错误的是(　　)。
   A. 刑法是实体法,刑诉法是程序法
   B. 刑法和刑事诉讼法都是以惩罚犯罪,保证人权,维护社会秩序,限制国家公权为目的
   C. 刑法是从静态上对国家刑罚权的限制,刑事诉讼法是从动态上对国家刑罚权进行程序上的限制
   D. 二者相互独立,没有关系

3. 我国的刑事诉讼指的是(　　)。
   A. 人民检察院提起公诉的活动
   B. 人民法院对刑事案件的审判活动
   C. 人民法院、人民检察院和公安机关(含国家安全机关)在当事人及其他诉讼

人的参与下,依照法律规定的程序,解决被追诉者刑事责任问题的活动

D. 公安机关的侦查活动

二、案例分析题

王李两家分属两村,均毗邻一地下水源。由于所处地区气候干旱,水源短缺,两家常因用水问题发生争执。今年夏季旱情严重,王家兄弟以其所承包土地多于李家为由企图独占水源,并在一次与李家父子的争吵中出手打人,导致李家老父腿部骨折和腰部挫伤,老二受轻伤,还肆意毁坏了李村分配给李家承包用的集体所有的拖拉机和一些农具。事后王家为息事宁人,试图付一笔赔偿金给李家,但仍霸占水源。李家大哥看到父亲卧床难起,十分气愤,叫嚷要以牙还牙,"出了这口窝囊气",夺回水源,"让王家知道我们李家不是好惹的"。老二则主张"打官司",向法院"讨个公道"。而李村的村干部为避免事态扩大争斗不止,劝李家既然王家已做出较充分的赔偿,就不要再另起争端,由村干部出面协调重新拿回用水权,而且只要不到法院去告发,法院是不会理的,这样对大家平安相处也有好处。

请问:你如何看待各人的主张?这一纠纷应通过何种途径处理?

学习任务二　刑事诉讼法律关系主体

任务描述

　　法律关系主体是法律关系的参加者,即在法律关系中一定权利的享有者和一定义务的承担者。刑事诉讼是由专门机关组织、指挥、主持和诉讼参与人参加的诉讼活动,刑事诉讼法律关系的主体就包括了专门机关和诉讼参与人。本章内容主要介绍刑事诉讼法律关系主体的类型以及各自在刑事诉讼中的地位、诉讼权利以及诉讼义务。通过本章内容的学习,使学生具备以下专业能力:
　　1. 能识别各种刑事诉讼法律关系主体;
　　2. 熟练掌握各专门机关在刑事诉讼中的职权划分;
　　3. 熟练运用犯罪嫌疑人、被告人及被害人的诉讼地位以及诉讼权利;
　　4. 会处理涉及有关专门机关和诉讼参与人的诉讼程序法律事务。

知识储备

第一节　刑事诉讼中的专门机关

一、公安机关

(一)公安机关的性质和地位

　　公安机关是国家的行政机关,是各级人民政府的组成部分,是各级政府中专门负责治安、保卫工作的部门。公安机关又是国家的侦查机关,负责大多数刑事案件的立案侦查工作,进行刑事诉讼活动。
　　在刑事诉讼中,公安机关也是刑事诉讼法律关系的主要主体或主要诉讼主体,公安机关在刑事诉讼中不仅同样享有重要的和广泛的诉讼权利,承担较多的诉讼义务,而且在由公安机关负责立案侦查的诉讼阶段,其始终处于指挥者和主持者的地位。

(二)公安机关的领导体制

　　在体制上,公安机关是从中央到地方各级人民政府的组成部分和职能部门。因此公安机关的组织体系是:在中央人民政府即国务院设公安部,从业务上负责组织领导全国各级公安机关的工作;地方各级人民政府也分别设置相应的公安机关,包括省、自治区、直辖市、公安厅(局),省辖市、自治州公安局(处),县、自治县、县级市公安局以及市辖区公安分局。各级公安机关在本行政区内经批准可设立派出机构,如省公安厅可在地区行署设立公安处,县公安局、市辖区公安分局可下设公安派出所。此外,国家还在铁路、民航、交通、林业等一些特殊行业系统及一些特殊企业、事业单位中设立了公安机关,负责本系统或本单位的治安保卫工作。公安机关实行双重领导体制,一方面各级公安机关要接受本级人民政府的领导;同时,下级公安机关还要接受上级公安机关的领导。

(三) 公安机关在刑事诉讼中的权利与义务

公安机关在刑事诉讼中依法享有下列主要职权。

1. 立案侦查。公安机关对属于自己管辖的刑事案件有权立案,并采取讯问犯罪嫌疑人,询问被害人、证人,勘验、检查、搜查,扣押物证、书证,鉴定、通缉等侦查手段收集、调取证据,并有权向有关单位与个人收集、调取证据。有关单位与个人应当如实提供,不得拒绝。

2. 对依法应当由公安机关直接受理的刑事案件的犯罪嫌疑人有权进行拘留,对人民检察院、人民法院依法批准或决定的拘留、逮捕负责执行。这里包括四个方面:(1) 公安机关对自己立案侦查的案件的犯罪嫌疑人有权进行拘留;(2) 公安机关对自己立案侦查并报请人民检察院批准逮捕的犯罪嫌疑人执行逮捕;(3) 人民检察院在办理依法直接受理的案件和审查起诉的案件中所作的对犯罪嫌疑人的拘留、逮捕决定由公安机关负责执行;(4) 人民法院在依法审理案件中所作的对被告人的逮捕决定由公安机关负责执行。

3. 提请人民检察院决定起诉。对自己侦查终结的案件,认为应当追究刑事责任的,有权将犯罪嫌疑人移送人民检察院决定起诉。发现不应对犯罪嫌疑人追究刑事责任的,则有权撤销案件。

4. 要求复议和提请复核。公安机关对人民检察院做出的不批准逮捕、不起诉决定,认为有错误的,可以要求复议。如果意见不被接受,可以提请上一级人民检察院复核。

5. 对于被人民法院判处管制、剥夺政治权利、宣告缓刑、假释的罪犯及有关机关决定暂予监外执行的罪犯,由公安机关负责执行、监督或考察。

公安机关在刑事诉讼中的义务是必须忠于事实真相,忠于法律,忠于人民的利益。

二、人民检察院

(一) 人民检察院的性质

根据我国《宪法》和《人民检察院组织法》的有关规定,中华人民共和国人民检察院是国家的法律监督机关,代表国家行使检察权,依法监督、保障宪法和法律的正确实施,维护社会主义法律的统一和尊严。就公诉案件而言,人民检察院也是刑事诉讼法律关系的主要主体。

(二) 我国人民检察院的体系

我国的人民检察院的组织体系包括最高人民检察院、地方人民检察院和专门人民检察院。根据《宪法》和《人民检察院组织法》的有关规定，人民检察院实行双重管理体制：一方面，各级人民检察院均由本级人民代表大会产生，对它负责，受它监督；另一方面，在人民检察院系统内部实行上级人民检察院领导下级人民检察院的体制，即最高人民检察院领导全国范围地方各级人民检察院和专门检察院的工作，在地方各级人民检察院和专门检察院体系中，上级人民检察院领导下级人民检察院的工作。

根据《人民检察院组织法》的有关规定，在各级人民检察院内部实行检察长负责制，统一领导本院工作。同时，各级人民检察院设立检察委员会，组成人员由检察长提请本级人民代表大会常务委员会任免。检察委员会实行民主集中制，在检察长的主持下，讨论重大案件和其他重大问题。如果检察长在重大问题上不同意多数人的决定，可以报请本级人民代表大会常务委员会决定。

（三）人民检察院在刑事诉讼中的权利、义务

根据《刑事诉讼法》的有关规定，在刑事诉讼中，人民检察院依照法律规定独立行使检察权，不受行政机关、社会团体和个人的干涉。同时，人民检察院依法对刑事诉讼实行法律监督。具体来讲，人民检察院在刑事诉讼中的主要职权如下。

1. 侦查权

对于法律规定由人民检察院直接受理的贪污贿赂犯罪、国家工作人员的渎职犯罪、国家机关工作人员利用职权实施的特定的侵犯公民民主权利的犯罪以及侵犯公民人身权利的犯罪案件等，有权立案侦查；在侦查过程中，有权讯问犯罪嫌疑人、询问证人或被害人，进行勘验、检查、搜查，扣押物证和书证，组织鉴定；有权向任何单位和个人收集和调取物证、书证、视听资料；有权对犯罪嫌疑人采取拘传、取保候审、监视居住、拘留、逮捕等强制措施；有权对侦查终结移送起诉的案件进行补充侦查。

2. 公诉权

检察机关是国家唯一的公诉机关，代表国家行使公诉案件的控诉权。有权对侦查终结移送起诉的案件进行审查，决定提起公诉或不起诉；对国家财产、集体财产遭受损失的，有权在提起公诉的同时提起附带民事诉讼；在审查起诉时，对于需要补充侦查的案件，有权决定自行补充侦查或退回补充侦查；在审判阶段，有权派员出席法庭支持公诉；在法庭上，有权讯问被告人；有权向证人、鉴定人发问；有权宣读未到庭证人的证言笔录、鉴定人的鉴定结论、勘验笔录和其他作为证据的文书；有权向法庭出示物证；有权参加法庭辩论。

3. 诉讼监督权

对公安机关不立案的决定认为有错误的有权要求公安机关立案；对公安机关、国家安全机关、军队保卫部门、监狱、走私犯罪侦查机关要求逮捕犯罪嫌疑人的申请进行审查，决定是否批准逮捕；对侦查机关的侦查活动是否合法有权实行监督，如果发现有违法情况，有权通知予以纠正；有权对审判过程中的违法情形提出纠正意见；对人民法院确有错误的裁判，有权依照法定程序提出抗诉；在执行阶段，有权对判决、裁定的执行活动实行监督。

人民检察院在刑事诉讼中的义务是必须忠于事实真相，忠于法律，忠于人民的利益。对当事人及其他诉讼参与人的诉讼权利必须切实予以保障，不得侵犯。

综上可见，人民检察院在刑事诉讼中，既是侦查机关，又是公诉机关，还是法律监

督机关,它的职权活动贯穿于刑事诉讼的全过程,在刑事诉讼中居于特殊的重要地位。

三、人民法院

(一)人民法院的性质

根据《宪法》和《人民法院组织法》的有关规定,中华人民共和国法院是国家的审判机关,代表国家依法独立行使审判权。狭义的司法机关就是指法院。在刑事诉讼中,人民法院是刑事诉讼法律关系的主要主体或主要诉讼主体。在审判阶段,人民法院始终居于主导地位,负责主持和指挥全部诉讼活动,并对案件做出裁决。

(二)人民法院的组织体系

根据《人民法院组织法》的有关规定,人民法院的组织体系由最高人民法院、地方各级人民法院和专门人民法院组成。地方各级人民法院分为基层人民法院、中级人民法院、高级人民法院。

根据《宪法》和《人民法院组织法》的有关规定,最高人民法院对全国人民代表大会及其常务委员会负责并报告工作,地方各级人民法院对本级人民代表大会及其常务委员会负责并报告工作。人民法院系统内部各级人民法院之间,下级人民法院的审判工作受上级法院的监督,即上级人民法院监督下级人民法院的审判工作,最高人民法院监督地方各级人民法院和专门人民法院的审判工作。

(三)人民法院在刑事诉讼中的权利与义务

人民法院是唯一有权审理刑事案件并定罪量刑的国家机关。为了保障刑事审判的顺利进行,人民法院在刑事诉讼中享有以下诉讼权利。

1. 依法受理人民检察院提起的刑事公诉案件,对其进行审理和做出裁判。
2. 依法直接受理刑事自诉案件和刑事附带民事诉讼案件,对其进行审理和做出裁判。
3. 在审判活动中,有权决定对被告人采取拘传、取保候审、监视居住和逮捕措施。
4. 在审判活动中,为调查、核实证据,有权进行勘验、检查、扣押、鉴定和查询、冻结。
5. 在审理附带民事诉讼案件中,必要的时候可以查封、扣押被告人的财产。
6. 依法主持和指挥审判活动,对违反法庭秩序的人,有权予以警告制止,强行带出法庭,罚款、拘留,直至追究刑事责任。
7. 对生效的判决、裁定,依法交付执行机关执行;对罚金、没收财产以及其他有法应由人民法院执行的判决,有权直接执行。
8. 对确有错误的生效判决,依法按照审判监督程序进行再审。

人民法院在刑事诉讼中的义务是忠于事实真相,忠于法律,忠于人民的利益。必须切实保障诉讼参与人依法行使其享有的各项诉讼权利,不得以任何借口加以限制或剥夺。

四、其他专门机关

(一)国家安全机关

国家安全机关是我国国家安全工作的主管机关,依法担负着与危害国家安全的违法犯罪行为作斗争,保卫国家安全,巩固人民民主专政,维护社会主义制度的重要任务。国家安全机关是各级人民政府的组成部分和职能部门,负责领导和管理全国的国家安全工作。

《刑事诉讼法》第 4 条规定:"国家安全机关依照法律规定,办理危害国家安全的刑事案件,行使与公安机关相同的职权。"根据这一规定,国家安全机关对于危害国家安全的刑事案件行使立案权、侦查权、拘留权、预审权和执行逮捕权,其职权内容与公安机关的相关职权相同,以后各章中凡论及公安机关的相关职权,均与国家安全机关一致,不再另外论及。

(二) 军队保卫部门

军队保卫部门是专门负责军队内部安全保卫工作的军事机关职能部门。军队是不同于地方或其他部门的特殊的武装集团,军队内部发生的刑事案件及其查处活动有一定的特殊性。因此,我国《刑事诉讼法》第 225 条第 1 款特别规定了军队保卫部门对军队内部发生的刑事案件行使侦查权。此前,国家早已通过立法在军队内部设置了军事检察院、军事法院,它们对军队内部发生的刑事案件分别行使提起公诉权和审判权。1993 年 12 月 29 日第八届全国人民代表大会常务委员会第五次会议通过《关于中国人民解放军保卫部门对军队内部发生的刑事案件行使公安机关侦查、拘留、预审和执行逮捕的职权的规定》中中国人民解放军保卫部门承担军队内部发生的刑事案件的侦查工作,其性质同公安机关对刑事案件的侦查是相同的,因此享有同公安机关相同的侦查权,包括拘留、执行逮捕、预审等职权以及讯问犯罪嫌疑人、询问证人、勘验、检查、搜查、扣押物证、书证、鉴定等侦查手段。所谓军队内部发生的刑事案件,主要是指军队现役军人(含在编职工)犯罪的案件,军队现役军人(含在编职工)在地方上作案的,也属于军队内部的刑事案件,由军队保卫部门侦查。

(三) 监狱

监狱是刑罚的执行机关,根据《刑事诉讼法》和《监狱法》等有关法律的规定,对于服刑人员在监狱内的犯罪活动,狱侦部门可以依法行使公安机关具有的侦查权。我国《监狱法》第 60 条规定:"对罪犯在监狱内犯罪的案件,由监狱进行侦查。侦查终结后,写出起诉意见书或者免予起诉意见书,连同案卷材料、证据一并移送人民检察院。"

表 2-1 为不同侦查机关的侦查权限。

表 2-1 不同侦查机关的侦查权限

侦查机关	侦查权限
公安机关	一般案件的侦查权,除法律另有专门的规定
人民检察院	贪污贿赂案件、国家工作人员渎职、国家机关工作人员利用职权实施的非法拘禁、刑讯逼供、报复陷害、非法搜查等侵犯公民人身权利和民主权利的犯罪案件,需要由检察机关直接受理,并经省级以上人民检察院决定的国家机关工作人员利用职权实施的其他重大犯罪案件
国家安全机关	危害国家安全的案件
军队保卫部门	军队内部发生的刑事案件
监狱	罪犯在监狱内的犯罪案件

第二节 诉讼参与人

刑事诉讼参与人是指在刑事诉讼活动中除侦查、检察、审判机关工作人员以外参加刑事诉讼活动,依法享有一定的诉讼权利,承担一定的诉讼义务的人员。根据《刑事诉讼法》的有关规定,刑事诉讼参与人主要包括:当事人、法定代理人、诉讼代理人、辩护人、证人、鉴定人和翻译人员。依据诉讼参与人同案件的利害关系不同,可以将诉讼参与人分为当事人和其他诉讼参与人两类(参见图2-1)。

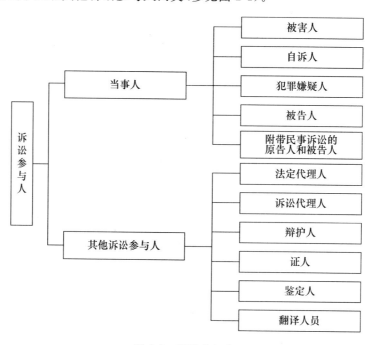

图 2-1 诉讼参与人

(一)当事人

我国刑事诉讼中的当事人是在诉讼中处于追诉(原告)或被追诉(被告)的地位,执行控诉(起诉)或辩护(答辩)职能,并同案件事实和案件处理结果具有切身利害关系的诉讼参与人。根据《刑事诉讼法》第82条第2项的规定,我国刑事诉讼法中的当事人是指被害人、自诉人、犯罪嫌疑人、被告人、附带民事诉讼的原告人和被告人。

我国刑事诉讼的当事人具有以下特点:

(1)在刑事诉讼中处于追诉(原告)或被追诉(被告)的地位,执行控诉(起诉)职能或辩护(答辩)职能;

(2)同案件事实有直接具体的切身利害关系,案件的处理结果对其有直接影响;

(3)属于诉讼参与人的范畴,即应该是司法工作人员以外的诉讼参与人。

1. 被害人

对于"被害人"这个概念应当从事实意义和诉讼意义两个方面来界定和理解。

在事实意义上,被害人是指其人身、财产及其他权益遭受犯罪行为侵害的人。从这个意义上讲,被害人不仅存在于公诉案件中,也存在于自诉案件中,还存在于刑事附带民事诉讼中;被害人不仅有自然人,也有法人和非法人单位。但是,事实意义上的被害人在各类诉讼中担任着不同的诉讼角色:在刑事公诉案件中,被害人仍以"被害人"的名义参与诉讼;在自诉案件中,被害人是以"自诉人"的名义参与诉讼;在刑事附带民事诉讼中,被害人则又以"附带民事诉讼的原告人"参与诉讼。不同的诉讼角色,在诉讼中居于不同的诉讼地位,因而也享有不同的诉讼权利,承担不同的诉讼义务。因此本书所称"被害人"是专指公诉案件的被害人。

在我国,公诉案件的被害人是刑事诉讼的当事人,一方面,与犯罪嫌疑人、被告人一样具有独立的诉讼地位,享有一定的诉讼权利,也承担一定的诉讼义务;另一方面,由于刑事公诉案件的特殊性,又要对其诉讼地位作必要的限制。

根据《刑事诉讼法》的有关规定,被害人享有的与犯罪嫌疑人、被告人共同的诉讼权利如下。

(1) 有用本民族语言文字进行诉讼的权利。

(2) 申请侦查人员、检察人员、审判人员、书记员、鉴定人、翻译人员回避的权利及对驳回申请回避的决定申请复议的权利。

(3) 对于侦查人员、检察人员和审判人员侵犯其诉讼权利和人身侮辱的行为,有权提出控告。

(4) 有权参加法庭调查,就起诉书指控的犯罪进行陈述;经审判长许可向被告人、证人、鉴定人发问;对公诉人、辩护人向法庭出示的物证进行辨认;对当庭宣读的未到庭的证人的证言笔录、鉴定人的鉴定结论、勘验笔录和其他作为证据的文书发表意见;有权申请通知新的证人到庭,调取新的物证,申请重新鉴定或者勘验。

(5) 有权参加法庭辩论,对证据和案件情况发表意见并与公诉人、被告人及其辩护人展开互相辩论。

(6) 有权对各级人民法院已经发生法律效力的判决、裁定,依法提出申诉等。

根据《刑事诉讼法》的有关规定,被害人在刑事诉讼中享有的特有的诉讼权利如下。

(1) 对侵犯其人身、财产权利的犯罪事实或者犯罪嫌疑人,有权向公安机关、人民检察院或者人民法院报案或者控告。

(2) 对于公安机关、人民检察院不立案的决定,有权获知原因;如果不服,可以申请复议。

(3) 认为公安机关对应当立案侦查的案件而不立案侦查的,有权向人民检察院提出,要求公安机关说明不立案的理由。

(4) 自案件移送审查起诉之日起,有权委托诉讼代理人。

(5) 对于人民检察院所作的不起诉的决定,有权获得不起诉决定书;如果不服,有权向上一级人民检察院申诉,请求提起公诉;对于上一级人民检察院维持不起诉决定的,有权向人民法院起诉;也可以不经申诉,直接向人民法院起诉。

(6) 对有证据证明被告人侵犯自己人身、财产权利的行为应当依法追究刑事责任,而公安机关或人民检察院不予追究被告人刑事责任的案件,有权向人民法院提起自诉。

(7) 对地方各级人民法院第一审的判决不服的,有权请求人民检察院提出抗诉,人民检察院在收到请求后5日内,应做出是否抗诉的决定并答复请求人等。

被害人在享有上述诉讼权利的同时,也要承担一定的诉讼义务,主要有:

(1) 如实向公安司法机关陈述案件事实;
(2) 接受公安司法机关对其进行人身检查;
(3) 接受公安司法机关的传唤;
(4) 在法庭上接受询问;
(5) 遵守法庭秩序等。

2. 自诉人

自诉人是指在自诉案件中以个人名义直接向人民法院提起刑事诉讼的人。一般情况下,自诉人就是自诉案件中的被害人、被害人的近亲属或其法定代理人。自诉人是自诉案件的一方当事人,具有独立的诉讼地位,在自诉案件中行使控诉职能,其诉讼行为对诉讼进程有决定性作用。因而,自诉人是自诉案件中重要的诉讼主体。法律赋予自诉人在诉讼中以广泛的诉讼权利。

自诉人除享有诉讼参与人的共同的诉讼权利以外,法律还赋予其广泛的诉讼权利,主要有:

(1) 提起刑事诉讼和附带民事诉讼;
(2) 申请审判人员、书记员、鉴定人和翻译人员回避;
(3) 出席法庭审判,参加法庭调查和辨认,申请人民法院调取新的证据,传唤证人,申请重新鉴定和勘验;
(4) 委托代理人参加诉讼;
(5) 请求人民法院调解或与被告人自行和解;
(6) 在审判前撤诉;
(7) 阅读或听取审判笔录,有权请求补充或改正;
(8) 对地方各级人民法院的第一审判决、裁定不服时,有权上诉;
(9) 对已经发生法律效力的判决或裁定,认为确有错误的,有权提出申请。

3. 犯罪嫌疑人

犯罪嫌疑人是指被指控有犯罪事实,并由公安机关、人民检察院立案侦查、审查,而未移送人民法院提起公诉、进行审判的有可能犯罪的人。刑事案件如果没有犯罪嫌疑人,就不可能开展所有的刑事诉讼活动,就没有审查起诉后的被告,就没有刑事审判程序。犯罪嫌疑人必须达到法定责任年龄并有行为能力。由于犯罪嫌疑人与案件的结果有直接利害关系,因此其地位比较特殊。首先,犯罪嫌疑人是处于辩护一方的当事人,享有诉讼主体的地位。其次,犯罪嫌疑人的供述和辩解是刑事证据的一种,是证据的来源之一。最后,犯罪嫌疑人是被追究刑事责任的对象,可能被定罪科刑,所以也是采取强制措施的对象。犯罪嫌疑人必须亲自参加诉讼,不能由别人代理。犯罪嫌疑人在刑事诉讼中的主要权利如下。

(1) 在被侦查机关第一次讯问后或者采取强制措施之日起,有权聘请律师提供法律咨询、代理申诉控告、申请取保候审。

(2) 对侦查人员在对其讯问中提出的与本案无关的问题,有权拒绝回答。

(3) 犯罪嫌疑人系聋、哑人的,有权要求通晓聋、哑手势的人参加。

(4) 有权核对侦查人员对其讯问所作的讯问笔录,没有阅读能力的犯罪嫌疑人有权要求侦查人员向其宣读讯问笔录;如果记载有遗漏或者差错,有权提出补充或者改正。

(5) 有权要求自行书写供述。

(6) 对于侦查机关用作证据的鉴定结论有权要求向其告知并有权申请补充鉴定或者重新鉴定。

(7) 自公诉案件移送审查起诉之日起,有权委托辩护人。

(8) 对于人民检察院依照《刑事诉讼法》第142条第2款规定做出的不起诉决定,有权向人民检察院提出申诉。

4. 被告人

被告人是指公安机关、人民检察院或自诉人指控犯罪,由人民法院受理并予以审判的人。被告人是案件的一方当事人,具有独立的诉讼地位。被告人是刑事诉讼中的中心人物,其他诉讼参与人都是围绕查明被告人是否实施了犯罪行为和是否应负刑事责任而进行活动的。被告人必须亲自参加诉讼,不能由别人代理。

由于被告人处于被追究刑事责任的地位,为了保障其合法权益,被告人在刑事诉讼中的主要权利如下。

(1) 有权自行委托辩护人,有权在法定条件下获得法院为其指定辩护人提供辩护;有权拒绝辩护人为其辩护,有权另行委托辩护人。

(2) 参加法庭调查,有权就指控的事实进行陈述,经审判长许可,对证人、鉴定人发问;有权辨认、鉴别物证,听证未到庭的证人的证言笔录、鉴定人的鉴定结论、勘验检查笔录和其他证据文书,并就上述证据发表意见;有权申请通知新的证人到庭,调取新的物证,申请重新鉴定或者勘验。

(3) 参加法庭辩论,有权对证据和案件情况发表意见并与公诉人、被害人及其诉讼代理人展开互相辩论。

(4) 有权向法庭作最后陈述。

(5) 自诉案件的被告人有权对自诉人提出反诉。

(6) 有权对地方各级人民法院的第一审判决、裁定提起上诉。

(7) 有权对各级人民法院已经发生法律效力的判决、裁定,依法提出申诉等。

作为刑事诉讼中的被追诉者,犯罪嫌疑人、被告人在依法享有广泛的诉讼权利的同时,也应当承担相应的诉讼义务,以确保诉讼活动的正常进行并完成刑事诉讼的任务。根据《刑事诉讼法》的有关规定,犯罪嫌疑人、被告人在刑事诉讼中应当承担的诉讼义务主要有:(1) 对于公安司法机关依法采用的强制措施,以及检查、搜查、扣押等侦查措施,应予合作;(2) 对于侦查人员在讯问中所提与本案有关的问题应当如实回答;(3)对于侦查人员的讯问笔录经核对并承认没有错误后应当签名或者盖章;(4)承受检察机关的起诉,依法出席并接受法庭审判;(5)对于人民法院已经生效的判决、裁定,有义务执行或协助执行等。

5. 附带民事诉讼的原告人和被告人

(1)附带民事诉讼的原告人。

附带民事诉讼的原告人是指遭受犯罪行为直接侵害而造成经济损失并在刑事诉讼中提出赔偿请求的人。附带民事诉讼的原告人,可以是公民个人、法人或其他组织,还可以是人民检察院。

① 公民个人的,一般都是直接遭受犯罪行为侵害的人。被害人已死亡的,其近亲属可以成为附带民事诉讼的原告人。被害人无行为能力或者是限制行为能力的人,其法定代理人有权提起附带民事诉讼,代为进行诉讼活动。

② 法人和其他组织作为附带民事诉讼的原告人,应由法定代表人以单位的名义提起诉讼。国家、集体财产遭受损失的,经营、管理该财产的受损单位未提起附带民事诉讼的,人民检察院在提起公诉的时候,可以以公诉人的身份提起附带民事诉讼。

③ 保险公司在支付赔偿金后,有权提起附带民事诉讼,向第三者(即附带民事诉讼的被告人)要求赔偿。

附带民事诉讼原告人的权利有:在诉讼过程中,可以委托代理人,代理诉讼;为了保证赔偿的实现,有权要求公安司法机关采取保全措施;有权申请审判人员、书记员、翻译人员、鉴定人回避,有权参加附带民事部分审判的法庭调查和法庭辩论;对人民法院关于附带民事诉讼部分的判决不服时,有权依法提起上诉;在案件审结之前,就附带民事诉讼部分可以和被告人和解或者撤诉。

附带民事诉讼原告人的义务有:如实向公安司法机关反映案件情况,并应提供证据,证明自己的主张;遵守法庭纪律听从审判人员的指挥。

(2)附带民事诉讼的被告人。

附带民事诉讼的被告人是指对犯罪行为所造成的物质损失负有赔偿责任而被起诉要求赔偿的人。通常是刑事案件的被告人,有时也可能是对被告人的行为负有赔偿责任的人或单位。附带民事诉讼被告人的范围可以概括为:成年被告人及有独立生活来源的满16周岁的未成年人;有个人财产的已满14周岁的未成年人;已被执行死刑被告人或审结前已死亡的被告人的遗产继承人;未成年被告人的监护人;未被追究刑事责任的其他共同致害人。

附带民事诉讼的被告人的权利有:有权委托代理人;在审理附带民事部分时,依法有权要求审判人员、书记员、翻译人员、鉴定人回避;有权参加法庭调查和法庭辩论;有权提起反诉;对人民法院关于附带民事部分的判决如果不服,在法定的时间内,可以提起上诉。

附带民事诉讼被告人的义务,除与原告人的义务相同以外,还有履行生效判决、裁定的义务。

附带民事诉讼的原告人和被告人都是案件的当事人,都具有独立的诉讼地位,享有法定的诉讼权利,双方地位平等。

(二) 其他诉讼参与人

其他诉讼参与人是指当事人以外的诉讼参与人。根据《刑事诉讼法》第 82 条第 4 项的规定，其他诉讼参与人应当包括法定代理人、诉讼代理人、辩护人、证人、鉴定人和翻译人员。

1. 法定代理人

法定代理人是根据法律的规定有权参加诉讼，保护被代理人合法权益的人。根据《刑事诉讼法》第 82 条第 3 项的规定，法定代理人是指被代理人的父母、养父母、监护人和负有保护责任的机关、团体的代表。在刑事诉讼中，未成年的被告人、被害人、自诉人或其他没有行为能力的被害人，他们的法定代理人可以参加诉讼。法定代理人代表被代理人的利益参加诉讼，应当是享有完全民事行为能力的自然人。为了便于诉讼，如果有多个法定代理人时，只能由其中的一个参加诉讼。法定代理人有独立的诉讼地位，享有一定的诉讼权利，担负着一定的诉讼义务。法定代理人既对被代理人的合法权益负有保护责任，又对被代理人的行为负有监护责任。法定代理人参加诉讼时，享有申请回避、提出上诉等独立的诉讼权利。自诉人和附带民事诉讼当事人的法定代理人还可以代为行使被代理人的诉讼权利，如撤回诉讼、参与调解协商等。但作为证据的陈述，只能由被代理人自己进行。在讯问和审判被告人时，刑事被告人的法定代理人得到通知后可以到场，以履行监护的职责。

2. 诉讼代理人

诉讼代理人是受被代理人的委托或人民法院指定依法参加诉讼的人。根据《刑事诉讼法》第 82 条第 5 项的规定，诉讼代理人是指公诉案件的被害人及其法定代理人或者近亲属、自诉案件的自诉人及其法定代理人委托代为参加诉讼的人和附带民事诉讼的当事人及其法定代理人委托代为参加诉讼的人。从这一规定可以看出，诉讼代理人不同于法定代理人和辩护人，诉讼代理人只有受委托或指定参加诉讼后，才具有代理人的资格。诉讼代理人只能以被代理人名义并在其授权的范围内进行诉讼。如果没有被代理人的授权或同意，诉讼代理人代替被代理人进行的诉讼活动就不具有法律效力。诉讼代理人以被代理人的名义进行诉讼活动，只能在代理权限内从事活动，进行代理活动产生的法律后果由被代理人承担。诉讼代理可分为刑事自诉案件的代理、公诉案件被害人的代理、附带民事诉讼案件的代理三类。诉讼代理人的诉讼权利与所代理的被代理人的诉讼权利相同，并以被代理人委托的权限为代理活动范围。

法定代理和诉讼代理作为完备的刑事诉讼代理制度的两个部分，法定代理人和诉讼代理人的相同之处在于：(1) 两者都是代替被代理人行使一定诉讼权利的人；(2) 法定代理人与诉讼代理人只能在法律规定的职权范围内行使诉讼权利，在他们的代理权限内进行诉讼活动；(3) 法定代理人与诉讼代理人的目的都是为了保护被代理人的合法权益。

法定代理人与诉讼代理人的不同之处在于：(1) 法定代理人的产生是自然产生的，没有委托关系，而诉讼代理人的产生是基于委托人的委托事实才产生的；(2) 两者的代理权限不同，而且法定代理人也可以委托诉讼代理人代为参加诉讼活动；(3) 法定代理关系不能解除，而诉讼代理关系被代理人可以随时要求解除。

3. 辩护人

(1) 辩护人的概念。

辩护人是依法接受委托或指定参加诉讼并为犯罪嫌疑人、被告人进行辩护的诉讼参与人。辩护人可以是律师，被告人的亲友、监护人，也可以是人民团体或者犯罪嫌疑人、被告人所在单位推荐的人。根据《刑事诉讼法》第32条第2款和最高人民法院《解释》第33条的规定，下列人员不得被委托担任辩护人：

① 被宣告缓刑和刑罚尚未执行完毕的人；
② 依法被剥夺、限制人身自由的人；
③ 无行为能力或限制行为能力的人；
④ 人民法院、人民检察院、公安机关、国家安全机关、监狱的现职人员；
⑤ 本院的人民陪审员；
⑥ 与本案审理结果有利害关系的人；
⑦ 外国人或者无国籍的人。

上述第4项、第5项、第6项、第7项规定的人员，如果是被告人的近亲属或者监护人，由被告人委托担任辩护人的，人民法院可以准许。

涉及国家秘密的案件，犯罪嫌疑人、被告人委托律师以外的人担任辩护人时，要经过人民检察院或者人民法院审查同意。

(2) 辩护人产生的途径。

辩护人产生的途径可能是接受犯罪嫌疑人、被告的委托，也可能是接受人民法院的指定。委托辩护是指犯罪嫌疑人、被告人委托律师或者其他公民充当辩护人出庭为其辩护。指定辩护是人民法院对一些特定案件的被告人或者某些特殊被告人，在他们没有委托辩护人时，为他们指定辩护人，出庭为其辩护。在我国，通常被指定的辩护人由律师承担。这种辩护人称为指定辩护人。人民法院指定辩护的决定是辩护人参加诉讼的根据。如果被指定的是律师，那么人民法院与律师所在单位则产生权利和义务关系。

指定辩护又分为强制指定辩护和任意指定辩护两种。强制指定辩护是指对于被告人没有委托辩护人的，根据《刑事诉讼法》的有关规定，人民法院应当考虑为其指定辩护人的一种制度，具体包含以下几种情况：

① 公诉人出庭公诉的案件，被告人因经济困难或者其他原因没有委托辩护人的，人民法院可以指定承担法律援助义务的律师为其指定辩护人；
② 被告人是盲、聋、哑人或者未成年人而没有委托辩护人的，人民法院应当指定承担法律援助义务的律师为其指定辩护人；
③ 被告人有可能被判处死刑而没有委托辩护人的，人民法院应当指定承担法律援助义务的律师为其指定辩护人。

任意指定辩护是指在被告人没有委托辩护人时，人民法院可以为其指定辩护人的一种制度，具体包含以下几种情况：

① 一个案件有数个被告人，其中只有一个人或几人委托辩护人，而其他并未委托者，人民法院可以为本案的其他人指定辩护人；

② 被告人为外国人或案件具有涉外因素,被告人没有委托辩护人,人民法院可以为其指定辩护人;

③ 有可能被判处无期徒刑以上刑罚的被告人,没有委托辩护人,人民法院可以为其指定辩护人;

④ 非少数民族聚居区人民法院审理的被告人为少数民族时,被告人不懂普通话又没有委托辩护人,人民法院可以为其指定辩护人;

⑤ 年老体弱又反应迟钝的被告人,没有委托辩护人,人民法院可以为其指定辩护人。

人民法院指定辩护人后,被告人坚持自己行使辩护权,拒绝指定的辩护人为其辩护的,人民法院可以准许,并记录在案。但被告人是聋、哑、盲人或者未成年人或者可能判处死刑的除外。

指定辩护制度具体内容参见图2-2。

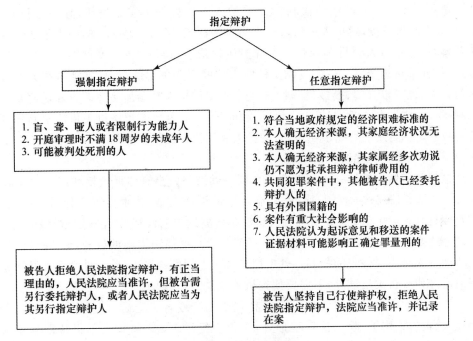

图2-2 指定辩护制度

(3) 辩护人的人数。

《刑事诉讼法》第32条对辩护人的人数也作了明确限定,即犯罪嫌疑人、被告人可以委托一至二人作为辩护人。由于同案的犯罪嫌疑人、被告人之间存在利害冲突,因此,一名律师不得同时接受两个以上(含两个)犯罪嫌疑人、被告人的委托,担任他们的辩护人。

(4) 辩护人的诉讼地位。

辩护人在刑事诉讼中的法律地位是独立的诉讼参与人,是犯罪嫌疑人、被告人合法权益的专门维护者。辩护人与犯罪嫌疑人、被告人共同承担辩护职能,这一诉讼职能独立于控诉职能和审判职能。辩护人具有独立的诉讼参与人身份,依自己的意志依法进行辩护,独立履行职务,维护犯罪嫌疑人、被告人的合法权益,既不受公诉人意见的左右,也不受犯罪嫌疑人、被告人意志的左右;既不能成为"第二公诉人",也不是犯罪嫌疑人、被告人的代言人。辩护人与出庭公诉的检察人员的诉讼地位应当是平等的,他们均服从法庭审判人员的指挥,依法履行各自的诉讼职能,任何机关、团体和个人不得非法干涉。辩护人承担辩护职能时,仅应以事实为根据,以法律为准绳,其法定职责就是忠实于案件事实真相,尊重客观证据,坚持真理,既不能主观想象、猜测,也不能歪曲事实,以有效地维护法律的严肃性。

(5)辩护人的诉讼权利与诉讼义务。

辩护人参加诉讼是源于犯罪嫌疑人、被告人的委托或人民法院的指定,在刑事诉讼中与控方主张相对立,依据事实和法律维护犯罪嫌疑人、被告人的合法权益。辩护人具有独立的诉讼地位,以自己的意志开展辩护活动,为了便于更好地执行辩护职能,法律赋予了辩护人较广泛的权利:① 辩护人有权根据事实和法律,独立进行辩护;② 在审查起诉阶段,辩护人依法可以查阅案件材料,了解案情;③ 辩护人依法有权同犯罪嫌疑人、被告人会见和通信;④ 辩护律师依法可以收集有关材料;⑤ 在审判阶段,辩护律师可以查阅、摘抄、复制案件所指控的犯罪事实的材料,其他辩护人经人民法院许可,也可以查阅、摘抄、复制上述材料;⑥ 辩护人有参加法庭调查和法庭辩论的权利;⑦ 经被告人同意,有提出上诉的权利;⑧ 有要求公安司法机关依法解除强制措施的权利;⑨ 当发现委托事项违法,委托人利用律师提供服务从事违法活动或者委托人隐瞒事实的,有拒绝辩护的权利。

这里我们特别总结一下辩护律师在刑事诉讼中所享有的诉讼权利:① 独立辩护权;② 会见通信权;③ 查阅、摘抄、复制本案的诉讼文书、技术性鉴定材料的权利;④ 调查取证权;⑤ 开庭3日以前接到人民法院出庭通知的权利;⑥ 法庭调查和法庭辩论权;⑦ 经被告人同意,提出上诉的权利;⑧ 申请变更强制措施的权利;⑨ 在合法的执业活动中人身不受侵犯的权利。其中律师会见在押的嫌疑人,除案件性质涉及国家秘密的需经侦查机关批准外,不需要侦查机关批准。

辩护人的诉讼义务主要包括:① 在接受委托或者指定后,辩护人有义务为犯罪嫌疑人、被告人辩护,除有法定情形外,不得拒绝辩护;② 辩护人不得帮助犯罪嫌疑人、被告人隐匿、毁灭、伪造证据或者串供,不得威胁、引诱证人改变证言作伪证以及进行其他干扰公安司法机关诉讼活动的行为;③《律师法》规定辩护律师必须承担的义务,如保守秘密,尽责尽力等;④ 接到人民法院的开庭通知后,应当按时出庭,履行辩护的职责,不能无故缺席。

4. 证人

证人是指除当事人以外,向公安司法机关提供自己所了解的案件情况的诉讼参与人。证人需要具备一定的条件。

(1)必须知道案件情况。

这是成为刑事诉讼中证人的前提条件。证人是能证明案件事实的人,只有在诉讼之前就对案件情况有所了解才能起到证明的作用。反之,则不能成为证人。

(2) 必须能够辨别是非、能够正确表达。

这是对刑事诉讼中证人能力的限制条件。若证人对客观事物辨别不清,不能正确反映,不能正确表达,那就丧失了对案件事实的证明作用。根据法律的规定,生理上、精神上有缺陷或者年幼,以致不能辨别是非、不能正确表达的,就不能提供对案件事实有意义的情况,当然不能作证人;虽然生理上、精神上有缺陷或年幼,但能辨别是非,能对自己所了解的案件事实进行正确表达的,仍旧可以作证人。所以,"生理上、精神上有缺陷或者年幼"只是丧失证人资格的相对条件,"能够辨别是非、正确表达"是取得证人资格的必要条件。

(3) 必须是当事人以外的人。

这是成为刑事诉讼中证人的主体资格限制条件。证人必须知道案件情况,但知道案件情况的人不都是证人。证人必须是与案件没有直接利害关系而知道某一事实情况的第三人。这样才能为案件提供证明材料,有利于法官的正确断案。

(4) 必须是自然人,而非法人或其他非法人组织。

这既是对刑事诉讼中证人的主体资格限制,又是对证人能力限制的延续。因为对案件事实的了解必须通过感官才能取得,而感官只有自然人拥有,法人及非法人组织不具有此功能。并且,自然人作证应当履行相应的法律义务,故作伪证或隐匿罪证的必须依法处理,构成犯罪的要予以刑事处罚,而法人及非法人组织不具备伪证罪的刑事责任能力。因此,证人只能限于自然人,这也是中国法律明文规定的。

一旦自然人具备了上述条件,那他就取得了证人资格。证人具有不可替代性和不可指定性。已经成为某案件的证人不得再担任该案的侦查人员、检察人员、审判人员,或者鉴定人、翻译人员、书记员和辩护人、代理人。有多人同时知道案件事实的,他们都可以作为证人,不得互相代替。证人也不得由侦查机关、检察机关或审判机关指定。

5. 鉴定人

鉴定人是指接受公安司法机关的指派或聘请,运用自己的专门知识和技能对案件事实的某些专门性问题提出书面鉴定意见的诉讼参与人。

鉴定人有权了解为正确进行鉴定所需要的有关案件情况。同一专门性问题由两个以上鉴定人鉴定时,有权共同写出一个鉴定结论,也有权分别写出各自的鉴定意见。有权要求补充鉴定或重新鉴定,也有权根据鉴定结果重新提供鉴定结论。

鉴定人的鉴定意见是一种独立的证据。鉴定人必须是与案件没有利害关系的公民个人。鉴定人如有《刑事诉讼法》第28条和第29条规定的情形之一的应当回避。鉴定人有权了解与鉴定有关的案情材料,有权收取鉴定费用和相应的经济补偿,有权要求有关机关提供足够的鉴定材料,如果有具备做出鉴定结论的条件时,有权拒绝进行鉴定。鉴定人有义务出席法庭,并有义务回答有关人员依法提出的问题;鉴定人必须客观全面地反映鉴定过程和结果,故意提供虚假鉴定结论的,应当负法律责任;出庭宣读鉴定结论时,接受公诉人、当事人和辩护人、诉讼代理人以及审判人员的发问;对所知案情材料保密等诉讼义务。

6. 翻译人员

翻译人员是指接受司法机关的指派或聘请,在诉讼中进行语言、文字(包括聋哑手势和盲文)翻译工作的诉讼参与人。

翻译人员必须是与案件没有利害关系的人,有《刑事诉讼法》第28条和第29条规定情形之一的应当回避。翻译人员有权了解同翻译内容有关的案件情况,有权获得相应的报酬和补偿,有权查阅记载其翻译内容的笔录。如果笔录同实际翻译内容不符,有权要求修正或补充。翻译人员应按照语言文字的原意如实进行翻译,不得隐瞒、歪曲或伪造,故意弄虚作假的应负法律责任。

重点内容图解

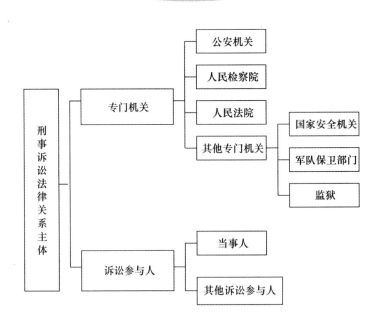

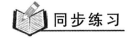

同步练习

一、单项选择题

1. 某企业技术员刘某,因涉嫌间谍罪被有关部门立案侦查,随即被依法逮捕。下列说法正确的是( )。
   A. 该案应由公安机关立案侦查
   B. 该案应由人民检察院立案侦查
   C. 对刘某的逮捕应由人民检察院批准
   D. 对刘某的逮捕应由公安机关执行

2. 下列机关中不拥有侦查权的是( )。
   A. 国家安全机关 B. 军队保卫部门
   C. 人民检察院 D. 机关、人民团体和企事业的保卫部门

3. 人民法院上下级之间,在审判活动中的关系是( )。
   A. 领导与被领导的关系　　　　B. 监督与被监督的关系
   C. 指挥与被指挥的关系　　　　D. 制约与被制约的关系
4. 下列关于法定代理人的说法正确的是( )。
   A. 法定代理人在刑事诉讼中有着辅助的诉讼地位
   B. 法定代理人在刑事诉讼中有着独立的诉讼地位
   C. 法定代理人在刑事诉讼中可以代行被代理人所有的诉讼权利和义务
   D. 法定代理人的产生是基于被代理人的意思表示
5. 下列人员中,具有不可替代的特点的诉讼参与人是( )。
   A. 证人　　　　　　　　　　　B. 诉讼代理人
   C. 鉴定人　　　　　　　　　　D. 翻译人员

二、多项选择题

1. 在刑事诉讼中,公安机关的职权主要有( )。
   A. 立案权　　　　　　　　　　B. 侦查权
   C. 执行权　　　　　　　　　　D. 法律监督权
2. 下列各项中由人民法院行使的职权是( )。
   A. 审查起诉
   B. 决定逮捕犯罪嫌疑人、被告人
   C. 审判
   D. 受理被害人有证据证明对被告人侵犯自己人身、财产权利的行为应当依法追究刑事责任。而公安机关或者人民检察院不予追究被告人刑事责任的案件
3. 人民检察院在刑事诉讼过程中的地位是( )。
   A. 在诉讼中能够完全代表被害人的利益
   B. 是对部分刑事案件进行侦查的国家机关之一
   C. 是国家唯一的公诉机关,代表国家行使公诉案件的控诉职能,同时,还有权对犯罪嫌疑人做出不起诉的决定
   D. 是法定的诉讼监督机关,对侦查、审判以及判决、裁定的执行是否合法实行监督
4. 2000年某军队保卫部门对军队内部的一起盗窃案件进行侦查,并对犯罪嫌疑人进行了拘留和逮捕。根据刑事诉讼的相关立法规定,军队保卫部门在对军队内部发生的刑事案件的处理过程中所享有的职权包括( )。
   A. 侦查权　　　　　　　　　　B. 拘留权
   C. 预审权　　　　　　　　　　D. 执行逮捕权
5. 在刑事诉讼中,军队保卫部门、监狱、走私犯罪侦查机关对发生在各自内部的刑事案件都享有一定的侦查权,但监狱在刑事诉讼中还享有一些军队保卫部门、走私犯罪侦查机关所没有的职权。下列( )属于这类职权。
   A. 对罪犯的新罪行移送人民检察院处理

B. 向人民检察院提出减刑、假释建议

C. 对罪犯应予监外执行的,有权提出书面意见

D. 对于罪犯提出申诉的,有权转交人民检察院或人民法院处理

三、不定项选择题

小野在中国涉嫌故意伤害罪被人民检察院提起公诉。在这一案件中,需要对被害人做出人身伤害的鉴定,所以某医院李某作为鉴定人参与了案件。又因为小野是日本人,所以在诉讼中又有翻译人员王某参与。据此,请回答下列问题。

1. 李某作为鉴定人所应当符合一定的条件,下列不属于李某必须具备的条件是( )。

   A. 应当具有分析判断案件中专门性问题的能力

   B. 应当受到公安司法机关的指派或聘请

   C. 应当与案件当事人或者案件没有利害关系

   D. 应当对案情有一定了解

2. 下列对于李某作为鉴定人所依法享有的诉讼权利有( )。

   A. 有权了解与鉴定有关的案情情况

   B. 有权要求指派或者聘请的机关提供足够的鉴定材料,在提供的鉴定材料不充分、不具备做出鉴定结论的条件时,有权要求有关机关补充材料,否则有权拒绝鉴定

   C. 有权要求为鉴定提供必要条件

   D. 有权收取鉴定费用

3. 下面对于王某作为翻译人员所享有的权利的表述中错误的是( )。

   A. 翻译人员有权了解与翻译有关的案件情况

   B. 有权要求公安司法机关提供与翻译内容相关的材料

   C. 有权查阅记载其翻译内容的笔录,但不能要求修改或补充

   D. 有权获得相应的报酬和经济补偿

4. 王某作为翻译人员应当具备的条件是( )。

   A. 能够胜任语言文字翻译工作,有为当事人和其他诉讼参与人提供翻译的能力

   B. 应当与案件或者案件当事人没有利害关系,否则应该回避

   C. 应当实事求是如实进行翻译

   D. 对提供翻译活动所获知的案件情况和他人的隐私应当保密

学习任务三 刑事诉讼的基本原则

任务描述

刑事诉讼基本原则是指导整个刑事诉讼程序的基本精神和准则,本章内容主要介绍刑事诉讼法规定的刑事诉讼基本原则的内涵及外延。通过本章内容的学习,使学生具备以下专业能力:

1. 能识别刑事诉讼基本原则;
2. 会运用各种刑事诉讼基本原则处理刑事案件。

知识储备

第一节 刑事诉讼的基本原则的概念、体系

一、刑事诉讼基本原则的概念

我国刑事诉讼的基本原则是人民法院、人民检察院和公安机关等进行刑事诉讼时必须遵守的基本行为准则或基本行为规范。

我国刑事诉讼的基本原则科学地总结了公关司法机关办理刑事案件的基本经验,反映了刑事诉讼的基本规律,它对指导公安司法机关和诉讼参与人的诉讼活动,保证诉讼的顺利进行,实现刑事诉讼法的任务具有十分重要的作用。确定我国刑事诉讼基本原则的法律依据主要有《宪法》、《刑事诉讼法》、《人民法院组织法》和《人民检察院组织法》的有关规定。

二、我国的刑事诉讼基本原则的体系

（一）一般原则

1. 以事实为根据,以法律为准绳的原则。
2. 对一切公民在适用法律上一律平等的原则。
3. 各民族公民有权使用本民族文字进行诉讼的原则。

4. 保障诉讼参与人的诉讼权利的原则。

5. 依靠群众的原则。

(二) 特殊原则

1. 侦查权、检察权、审判权由专门机关依法行使的原则。
2. 人民法院、人民检察院依法独立行使职权的原则。
3. 三机关分工负责、互相配合、互相制约的原则。
4. 犯罪嫌疑人和被告人有权获得辩护的原则。
5. 人民检察院对刑事案件实行法律监督的原则。
6. 未经人民法院依法判决,不得确定有罪的原则。
7. 不追究刑事责任不能追诉的原则。
8. 审判公开的原则。
9. 追究外国人刑事责任适用我国刑事诉讼法的原则。
10. 国际刑事司法协助的原则。

第二节 一般原则

一、以事实为根据,以法律为准绳的原则

根据《刑事诉讼法》第6条的规定,人民法院、人民检察院和公安机关进行刑事诉讼,必须以事实为根据,以法律为准绳。以事实为根据,是指公安司法机关进行刑事诉讼必须忠实于事实真相;在处理刑事案件时,必须以借助证据业已查明的案件事实为根据。以法律为准绳,是指刑事诉讼活动必须严格遵守刑法与刑事诉讼法的规定。在刑事诉讼中,以法律为准绳包括两方面的含义:第一,刑事诉讼活动的进行和展开,必须严格遵守刑事诉讼法所规定的程序;第二,对刑事案件的实体处理,必须遵守刑事实体法及其他相关法律的规定。

以事实为根据、以法律为准绳,两者紧密联系、相互依存,不能忽视其中任何一个方面。只有以事实为根据,才能查明案件真实情况,准确认定案件事实,在此基础上正确适用法律,才能对案件做出正确处理。如果事实不清、情况不明,适用法律就无从谈起,以法律为准绳便失去意义。反之,如果忽视以法律为准绳,立案、起诉、审判就没有标准,诉讼活动就难以进行;如果不严格遵守法律程序、坚持以法办案,案件事实就有可能查不清;如果不能以刑法为准绳,定罪量刑便失去标准,即使查明案件事实,案件也得不到正确处理。

所以,以事实为根据、以法律为准绳两者是一个统一整体,在刑事诉讼中必须全面贯彻执行。实行以事实为根据、以法律为准绳的原则的意义在于它在各项刑事诉讼基

本原则中处于核心的地位,对于贯彻落实其他各项刑事诉讼基本原则,保障客观公正地处理案件,以及真正树立起法制的权威等均具有重要意义。

二、对一切公民在适用法律上一律平等的原则

根据《刑事诉讼法》第6条的规定,对于一切公民,在适用法律上一律平等。该原则的含义是指对于国家的法律人人都必须毫无例外地遵守,人人都必须毫无例外地依法办事,对任何人都不能歧视,同时禁止任何人谋求不遵守法律,甚至超越于法律之外,或者凌驾于法律之上的特权。

对一切公民在适用法律上一律平等原则要求公安司法机关在运用刑事法律办理刑事案件时必须坚持做到:任何公民,不管他的社会地位的高低,过去对国家有何贡献,只要他的行为触犯了刑律,应当追究刑事责任,就必须予以追究,既不能轻罪重判,也不能重罪轻判;对于任何一个无罪的公民,都必须依法予以保护,不能离开法律的规定,加重其刑罚,对任何诉讼参与人的诉讼权利,都应当切实保障,不能非法侵犯;对任何诉讼参与人的诉讼义务,都必须监督和责令其认真履行。

对一切公民在适用法律上一律平等,同法律规定范围内的区别对待即法律本身规定或者要求的区别对待并不矛盾。因为这种区别对待的根据和标准就是法律,是在依法办事,而非受地位、职权、社会出身、财产状况等因素影响的结果。

三、各民族公民有权使用本民族文字进行诉讼的原则

根据《刑事诉讼法》第9条的规定,各民族公民都有用本民族语言文字进行诉讼的权利。人民法院、人民检察院和公安机关对于不通晓当地通用的语言文字的诉讼参与人,应当为他们翻译。在少数民族聚居或者多民族杂居的地区,应当用当地通用的语言进行审讯,用当地通用的文字发布判决书、布告和其他文件。

这一原则包括以下内容:(1)各民族公民,无论是当事人,还是辩护人、证人、鉴定人,都有权使用本民族的语言进行陈述、辩论,有权使用本民族文字书写有关诉讼文书;(2)人民法院、人民检察院和公安机关在少数民族聚居或多民族杂居的地区,要用当地通用的语言进行侦查、起诉和审判,用当地通用的文字发布判决书、公告、布告和其他文件;(3)如果诉讼参与人不通晓当地的语言文字,人民法院、人民检察院和公安机关有义务为其指派或聘请翻译人员进行翻译。

四、保障诉讼参与人的诉讼权利的原则

根据《刑事诉讼法》第14条的规定,人民法院、人民检察院和公安机关应当保障诉讼参与人依法享有的诉讼权利。对于不满18岁的未成年人犯罪的案件,在讯问和审判时,可以通知犯罪嫌疑人、被告人的法定代理人到场。诉讼参与人对于审判人员、检

察人员和侦查人民侵犯公民诉讼权利和人身侮辱的行为,有权提出控告。

保障诉讼参与人的诉讼权利原则的内容包括以下几方面。

1. 人民法院、人民检察院和公安机关对所有诉讼参与人依法享有的各种诉讼权利都应给予保障,不允许侵犯或者剥夺。人民法院、人民检察院和公安机关三机关保障诉讼参与人的诉讼权利,应当告知诉讼参与人享有哪些诉讼权利及每一诉讼权利的意义;并且要为他们行使诉讼权利创造一定的条件,不能剥夺、限制诉讼参与人依法享有的诉讼权利。

诉讼参与人在依法享有诉讼权利的同时,必须承担与其诉讼地位相适应的诉讼义务。公安司法机关有义务保障诉讼权利,也有权力强制公民履行诉讼义务。忽视其中任何一个方面都不能保障诉讼的顺利进行。

2. 对未成年犯罪嫌疑人、被告人的诉讼权利,应依法给予特殊的保护。未成年人在生理和心理两个方面都与成年人有显著的差别,他们缺乏依法正当行使诉讼权利的能力,所以应给予特殊的保护。刑事诉讼法规定的特殊保护主要体现在:(1)公安司法机关在讯问和审判未成年犯罪嫌疑人、被告人时,可以通知其法定代理人到场。法定代理人到场,可以帮助或代理未成年犯罪嫌疑人、被告人行使回避申请权,在司法工作人员侵犯未成年犯罪嫌疑人、被告人的诉讼权利及有人身侮辱行为时提出控告;(2)为未成年被告人指定辩护人,以便在审判阶段更加充分地保护未成年被告人的辩护权。

3. 赋予诉讼参与人以控告权。根据法律规定,诉讼参与人对于侵犯其诉讼权利以及侮辱人身的行为有权提出控告。这是依法行使诉讼权利的保护性措施,它可以有效防止审判人员、检察人员或侦查人员侵犯其合法的诉讼权利。

依法保障公民的诉讼权利是司法文明的标志。只有切实保障诉讼参与人的诉讼权利,才能使诉讼参与人的合法权益不受侵犯,才能使诉讼参与人积极参加诉讼,保证办案质量,实现刑事诉讼的任务和目的。同时,保障诉讼参与人的诉讼权利也有利于促使公安司法机关不断改进和完善自己的工作,充分行使职权,顺利进行刑事诉讼。

五、依靠群众的原则

根据《刑事诉讼法》第6条的规定,人民法院、人民检察院和公安机关进行刑事诉讼必须依靠群众。该原则要求公、检、法机关进行刑事诉讼,必须坚持群众路线,必须深入群众,向群众作调查,听取群众的意见和建议,接受群众的监督,取得群众的支持和帮助。

依靠群众是我们国家一切工作的根本原则,司法工作人员要能在刑事诉讼中正确贯彻执行这一原则。

1. 必须树立相信群众的观点。依靠群众,就要相信群众同犯罪作斗争的积极性,相信群众同犯罪作斗争的智慧和力量。

2. 必须树立深入实际、调查研究的工作作风。依靠群众，就是要反对衙门作风，坐堂问案必须坚持深入群众进行认真的调查研究，认真分析群众提供的情况和意见。

3. 必须树立虚心向群众学习的工作态度。依靠群众，就是要克服盛气凌人，高高在上的官架子，从而虚心向群众请教，使群众愿意讲真话，敢于讲真话。

4. 必须严格依法办事。身教重于言教，只有严格依法办事，才能取信于人民群众，使司法工作得到广大群众的支持。如果司法工作人员有法不依、执法不严，必将损害公安司法机关的威信，失去人民群众的信任，依靠群众也就成了一句空话，不可能真正实现。

实行依靠群众原则使群众从参加刑事诉讼活动的过程中受到教育、锻炼，取得经验、教训，动员群众积极同违法犯罪行为作斗争，从根本上确立和保持良好的社会秩序，预防和减少犯罪。

第三节 特殊原则

一、侦查权、检察权、审判权由专门机关依法行使的原则

侦查权、检察权和审判权由专门机关依法行使原则是追究犯罪、惩罚犯罪的权力由国家专门机关专属行使的原则，其具体内容体现在《刑事诉讼法》第3条第1款的规定："对刑事案件的侦查、拘留、执行逮捕、预审，由公安机关负责。检察、批准逮捕、检察机关直接受理的案件的侦查、提起公诉，由人民检察院负责。审判由人民法院负责。除法律特别规定的以外，其他任何机关、团体和个人都无权行使这些权力。"

侦查权、检察权、审判权由专门机关行使原则，主要包括以下内容。

1. 公安机关、人民检察院和人民法院分别行使国家的侦查权、检察权和审判权。

侦查权是指收集证据，揭露和证实犯罪，查获犯罪嫌疑人，实施必要的强制性措施的权力。侦查活动的内容极为广泛，侦查（实质上是指侦破案件）、拘留、执行逮捕、预审是侦查的最主要和最集中的表现。根据《刑事诉讼法》的有关规定，侦查权由公安机关、检察机关和国家安全机关等享有侦查权限的机关行使。有关机关在行使侦查权时是有分工的，在专门机关中已有论述，此处不再赘述。

检察权是指对法律的执行与遵守进行专门监督的权力。从理论上讲，检察权的内容极为广泛，它包括对刑事法律、民事法律、行政法律的执行与遵守实行监督。我国宪法、法律对检察权规定得最多、最详细的部分是对刑事法律的执行与遵守进行专门的法律监督。因而，在刑事诉讼活动中，检察的活动范围也是很广泛的，但最主要的活动

表现为批准逮捕,对直接受理的案件进行侦查、提起公诉以及对公安机关、人民法院等机关的诉讼活动实行法律监督。根据《刑事诉讼法》第3条第1款的规定,检察权只能由人民检察院行使。

审判权是指对案件进行审理并做出裁判的权力。审判权是一种最主要的司法权力,它决定着诉讼当事人的命运和诉讼的结局。根据第3条第1款的规定,审判权只能由人民法院行使。

因此,公安机关、人民检察院、人民法院在刑事诉讼中应当各负其责、各司其职,在行使权力方面不能包办代替。

公安机关、人民检察院和人民法院的权限划分参见表3-1。

表3-1 公安、检查、法院三机关分工权限

公安机关	侦查、拘留、执行逮捕、预审、执行部分判决
人民检察院	检察、批准逮捕,直接受理案件的侦查、提起公诉,执行部分判决
人民法院	审判、执行部分判决

2. 公安机关、人民检察院和人民法院以外的其他任何机关、团体和个人,都无权行使侦查权、检察权和审判权。

除了公安机关、人民检察院、人民法院及法律特别规定的以外,其他任何机关都无权行使这些权力。这里讲的"其他任何机关"是指法律赋予其司法权以外的各级各类国家机关,包括中央和地方的权力机关、行政机关等。这里讲的"团体",包括各政党、群众组织和社会团体。这里讲的"个人",是指一切公民,包括党和国家领导人和普通公民。某些国家机关、团体及公民虽然在国家政治生活中具有重要的地位,享有一定的权力,但由于法律没有赋予其司法权,故不能擅自拘人、捕人、搜查、扣押,更不能对刑事案件定罪量刑。如果"其他任何机关、团体和个人"行使了上述权力,则属于违法甚至犯罪行为,依法应当追究他们的法律责任。

在司法实践中,县直属以上的机关、团体、企事业单位的保卫部门,对于本单位内部发生的刑事案件,可以在公安机关指导下,协助进行现场勘查、询问证人、追缴赃款赃物等工作。但是,必须明确,这些工作是在公安机关指导下进行的,这些"保卫部门"本身并无独立的侦查权。

3. 公安机关、人民检察院和人民法院应依法行使侦查权、检察权、审判权,严格遵守法定程序。

所谓法定程序,是指法律规定的有关诉讼的工作方式、方法和步骤的总称,是司法实践工作经验的总结,是对刑事诉讼活动科学分析后得出的结论。因此,公安司法机关在办理刑事案件时遵守法定程序就等于按照科学的操作规程工作,就能保证准确、及时地查获犯罪嫌疑人,惩罚犯罪分子,保障无罪的人不受刑事追究。

刑事诉讼程序是由刑事诉讼法和其他有关法律规定的。这里讲的其他法律包括《宪法》、《人民法院组织法》和《人民检察院组织法》中有关刑事诉讼的法律条文,以及全国人民代表大会常务委员会关于刑事诉讼程序的有关规定。如逮捕被告人、

犯罪嫌疑人必须由人民检察院批准或者决定,或者由人民法院决定,由公安机关执行。没有人民法院的决定,没有人民检察院的批准或者决定,公安机关就不能擅自捕人。

公安司法机关在追究犯罪嫌疑人、被告人刑事责任的同时,自身也要遵守法律的规定,受法律的约束,这充分体现了刑事诉讼法的民主性和先进性。刑事诉讼法要求公安司法机关依法办案,把公安司法机关的刑事诉讼活动纳入法制轨道,这样就能实现对公安司法机关的有效监督,最大限度地防止冤案、假案、错案的发生。

二、人民法院、人民检察院依法独立行使职权的原则

根据《宪法》第126条和《人民法院组织法》第4条的规定,人民法院依照法律规定独立行使审判权,不受行政机关、社会团体和个人的干涉。根据《宪法》第131条和《人民检察院组织法》第9的规定,人民检察院依照法律规定独立行使检察权,不受行政机关、社会团体和个人的干涉。《刑事诉讼法》第5条规定:"人民法院依照法律规定独立行使审判权,人民检察院依照法律规定独立行使检察权,不受行政机关、社会团体和个人的干涉。"

独立行使审判权、检察权原则包含以下含义和要求。

1. 人民法院、人民检察院行使审判权、检察权具有独立性。所谓独立性,就是法院、检察院在法定权限内办案,除了服从法律以外,不服从任何行政机关、社会组织或个人有关处理具体案件的指示或命令,任何行政机关、社会团体和个人不得干涉人民法院、人民检察院的审判工作和检察工作。

2. 人民法院和人民检察院必须依法行使审判权和检察权。这要求人民法院和人民检察院必须在法定的权限范围内依照实体法与程序法办理刑事案件。人民法院和人民检察院的任何一个公职人员都不得借口"独立"滥用职权。他们行使职权所作的各项决定都必须忠于事实真相并符合法律规定。

3. 独立行使审判权、检察权,是指人民法院、人民检察院作为一个组织整体,独立行使审判权、检察权,而不是"审判员"、"检察员"独立行使。这与西方国家的"法官独立"具有原则区别。所以,法院院长和审判委员会、检察长和检察委员会对具体案件的审判、检察工作提出意见或做出决定,不是干涉独立行使审判权、检察权,而是贯彻民主集中制原则的体现,是保证独立行使审判权、检察权正确行使的必要条件。

4. 由于人民法院与人民检察院的领导体制不同,独立行使审判权和独立行使检察权的内部机制也略有不同。人民法院的上下级关系是审级监督关系,人民检察院的上下级关系是领导与被领导关系。上级人民法院对下级人民法院就具体案件的审判,不能直接干预,不能指令下级法院如何判,只能通过第二审程序和审判监督程序监督下级法院的工作。人民法院是以审级独立的方式依法独立行使职权。而上级人民检察院可以直接领导下级人民检察院的业务。如撤销下级人民检察院向同级人民法院提出的抗诉等。即是说检察院是以系统独立的方式,检察一体化地

独立行使职权的。

实行独立行使审判权、检察权的原则的意义有利于保障人民法院、人民检察院充分发挥其在加强法制方面的特有作用,防止和杜绝行政机关、社会团体和个人对审判、检察工作的干涉。

三、三机关分工负责、互相配合、互相制约的原则

《宪法》第135条规定:"人民法院、人民检察院和公安机关办理刑事案件,应当分工负责,相互配合,相互制约,以保证准确有效地执行法律。"《刑事诉讼法》第7条也有此规定。这些规定是"分工负责、互相配合、互相制约的原则"的法律依据。

分工负责,就是要求公、检、法三机关依据法律规定的职权,各尽其职,各负其责,严格按照法律规定的职权分工进行刑事诉讼,不允许互相代替和超越职权,更不允许任何一个机关独自包办。分工负责主要体现在两个方面。一是诉讼职能上的分工。公安机关负责对刑事案件的侦查、拘留、执行逮捕、预审;检察机关负责检察、批准逮捕、直接受理案件的侦查、提起公诉;人民法院负责审判。二是立案管辖上的分工。人民法院直接受理自诉案件;人民检察院管辖国家工作人员的职务犯罪案件;公安机关则管辖除法律另有规定以外的所有案件。

互相配合,就是要求公、检、法三机关通力合作,互相支持,互通情报,共同完成刑事诉讼法规定的任务。

互相制约,就是要求公、检、法三机关在刑事诉讼中能互相约束,依据法律规定的职权对有关问题、有关决定,提出自己的主张和意见,防止可能出现的偏差和要求纠正已经出现的错误。

公、检、法三机关在刑事诉讼中的分工、配合、制约关系具体表现在:公安机关在需要逮捕犯罪嫌疑人时,应报请人民检察院批准。人民检察院发现公安机关在侦查活动中有违法情况,应通知公安机关予以纠正;公安机关应将纠正的情况通知人民检察院。公安机关对人民检察院不批准逮捕的决定,认为有错误时,可要求复议;如果意见不被接受,可报请上一级人民检察院复核。公安机关侦查的案件,在侦查终结后,认为需要提诉公诉或不起诉的,应报请同级人民检察院审查决定。人民检察院对案件审查后如认为事实不清、证据不足的,可自行补充侦查,也可退回公安机关补充侦查。如认为犯罪嫌疑人不构成犯罪,或者依法不应追究刑事责任的,可以做出不起诉的决定。公安机关认为不起诉决定错误时,可要求复议,如意见不被接受,可向上一级人民检察院提请复核。人民法院对人民检察院提起公诉的案件,应进行程序性审查,对符合《刑事诉讼法》所规定的应予开庭审理的条件的,应决定开庭审理。对提起公诉的案件,人民检察院应出庭支持公诉,同时对审判活动实行监督,对审判活动中的违法情况,有权提出纠正意见。对人民法院的判决、裁定,如认为确有错误,有权依法提出抗诉。

分工负责是互相配合、互相制约的基础和前提,互相配合、互相制约是分工负责的结果和必然要求。分工负责、互相配合、互相制约是保证准确有效地执行法律的三个

相互联系的必要条件。分工负责有利于提高办案质量,防止主观片面。互相配合可以使公、检、法三机关互通情况,通力协作,保证准确及时地惩罚犯罪和有效地保护人民。互相制约能够及时发现和纠正错误。

四、犯罪嫌疑人、被告人有权获得辩护的原则

《宪法》第125条规定:"被告人有权获得辩护。"《刑事诉讼法》第11条规定:"被告人有权获得辩护,人民法院有义务保证被告人获得辩护。"从中可以看出有权获得辩护原则是指被告人在刑事诉讼中拥有针对控告进行申辩,说明自己无罪、罪轻或者应当减轻、从轻、免除处罚的情节,并提出相应的证明材料,以维护自己合法权益的权利;人民法院也应当保证被告人获得这种辩护权利。

被告人有权获得辩护的原则包括犯罪嫌疑人、被告人享有辩护权和公安司法机关负有保障辩护权的义务两方面的内容。

(一)犯罪嫌疑人、被告人享有辩护权

犯罪嫌疑人、被告人享有辩护权是犯罪嫌疑人、被告人有权获得辩护原则的核心。犯罪嫌疑人、被告人有权获得辩护,意味着犯罪嫌疑人、被告人在刑事诉讼过程中享有充分的辩护权利。对此,有必要明确以下三点。

1. 辩护权的主体是犯罪嫌疑人、被告人,而且无论他们的身份如何,是否确实犯有被指控之罪,也无论犯罪性质如何、后果是否严重,一律平等地享有辩护权。

2. 犯罪嫌疑人、被告人自其正式获知自己受到刑事追究时起的各个诉讼程序中均享有辩护权。

3. 犯罪嫌疑人、被告人有权决定是否行使辩护权,在不违背法律规定的情况下,有权选择他认为对自己更有利的辩护形式。犯罪嫌疑人、被告人在每一个诉讼阶段都可以自行辩护;公诉案件的犯罪嫌疑人自案件移送人民检察院审查起诉之日起,有权委托辩护人进行辩护;自诉案件的被告人有权随时委托辩护人。在审判阶段,被告人遇有法定情形时,可以申请人民法院为自己指定辩护人代行辩护权,对人民法院根据法律规定依职权指定的辩护人有权决定是否接受;对已经选定的辩护形式,被告人还有权依法以变更或者追加另一种新的辩护形式。

(二)公安司法机关有义务保障犯罪嫌疑人、被告人的辩护权

犯罪嫌疑人、被告人有权获得辩护的原则对于人民法院、人民检察院和公安机关而言,是一种法律义务,要求三机关在各自负责的诉讼阶段中切实维护犯罪嫌疑人、被告人的辩护权利,不得以任何形式和借口任意限制和剥夺,具体要求如下。

1. 在侦查程序中,公安机关、人民检察院应当在第一次传讯犯罪嫌疑人时,明确告知其享有自行辩护的权利,允许其辩解,并同时告知他在接受第一次讯问或采取强制措施之日起,可以聘请律师为其提供法律咨询,代理申诉、控告,申请取保候审。

2. 公安机关侦查终结的案件移送人民检察院审查起诉后,人民检察院不仅应允许犯罪嫌疑人自行辩护,而且应自收到移送审查起诉的案件材料之日起3日以内告知

他有权委托辩护人和如何委托辩护人,并依照法律的规定,为辩护人依法行使职务行为创造便利条件。

3. 人民法院在开庭审判前,应该依法及时向被告人送达起诉书副本,向被告人交代清楚辩护权,告知其可以委托辩护人代行辩护权及委托的手续等事项,必要时为他指定辩护人,但不宜强迫其接受。

4. 人民法院、人民检察院和公安机关应当充分尊重犯罪嫌疑人、被告人及其辩护人的诉讼地位和诉讼权利,认真听取他们的辩护意见,并采纳其合理内容,既不能给辩护权的行使设置任何障碍,也不得以任何借口非法追究合法辩护行为的法律责任。

辩护权是国家根据被告人在刑事诉讼中处于被追究刑事责任的地位专门赋予的。同时,辩护权也是被告人最基本的诉讼权利。我国法律赋予被告人辩护权,并在制度和程序上充分保障被告人行使辩护权,是社会主义民主的集中体现,也是查明案件客观事实和正确适用法律的必要条件。

五、人民检察院对刑事案件实行法律监督的原则

《刑事诉讼法》第8条规定:"人民检察院依法对刑事诉讼实行法律监督。"法律监督原则要求人民检察院在刑事诉讼中,有权利也有义务对人民法院和公安机关等实施或不实施某种诉讼行为是否合法实行监督;同时要求人民检察院在实行法律监督时,必须严格遵守有关法律规定,必须严格依法实行监督。人民检察院对刑事案件实行法律监督主要体现在以下几个方面。

1. 人民检察院依法对公安机关的立案活动进行监督,对应当立案而公安机关不立案侦查的案件,人民检察院认为公安机关不立案的理由不成立时,经检察长或检察委员会做出决定通知公安机关立案。

2. 侦查监督。人民检察院对公安机关的侦查是否合法进行监督,发现和纠正侦查人员的违法行为。

3. 审判监督。人民检察院对人民法院的审判活动是否合法实行监督,发现和纠正审判人员的违法行为。

4. 对人民法院的刑事判决、裁定实行法律监督,人民检察院对人民法院确有错误的判决和裁定制作抗诉书通过同级原审人民法院向上一级人民法院提起抗诉。

5. 执行监督。人民检察院对执行刑事判决、裁定的活动实行监督,保证判决、裁定的正确执行。

法律监督原则促使人民法院和公安机关严格按照有关法律规定进行刑事诉讼,保障诉讼参与人的诉讼权利,维护法律的尊严。

六、未经人民法院依法判决,不得确定有罪的原则

《刑事诉讼法》第12条规定:"未经人民法院依法判决,对任何人都不得确定有

罪。"这是结合我国的实际情况,在吸取了"无罪推定原则"合理内容的基础上所确立的一项原则,其基本内容如下。

(一) 只有人民法院才享有确定有罪的权力

在刑事诉讼中,只有人民法院有权经审理后依法确定公民有罪,因此,未经人民法院依法判决,任何人不能被称为罪犯。受刑事追诉者在提起公诉前只能称为"犯罪嫌疑人",在起诉后依法宣判前则只能称为"被告人"。这是因为"罪犯"作为一个严格的法律概念,指一个人不仅必须确实实施了刑事实体法规定的构成某一犯罪所必备的诸要件的行为,而且必须经过符合刑事诉讼法要求的司法评定和确认,才能成为法律上的罪犯。确定有罪是国家对公民的一种权力,也是国家对公民做出的最严厉的否定性法律评价,国家把这种权力赋予人民法院依法行使。"未经人民法院依法判决不得确定有罪原则"的首要旨意,就在于将法律上的最终定罪权统一纳入审判权之中,确认人民法院的合法判决是确定公民有罪的唯一形式,是一个公民成为罪犯的必要的程序要件。

(二) 公安机关、人民检察院可以按照法定形式认定犯罪嫌疑人的罪行,但没有确定有罪的权力

在刑事诉讼中,公安机关、人民检察院和人民法院虽然担负了某些共同的任务,但却行使着不同的职权。人民法院行使审判权,最终解决被告人是否有罪及其刑事责任问题。公安机关、人民检察院执行控诉职能,分别行使侦查权、检察权,为人民法院顺利审判创造有利条件。因此,公安机关、人民检察院在侦查、审查起诉活动中是为了发现和揭露犯罪嫌疑人,并收集证据,查明犯罪事实,而不是从法律上确定犯罪嫌疑人有罪。经过侦查或者审查,公安机关或者人民检察院对于有充分、确实的证据证明犯罪嫌疑人有罪的,可以依照法定的方式认定其犯罪事实。但是,这种认定只是一种初步评断,而不是对犯罪嫌疑人有罪的最终确定,因而,它只能产生程序意义上的法律后果。如公安机关经过侦查,对于犯罪事实清楚,证据确实、充分,依法应当追究刑事责任的案件,写出起诉意见书,移送人民检察院,引发人民检察院的审查起诉活动;人民检察院对于符合起诉条件的案件,制作起诉书,向人民法院提起公诉,引起第一审程序。案件进入审判程序后,人民法院也不受公安机关、人民检察院对被告人被控行为性质认定的约束,有权通过审判,依法独立地解决被告人是否有罪的问题。

(三) 人民法院的一切判决都必须是依法做出的

人民法院判决被告人有罪,必须严格依照法定程序,组成合格的、独立的法庭进行公正、公开的审理,并须予以被告人一切辩护上所需的保障。被告人有权出庭受审,有权自行辩护或者委托他人辩护,有权对控方证人进行询问,有权对法庭出示的物证、书证、鉴定结论进行辨认和质证,有权申请调取新的证据等。

"未经人民法院依法判决,不得确定有罪的原则"在我国刑事诉讼法中主要体现在:(1) 被追诉者在刑事诉讼过程中一律称为犯罪嫌疑人、被告人,而不能称为犯人或人犯;(2) 不存在免予起诉的决定,人民检察院只能做出提起公诉的决定或者不起诉的决定,而不能做出免予起诉的决定;(3) 在刑事诉讼中,证明责任一般要由公诉人

或自诉人承担,被告人没有证明自己无罪的义务;(4)人民法院开庭审理案件,不以被告人的行为构成犯罪为前提条件;(5)对于证据不足、指控罪名不能成立的案件,人民法院应当做出证据不足、指控犯罪不能成立的无罪判决。

七、不追究刑事责任不能追诉的原则

不追究刑事责任不能追诉的原则是指对具有法定不追究刑事责任的某种情形的案件,不能立案侦查、起诉和审判,已经追诉的,应当立即停止,并做出适当处理。

该原则的内容包括两个方面。

一是不能追究刑事责任的情形。我国《刑事诉讼法》第15条规定:"有下列情形之一的,不追究刑事责任,已经追究的,应当撤销案件或者不起诉,或者终止审理,或者宣告无罪:(一)情节显著轻微,危害不大,不认为是犯罪的;(二)犯罪已过追诉时效期限的;(三)经特赦令免除刑罚的;(四)依照刑法告诉才处理的犯罪,没有告诉或者撤回告诉的;(五)犯罪嫌疑人、被告人死亡的;(六)其他法律规定免予追究刑事责任的。"

二是对不追究刑事责任情形具体案件的处理,这因案件诉讼进程的不同而不同:(1)根据法律规定,只要有不追究刑事责任的六种情形中的任何一种情形,就不追究刑事责任,同时也就不能追诉;(2)如果在刑事诉讼开始前,就已经发现有法定不追究刑事责任的某种情形,不能立案,也不应当立案;(3)对于在立案后的诉讼过程中发现有法定不追究刑事责任的某种情形的案件,应当采取措施终止诉讼。

实行"不追究刑事责任不能追诉原则"的意义主要在于保障国家的追诉权能够得到统一正确的行使,防止扩大追诉范围,保障依法不应当受到刑事追究的人不被追诉。

八、审判公开的原则

(一)审判公开原则的基本含义

审判公开就是人民法院开庭审判案件,除休庭评议这个程序是秘密进行的以外,其他审判程序,即宣布开庭、法庭调查、法庭辩论、被告人最后陈述和判决的宣告均公开进行,不仅向当事人和其他诉讼参与人公开,而且向其他的公民公开,向社会公开,允许公民旁听,允许新闻界依法公开采访、公开报道。《宪法》第125条规定:"人民法院审理案件,除法律规定的特别情况外,一律公开进行。"根据《刑事诉讼法》第11条的规定,人民法院审判案件,除本法另有规定的以外,一律公开进行。审判公开原则要求:

1. 审判信息的公开,即在开庭3日以前应当向社会公开所审案件的案由、时间、地点、当事人姓名;

2. 审理过程的公开,即法庭审理的全过程(不包括合议庭评议)应当公开,允许新闻记者采访报道,允许人民群众旁听;

3. 审判结果的公开,即公开宣告判决。

(二)审判公开原则的例外情况

审判公开原则适用于绝大多数的刑事案件,只是对于少数案件,由于牵涉国家机密和妇女、未成年人的权益,如果公开审理过程,会损害国家利益,损害有关妇女和未成年人的权益,并会产生不良的社会影响和副作用,所以才不允许公开审理。不公开审理,就是人民法院开庭审理案件的过程,不向当事人及其他诉讼参与人以外的公民公开,不向社会公开,不允许新闻界采访、报道。根据《刑事诉讼法》第152条的规定,不公开审理的情形主要有以下几种。

1. 案情本身涉及国家秘密。
2. 案件的主要情节涉及个人隐私。
3. 未成年人犯罪的案件。

未成年人年龄的计算是指被告人在开庭审理时的年龄,而不是指犯罪时的年龄。其中,被告人为14岁以上不满16岁的案件,一律不公开审;被告人为16岁以上不满18岁的案件,一般不公开审理,即对于这类案件,不公开审理是原则,公开审理仅是例外。被告人为16岁以上不满18岁的案件,如有必要公开审理,必须经过本院院长批准,并且应限制旁听人数和范围。

4. 当事人提出申请的确属涉及商业秘密的案件。

不公开审理时应注意:(1)不公开审理的案件,不能张贴法庭公告,任何公民包括与审理该案无关的人民法院工作人员和被告人的近亲属都不得旁听;(2)不公开审理的案件,应当在开庭审判时,说明不公开审理的理由;(3)不公开审理的案件只是不向社会公开,即不允许新闻记者采访、报道,不允许人民群众旁听,而不是指向当事人和诉讼参与人保密,当事人和诉讼参与人还是必须参加案件的审理;(4)合并审理的共同犯罪案件中,只要有一个被告人符合不公开审理的情形,整个案件都不应当公开审理;(5)不公开审理的案件,宣判仍然必须公开进行。

民事诉讼、刑事诉讼和行政诉讼中有关不公开审理情形参见表3-2。

表3-2 三大诉讼中不公开审理情形对比

	不公开审理的情形
民事诉讼	1. 涉及国家秘密、个人隐私或法律另有规定的案件 2. 当事人申请不公开审理的离婚、涉及商业秘密的案件,可以不公开审理
刑事诉讼	1. 有关国家秘密、个人隐私的案件 2. 14周岁以上不满16周岁一律不公开,16周岁以上不满18周岁一般也不公开 3. 当事人提出申请的确属商业秘密的,应当决定不公开
行政诉讼	涉及国家秘密、个人隐私和法律另有规定的不公开

九、追究外国人犯罪适用我国刑事诉讼法的原则

追究外国人犯罪适用我国刑事诉讼法,就是对外国人(含无国籍人和国籍不明的

人)犯罪的追究,除享有外交特权和豁免权的人以外,均按照我国诉讼法的有关规定进行。《刑事诉讼法》第16条规定:"对于外国人犯罪应当追究刑事责任的,适用本法的规定。对于享有外交特权和豁免权的外国人犯罪应当追究刑事责任的,通过外交途径解决。"

1. 外国人(含无国籍人和国籍不明的人)犯罪,主要是指外国人在中华人民共和国领域内的犯罪,但同时也应包括外国人在中华人民共和国领域外对我们国家和公民的犯罪。外国人犯罪案件由我国公安司法机关管辖,由我国公安司法机关按照我国刑事诉讼法规定的原则、制度和程序进行处理。

2. 如果我们国家缔结或者参加的国际条约中,有关刑事诉讼程序具体的规定的,除我国声明保留的条款外,在处理外国人犯罪案件时,也应当适用该国际条约中的有关规定。

3. 对于享有外交特权和豁免权的外国人犯罪应当追究刑事责任的,不受我国司法管辖,只能通过外交途径解决。

实行追究外国人犯罪适用我国刑事诉讼法原则的意义主要在于体现和维护我国主权,保护我们国家和公民的利益,维护我国的法律尊严,同时可以妥善处理我国与外国的关系,防止因对刑事案件处理不当而影响我国同其他国家之间的友谊和平等正常的交往。

十、国际司法协助的原则

国际司法协助是一国的司法机关与另一国的司法机关,根据缔结、参加的国际条约或互惠原则,相互请求和相互帮助完成与诉讼有关的某种事项的合作互助行为。《刑事诉讼法》第17条规定:"根据中华人民共和国缔结或者参加的国际条约,或者按照互惠原则,我国司法机关和外国司法机关可以相互请求刑事司法协助。"

国际刑事司法协助是一切与刑事诉讼事宜有关的协助,它既有审判阶段的协助,也有侦查、执行等阶段的协助。

我国与外国在互相请求和提供刑事司法协助时,有条约关系,并且对联系途径和办法有明确规定的,应当按照条约的规定进行联系和移交材料。没有条约关系或者条约中对联系途径和办法未作明确规定的,则就通过外交途径办理。

在请求给予刑事司法协助时,请求书及所附文件均应附有被请求国通用的文字或者国际条约规定的其他文字的文本。对请求代办的事项必须叙述准确、清楚,所附材料必须齐全。被请求国对于不符合上述要求、难以代为办理的请求,应当告知请求国予以补充。

我国地方各级司法机关,如果需要向外国提出刑事司法协助请求,一般应逐级上报中央一级司法机关审查、办理,不能自行直接联系、办理。

实行国际司法协助的原则对于促进我国与外国的刑事司法合作,加强我国与外国共同预防、制止和惩罚犯罪的斗争有重要意义。

重点内容图解

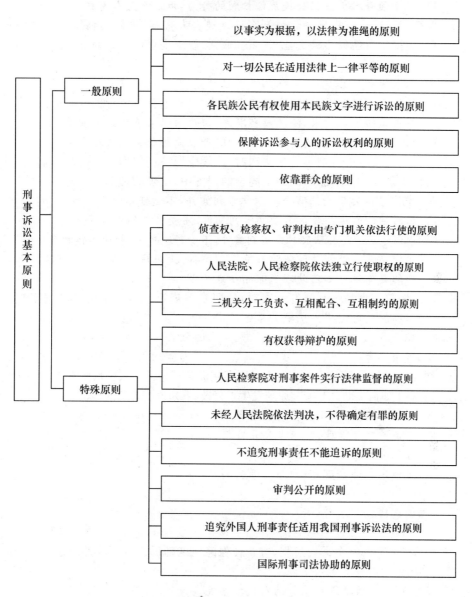

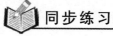

同步练习

一、单项选择题

1. 下列有关刑事诉讼参与人的诉讼权利说法正确的是(　　)。
   A. 对于不满18周岁的未成年人犯罪的案件,在讯问时,其法定代理人必须在场
   B. 对于不满18周岁的未成年人犯罪的案件,在审判时,其法定代理人可以不在场
   C. 诉讼参与人享有一定的诉讼权利,同时,公安司法机关也有权力要求诉讼

参与人履行相应的义务
D. 对于侦查人员侵犯公民诉讼权利的行为,诉讼参与人有权提出控告

2. 北京市某区法院审理一起强奸案件。被告人张某,藏族,西藏人,在法庭审理前,他提出自己只会藏文,听不懂普通话,要求提供翻译。对此,以下说法正确的是(　　)。
   A. 张某无权提出这一请求,因为普通话是国语,张某提出请求只是借口
   B. 对张某的这一请求,法院不应当准许,因为不符合申请翻译的条件
   C. 对张某的这一请求,法院应当准许,但应由张某承担翻译费用
   D. 对张某的这一请求,法院应当准许,并且无须张某承担翻译费用

3. 某大学教授在讲授刑事诉讼法课时,让学生回答如何理解"人民法院依法独立行使审判权"的原则,下列四个同学的回答中,正确的理解是(　　)。
   A. 甲同学认为是指法官个人独立审判案件,不受任何他人影响
   B. 乙同学认为是指合议庭独立审判案件,不受任何组织或个人的影响
   C. 丙同学认为是指法院独立审判案件,不受行政机关、社会团体和个人的干涉
   D. 丁同学认为是指法院依法独立审判案件,上级法院不能对下级法院正在审理的具体案件如何处理发布指示或命令

4. 人民法院在审判张某强奸一案时,依照有关规定进行了不公开开庭审理。在审判过程中,可以进入法庭的是(　　)。
   A. 被告人的辩护人　　　　　　B. 被告人的近亲属
   C. 新闻记者　　　　　　　　　D. 与审理该案无关的该院刑庭庭长

5. 刘某,男,17岁,因故意杀人被人民检察院提起了公诉。人民法院在审理该案的时候,对于如何贯彻公开审判原则发生了分歧,下列说法正确的是(　　)。
   A. 应当公开审理,并应当公开宣判
   B. 应当不公开审理,但应当公开宣判
   C. 可以公开审理和不公开宣判
   D. 可以不公开审理,但应当公开宣判

二、多项选择题

某大学物证技术鉴定中心的某老师,受该市公安局的聘请,对一起刑事案件作了技术鉴定。在本案的整个诉讼过程,有责任保障何老师诉讼权利的部门是(　　)。
   A. 委托他进行鉴定的公安机关
   B. 负责对侦查活动进行监督的人民检察院
   C. 对案件进行审判的人民法院
   D. 该大学

第二编
情境教学——刑事自诉案件的诉讼

诉讼任务一 接收与接受自诉案件

任务描述

接收案件是为当事人提供法律服务的第一步,也是基层法律工作者必备的法律服务技能,通过本诉讼任务的学习,学生通过完成接收案件、审查事实、收集证据、撰写文书等诉讼任务,具备以下专业能力:

1. 能够掌握刑事自诉案件的范围、诉讼时效等专业理论知识;
2. 会具体判断案件的诉讼管辖;
3. 会收集和运用证据分析具体案情;
4. 能通过对案件实体问题的把握,提起刑事自诉,撰写刑事自诉状、刑事答辩状;提起刑事附带民事诉讼,撰写刑事附带民事起诉状、答辩状。

知识储备

第一节 刑事自诉案件的接收

一、自诉案件的范围

自诉是指由被害人或者其法定代理人直接向人民法院提起诉讼的控诉形式。根据自诉而进行的诉讼程序,称为自诉程序。刑事自诉案件是指被害人或其法定代理人、近亲属,为追究被告人的刑事责任向人民法院起诉,由人民法院直接受理的刑事案件。

(一) 告诉才处理的案件

所谓告诉才处理,是指只有被害人或其法定代理人提出控告,人民法院才能受理。这类案件即《刑法》分则中明确规定为"告诉才处理"的刑事案件,包括以下四种:(1) 侮辱、诽谤案(侮辱、诽谤严重危害社会秩序和国家利益的除外);(2) 暴力干涉婚姻自由案;(3) 虐待案;(4) 侵占他人财物案。根据《刑法》第98条的规定,对于告诉才处理的案件,如果被害人因受强制、威吓无法告诉的,人民检察院和被害人的近亲属也可以告诉。

根据《刑法》第246条的规定,侮辱罪、诽谤罪是自诉案件。但"严重危害社会秩序和国家利益的"应当按公诉案件来对待。根据《刑法》第257条的规定,以暴力干涉他人婚姻自由致使被害人死亡和《刑法》第260条的规定,虐待家庭成员致被害人重伤、死亡的,不是自诉案件,应当由公安机关侦查,由人民检察院提起公诉,不能按自诉案件来对待。

侮辱罪、诽谤罪中的严重危害社会秩序和国家利益应当指:(1)侮辱、诽谤行为情节特别严重,引起了被害人自杀身亡或者精神失常等严重后果;(2)造成恶劣的社会影响和社会秩序的混乱,如在公共场所实施侮辱诽谤行为,造成交通堵塞和社会秩序混乱;(3)侮辱、诽谤党和国家领导人、外国元首、外交代表等特定对象,造成恶劣的政治影响等。

暴力干涉婚姻自由罪致使被害人死亡的,为公诉案件。这里的致使被害人死亡,是指行为人对被害人实施捆绑、吊打,不给吃饭、喝水,不让休息等手段,导致被害人不堪忍受而自杀,或长期遭受折磨而使身心健康受到摧残,而引起被害人死亡的后果。这里要注意暴力干涉婚姻自由罪致使被害人死亡与故意伤害罪或者故意杀人罪的区别。

虐待罪致使被害人重伤、死亡的,属于公诉案件。这里的"致使被害人重伤、死亡"是指由于被害人经常受虐待,健康逐渐被损害,导致重伤或死亡的,或者是被害人因不堪忍受虐待的痛苦而自杀的。

(二)被害人有证据证明的轻微刑事案件

这类案件是指犯罪性质不严重,案件事实比较清楚,不需要运用专门技术和手段进行侦查,被害人可以承担举证责任的普通刑事案件。对此有关司法解释列举了八种案件:(1)故意伤害案(轻伤);(2)重婚案;(3)遗弃案;(4)妨害通信自由案;(5)非法侵入他人住宅案;(6)生产销售伪劣商品案件(严重危害社会秩序和国家利益的除外);(7)侵犯知识产权案件(严重危害社会秩序和国家利益的除外);(8)属于《刑法》分则第四章、第五章规定的,对被告人可以判处3年有期徒刑以下刑罚的其他轻微刑事案件。

上述八类案件中,被害人直接向人民法院起诉的,人民法院应当依法受理,对于其中证据不足,可由公安机关受理的,应当移送公安机关立案侦查。被害人向公安机关控告的,公安机关应当受理。

(三)被害人有证据证明对被告人侵犯自己人身、财产权利的行为应当依法追究刑事责任,而公安机关或者人民检察院不予追究被告人刑事责任的案件

这类案件俗称"公诉转自诉案件"。构成这类自诉案件必须具备三个法定条件:(1)被害人有证据证明被告人实施了侵犯自身人身、财产权利的行为;(2)应当依法追究被告人的刑事责任;(3)公安机关或者人民检察院不予追究被告人的刑事责任。对于这类案件,被害人可以直接向人民法院起诉,人民法院应当受理。

由于控诉主体和控诉形式不同,自诉有一些区别于公诉的特点,主要表现在:(1)有明确的原告和被告,由被害人或者其法定代理人、近亲属直接到人民法院起诉,不经过公安机关或者检察机关;(2)案件事实清楚、简单,无须经过专门的侦查或调查取证;(3)在人民法院审理过程中,适用调解,原告在人民法院判决前可以同被告人自行和解,也可以撤回起诉,被告人在自诉案件审理过程中可以提出反诉;(4)犯罪危害后果不严重,可能判处的刑罚较轻;(5)被害人有证据证明应当追究被告人的刑事责任;(6)自诉人对一审判决不服(无论是作为被害人还是作为其法定代理人、近亲属),有权向上级人民法院提出上诉,对已经生效的判决或者裁定不服,有权提出申诉。

二、提起刑事自诉案件的条件

由于自诉是由被害人或者其法定代理人、近亲属提起,而自诉的目的是追究被告人的刑事责任,为了维护被告人的合法权益,避免滥用控诉权而达到私人目的,法律规定提起自诉需要满足一定的条件,这就是自诉的条件。具体而言,自诉的条件包括以下几个方面。

(一) 提起自诉的主体须是被害人或者其法定代理人、近亲属

1. 被害人

被害人是因为受到犯罪行为侵犯而遭到损害的人。因此,被害人对于法律规定的可控诉的案件,当然享有向人民法院起诉的权利。《刑事诉讼法》第88条规定:"对于自诉案件,被害人有权向人民法院直接起诉。"被害人应是犯罪行为的直接受害者,即被害人受法律保护的正当权益遭受犯罪行为的直接侵害。若不是被害人的权益受到侵害,或受害结果不是由犯罪行为直接造成的,则被害人不能成为自诉的主体。

2. 被害人的法定代理人

根据《刑事诉讼法》第88条的规定,被害人死亡或丧失行为能力的,被害人的法定代理人有权向人民法院起诉。法律的这一规定是为了保证在特殊情况下,被害人的合法权益仍能得到适当的保护。法定代理人的范围,根据《刑事诉讼法》的有关规定,包括被害人的父母、养父母、监护人和负有保护责任的机关、团体的代表。

3. 被害人的近亲属

在法律允许的自诉案件中,因被害人死亡或者因其他原因不能亲自行使控诉权时,有些国家允许被害人的近亲属可以提起自诉。我国《刑事诉讼法》第88条规定:"被害人死亡或者丧失行为能力的,被害人的近亲属有权提起自诉。"此外,根据最高人民法院《解释》第187条的规定,如果被害人死亡、丧失行为能力或者因受强制、威吓等原因无法告诉,或者是限制行为能力以及由于年老、患病、盲、聋、哑等原因不能亲自告诉,其法定代理人、近亲属代为告诉的,人民法院应当依法受理。

(二) 提起自诉必须要有明确的被告人

自诉人向人民法院提起自诉时应当向法院提供确定的被告人的姓名、性别、住址、工作单位等个人情况,使控诉指向对象明确,方便人民法院通知被告人应诉,有利于提高诉讼效率。

(三) 案件应当属于人民法院直接受理的范围,受诉的人民法院对该案有管辖权

即案件须是法律明确规定允许自诉人提起自诉的案件,包括:(1)告诉才处理的案件;(2)被害人有证据证明的轻微刑事案件;(3)被害人有证据证明对被告人侵犯自己人身、财产权利的行为应当依法追究刑事责任,而公安机关或人民检察院不予追究被告人

刑事责任的案件。人民法院对于符合自诉条件的案件应当予以受理。另外,自诉须向有管辖权的人民法院起诉,否则人民法院不予受理,告诉其向有管辖权的法院起诉。

(四)应当有具体的诉讼请求,有足够证据证明被告人犯罪的事实

诉讼请求是自诉人提起自诉的目的所在,因此,为了维护被害人的合法权益,被害人或其法定代理人、近亲属应在自诉书中写明具体的诉讼请求。此外,还应有足够的证据证明犯罪事实,若没有足够的证据,就无法认定被告人的罪责,也就达不到惩罚犯罪的目的。

(五)自诉应当在追诉时效期限内提出

根据《刑事诉讼法》第15条的规定,已过追诉时效期限的犯罪,不追究刑事责任。已经追究的,应当撤销案件。至于自诉案件的起诉时效,法律没有做出具体规定,而只是适用《刑法》第87条至第89条关于犯罪追诉时效的一般规定,即公诉与自诉的时效是同一的。

以上是提起自诉必须具备的条件,缺一不可。自诉人只有同时具备这几个条件时才可以向人民法院提起诉讼,要求人民法院对犯罪事实进行审理,以追究被告人的刑事责任。若不具备以上条件,人民法院不予受理或驳回起诉。此外,自诉人对《刑事诉讼法》第170条第3项规定的自诉案件提起诉讼,还应当符合《刑事诉讼法》第86条、第145条的规定。

三、刑事自诉案件的提起程序

被害人或其法定代理人、近亲属以及他们的诉讼代理人在法定的起诉时效期限内,可以用书面或口头的方式直接向有管辖权的人民法院提起自诉。自诉一般采用书面的形式,即应当制作并向人民法院呈递刑事自诉状,附带民事诉讼的,应当提交刑事附带民事诉状。但是,自诉人书写自诉状确有困难的,可以口头告诉,由人民法院工作人员做出告诉笔录,向自诉人宣读,自诉人确认无误后,应当签名或盖章。

人民法院应当在收到自诉状或口头告诉第二日起15日内对案件进行审查,做出是否立案的决定,人民法院主要对案件进行下列审查:(1)案件是否属自诉案件范围,是否归本院管辖;(2)被告人的行为是否属于犯罪行为;(3)自诉人的控告是否有足够的证据。

审查结果应当书面通知自诉人或代为告诉的人,根据不同的情况,人民法院可以做出下列处理。

1. 对符合立案条件的,即犯罪事实清楚、有足够证据并且属于本法院管辖的案件,应当在收到自诉状或口头告诉第二日起15日以内立案,并书面通知自诉人。

2. 缺乏罪证的自诉案件,可以要求自诉人限期补充证据,如果自诉人在限期内提不出补充证据,应当说服自诉人撤回自诉,或裁定驳回。自诉人认为理由不充分,可以坚持告诉。自诉人经说服撤回起诉或者被驳回起诉后,又提出了新的足以证明被告人有罪的证据,再次提起自诉的,人民法院应当受理。

3. 被告人的行为不属于犯罪行为的案件,应当说服自诉人撤回自诉,或者裁定驳

回自诉。

4. 对有下列情形之一的,不予受理:(1)犯罪已过追诉时效期限的;(2)被告人死亡的;(3)被告人下落不明的;(4)除因证据不足而撤诉的以外,自诉人撤诉后,就同一事实又告诉的;(5)经人民法院调解结案后,自诉人反悔,就同一事实再行告诉的;(6)民事案件结案后,自诉人就同一事实再提出刑事自诉的。

5. 自诉人明知有其他共同侵害人,但只对部分侵害人提起自诉的,人民法院应当受理,并视为自诉人对其他侵害人放弃自诉权。判决宣告后自诉人又对其他共同侵害人就同一事实提出自诉的,人民法院不再受理。

6. 共同被害人中只有部分人自诉的,人民法院应当通知其他被害人参加诉讼。被通知人接到通知后表示不参加诉讼或者不出庭的,视为放弃起诉权利。一审宣判后,就同一事实又起诉的,人民法院不予受理。但当事人另行提起民事诉讼的,不受限制。

对于驳回起诉的裁定,自诉人可以上诉。

自诉案件提起附带民事诉讼的时间为刑事立案以后,案件判决以前,提起附带民事诉讼一般应当提交附带民事诉状。书写诉状确有困难的,可以口头起诉。

四、刑事自诉案件的辩护与代理

自诉案件中的代理是指在刑事自诉案件中,律师或其他公民接受自诉人或其法定代理人、近亲属的委托作为代理人参加诉讼。根据《刑事诉讼法》第40条的规定,自诉案件的自诉人及其法定代理人有权随时委托诉讼代理人。

自诉案件中的辩护是指在刑事自诉案件中,律师或其他公民接受被告人或其法定代理人的委托作为辩护人参加诉讼。

(一)律师参与刑事自诉案件的诉讼活动

1. 刑事自诉代理的诉讼活动

律师可以接受自诉人或其法定代理人、近亲属的委托,担任其诉讼代理人。律师在担任刑事自诉案件代理人之后主要从事下列诉讼活动:(1)接受委托前,应审查案件是否符合法定自诉案件范围和立案条件;(2)帮助自诉人分析案情,确定被告人和管辖人民法院,调查、了解有关事实和证据,代写刑事起诉状,自诉人同时要求民事赔偿的,代理律师可协助其制作刑事附带民事起诉状,写明被告人犯罪行为所造成的损害,具体的赔偿请求及计算依据,附带民事诉讼代理应办理相应委托手续;(3)代理提起自诉;(4)人民法院对自诉案件进行审查后,要求自诉人补充证据或撤回自诉的,律师应协助自诉人做好补充证据工作或与自诉人协商是否撤回自诉;(5)人民法院对自诉案件做出不予立案的,律师可以代理自诉人向人民法院申请复议;(6)人民法院决定开庭的,代理律师应做好开庭前准备工作。对于自己无法取得的证据,可申请人民法院依法调查取证;(7)被告人提起反诉的,代理律师可接受自诉人委托,担任其反诉辩护人,办理相应委托手续;(8)向自诉人告知有关自诉案件开庭的法律规定,避免因自诉人拒不到庭或擅自中途退庭导致人民法院按自动撤诉处理的法律后果,按时出庭履行职责;(9)协助自诉人充分行使控诉职能,运用证据证明自诉人的指控成立;(10)自诉案件依法可以适用简易程序的,代理律师可以代理自诉人要求人民法院适用简易程序,自诉案件依法不应适用简易程序的,代理律师可以代理自诉人对于人民法院适用简易程序的决定提出异议;(11)自诉案件法庭辩论结束后,代理律师可以根据委托人授权参加法庭调解;(12)代理律师应协助自诉人在人民法院宣告判决前决定是否与被告人和解或者撤回自诉。

2. 刑事自诉辩护的诉讼活动

律师可以接受自诉案件被告人或其法定代理人的委托担任辩护人。一个被告人可以请两名律师,但一名律师不能接受同一案件中两个以上被告人的委托。律师在担任刑事自诉案件辩护人之后主要从事的诉讼活动有:(1)接收委托或指定;(2)查阅案卷有关材料和证据;(3)会见犯罪嫌疑人、被告人;(4)进行必要的调查取证;(5)撰写刑事答辩状;(6)出庭辩护;(7)审判后,律师还可以会见被告人,听取其对判决的意见。被告人不服第一审判决,要求上诉的,律师应当为其提供法律方面的帮助。如果被告人不上诉,辩护律师认为判决不正确应当上诉的,可以向其说明判决不正确的地方和理由;(8)对于审理时被羁押的被告人,辩护律师可代其申请取保候审。

(二)自诉案件代理律师的诉讼权利与诉讼义务

律师作为辩护人参加诉讼所享有的诉讼权利与诉讼义务在"辩护人"部分已经讲过,这里我们着重介绍一下律师作为代理人在刑事自诉案件中的诉讼权利与诉讼义务。

根据《刑事诉讼法》及《律师法》的有关规定,自诉案件中的代理律师享有一系列的诉讼权利并承担相应的诉讼义务。

自诉案件中代理律师的诉讼权利主要是:经授权一般代理后,有纠正委托人起诉事实的权利,不能同意无根据的起诉事实和无法律依据的诉讼主张;可以代自诉人向人民法院提起诉讼。根据《律师法》第34条的规定,代理律师依照《刑事诉讼法》的规定"可以收集查阅与本案有关的材料",即有权持单位介绍信和执业证件向有关单位调查本案有关案情,有关单位、个人应当给予支持;可以到人民法院查阅人民检察院不起诉、被害人起诉后人民检察院移送给人民法院的有关案卷材料,了解案情;人民法院开庭审理时,代理律师有权应法院的通知到庭履行职务;经自诉人授权,有权代委托人依法申请法庭组成人员等人员回避;在法庭审理中于审判人员讯问被告人后,经审判长许可,可以向被告人发问,可以申请审判长对证人、鉴定人发问或者经审判长许可直接发问,申请通知新的证人到庭,调取新的物证,申请重新鉴定或者勘验;法庭调查后,有权发言并且可以和被告方展开辩论;有权代自诉人阅读审判笔录,如认为有遗漏或者错误,有权请求补充或者改正;对司法工作人员非法剥夺自诉人诉讼权利和人身侮辱等侵权行为,有权提出控告。

自诉案件代理律师也需要履行一定的诉讼义务,主要是:应按人民法院的通知及时到庭履行义务,不得借故妨碍诉讼的正常进行;依法出庭履行职务时,应严格遵守法庭的规则和秩序;严格遵守法律规定的程序;协助自诉人负举证义务;对于人民法院已经生效的判决、裁定或者调解协议,代理律师认为是正确的,则有义务教育委托人认真遵守执行;对执业中接触到的国家机密、商业秘密和个人隐私,应当严格保守秘密;履行律师法规定的其他义务。

由于对自诉案件人民法院可以进行调解,自诉人在宣告判决前,可以同被告人自行和解或者撤回起诉。这些都涉及处分自诉人的实体权利问题,代理律师不经委托人特别授权无权代理。因此,代理人除代理被代理人进行诉讼外,要经被代理人特别授权,才能代为承认、放弃或者变更诉讼请求、进行和解、提起反诉等。

第二节　刑事自诉案件的审查

一、刑事自诉案件的诉讼时效

根据《刑法》第87条的规定,犯罪经过下列期限不再追诉:
1. 法定最高刑为不满5年有期徒刑的,经过5年;
2. 法定最高刑为5年以上不满10年有期徒刑的,经过10年;
3. 法定最高刑为10年以上有期徒刑的,经过15年;
4. 法定最高刑为无期徒刑、死刑的,经过20年。如果20年以后认为必须追诉的,须报请最高人民检察院核准。

在人民检察院、公安机关、国家安全机关立案侦查或者在人民法院受理案件以后,逃避侦查或者审判的,不受追诉期限的限制。

被害人在追诉期限内提出控告,人民法院、人民检察院、公安机关应当立案而不予立案的,不受追诉期限的限制。

二、管辖

(一)管辖的概念

我国刑事诉讼中的管辖是指公安机关、人民检察院和人民法院在刑事案件受理范围上的权限划分以及人民法院系统内部在审理第一审刑事案件上的权限范围上的分工。

管辖所要解决的是确定哪些刑事案件由公安机关或者人民检察院直接立案侦查,哪些刑事案件由人民法院直接立案审理;由人民法院审判的第一审刑事案件,哪些案件应由哪一种(普通或专门)、哪一级(基层、中级、高级或最高)人民法院审判,以及由同一级人民法院中的哪一个地区的人民法院审判上的分工问题。

(二)管辖的种类

《刑事诉讼法》规定了两种管辖制度,一是立案管辖,二是审判管辖。

1. 立案管辖

立案管辖是指公安机关、人民检察院和人民法院在直接受理刑事案件范围上的分工。立案管辖是专门机关依法行使职权原则和公、检、法机关分工负责、互相配合、互相制约原则在直接受理案件问题上的具体体现。立案管辖根据公、检、法三机关的不同职能和刑事案件的不同情况,解决哪些刑事案件应由公安机关或者人民检察院立案侦查,哪些刑事案件应由人民法院直接受理的问题。所以,立案管辖又称职能管辖或者部门管辖。

2. 审判管辖

审判管辖是指普通人民法院之间、同级人民法院之间以及普通人民法院与专门人民法院之间以及各专门人民法院之间在审判第一审刑事案件权限范围上的分工。也就是说,审判管辖所要解决的问题是第一审刑事案件应具体由哪一种、哪一级、哪一个人民法院进行审判。至于第二审案件的管辖,根据《刑事诉讼法》的有关规定,只能是第一审人民法院的上级人民法院。同样,人民检察院根据各级人民法院管辖依法提起公诉和出庭支持公诉。所以,明确人民法院的第一审管辖、人民法院的第二审管辖,人民检察院的起诉管辖范围也便自然确定了。

我国刑事审判管辖可分为普通管辖和专门管辖,而普通管辖由级别管辖、地区管辖和指定管辖组成。

地区管辖是指同级人民法院之间在审理第一审刑事案件权限上的划分。级别管辖是从纵向确定上下级人民法院之间对第一审刑事案件的管辖范围,地区管辖则是从横向确定同一级别不同地区的人民法院之间对第一审刑事案件的管辖范围。

对于刑事自诉案件,人民法院的立案管辖和审判管辖都是审判权的具体落实,它们是重合的。

(三) 管辖权变通

1. 优先管辖

司法实践中,经常会遇到被告人在几个人民法院的辖区内实施犯罪行为的案件,因而就可能出现几个犯罪地的人民法院都有管辖权的复杂情况。根据《刑事诉讼法》第25条的规定,几个同级人民法院都有权管辖的案件,由最初受理的人民法院审判。在必要的时候,可以移送主要犯罪地的人民法院审判。对于这种案件,法律规定由最初受理的人民法院审判,主要是为了避免人民法院之间发生管辖争议而拖延案件的审判,同时,也由于最初受理的人民法院对案件往往已进行了一些工作,由其进行审判,有利于及时审结案件。但是,为了适应各种案件的复杂情况,法律又规定,在必要的时候,最初受理的人民法院可以将案件移送主要犯罪地的人民法院审判。"必要的时候",一般应从是否更有利于发挥审判活动的教育作用等方面来考虑确定。所谓主要犯罪地,包括:(1) 一人在不同地区犯一个罪,其中的犯罪行为实施地;(2) 一人在不同地区犯同一种罪,其中的主要犯罪行为的实施地;(3) 一人在不同地区犯数罪,其中的最严重犯罪行为的实施地;(4) 在共同犯罪中,主犯的犯罪行为的实施地等。

2. 移送管辖

根据《刑事诉讼法》第23条的规定,上级人民法院在必要的时候,可以审判下级人民法院管辖的第一审刑事案件;下级人民法院认为案情重大、复杂需要由上级人民法院审判的第一审刑事案件,可以请求移送上一级人民法院审判。第23条规定有两种情况。一是上级人民法院可以审判依法应当由下级人民法院一审的案件,前提是在必要的时候。"必要的时候"是指案情重大、复杂或者影响巨大以及下级人民法院的审判遇到其他困难等情形。但这种决定必须在下级人民法院第一审宣判之前做出,并应当下达改变管辖决定书,并书面通知同级人民检察院、被告人的羁押场所和当事人。二是下级人民法院可以把属于自己管辖的案件,请求移送上级人民法院审判。这种移送以案情重大、复杂为前提,下级人民法院认为案情重大、复杂,需要由上级人民法院审判的第一审刑事案件不属于法律上明确规定由上级人民法院管辖的案件,而是本身就应当由下级人民法院管辖的案件。对于这类案件,上一级人民法院接收与否,由上一级人民法院决定。

凡是法律上明确规定由上级人民法院管辖的案件,下级人民法院必须将案件移送上级人民法院,由上级人民法院对案件进行审判;或者退回提起公诉机关,由人民检察院按照级别管辖的规定重新提起公诉。下级人民法院不得自行审判,上级人民法院也不得交由下级人民法院审判。

根据最高人民法院《解释》第16条的规定,基层人民法院对于认为案情重大、复杂或者可能判处无期徒刑、死刑的第一审刑事案件,请求移送中级人民法院审判,应当经合议庭报请院长决定后,在案件审理期限届满15日以前书面请求移送。中级人民法院应当在接到移送申请10日内做出决定。中级人民法院不同意移送的,应当向该基层人民法院下达不同意移送决定书,由该基层人民法院依法审判;同意移送的,应当向该基层人民法院下达同意移送决定书,并书面通知同级人民检察院。基层人民法院接到上级人民法院同意移送决定书后,应当通知同级人民检察院和当事人,并将起诉材料退回同级人民检察院。上述规定虽然是基层人民法院向中级人民法院移送案件的规定,其他级别之间的移送也应当参照执行。

根据最高人民法院《解释》第4条的规定,人民检察院认为可能判处无期徒刑、死刑而向中级人民法院提起公诉的普通刑事案件,中级人民法院受理后,认为不需要判处无期徒刑以上刑罚的,可以依法审理,不再交基层人民法院审理。此处规定是"可以"而不是"应当",即这种情形下中级法院既可以将案件交由基层法院审理,也可以自己继续审理。我们认为,根据刑事诉讼理论通说,管辖实行"就高不就低"的原则,高级别的法院在此种情况下应以自己审判为宜,不宜交给下级法院。

关于管辖权的转移,刑事诉讼与民事诉讼以及行政诉讼的规定有所不同:在民事诉讼、行政诉讼中,上级人民法院可以把本院管辖的第一审案件交给下级人民法院审理。

根据最高人民法院《解释》第5条的规定,一人犯数罪、共同犯罪和其他需要并案审理的案件,只要其中一人或一罪属于上级人民法院管辖的,全案由上级人民法院管辖。

3. 指定管辖

指定管辖是指上级人民法院依照法律规定,指定其辖区内的下级人民法院对某一案件行使管辖权。《刑事诉讼法》第26条规定:"上级人民法院可以指定下级人民法院审判管辖不明的案件,也可以指定下级人民法院将案件移送其他人民法院审判。"

刑事诉讼中的指定管辖包括以下两种情况。

(1) 因地区管辖不明或者管辖争议而需要指定管辖。

根据最高人民法院《解释》第17条的规定,有管辖权的两个以上同级人民法院,对管辖权发生争议的,应当在审限内协商解决;协商不成的,由争议的人民法院分别逐级报请共同的上一级人民法院指定管辖。

(2) 因某种原因而需要指定管辖。

根据最高人民法院《解释》第18条的规定,有管辖权的人民法院因案件涉及本院院长需要回避等原因,不宜行使管辖权的,可以请求上一级人民法院管辖;上一级人民法院也可以指定与提出请求的人民法院同级的其他人民法院管辖。这样规定有利于排除干扰,保证审判活动的顺利进行。上级人民法院在必要的时候可以将下级人民法院管辖的案件指定其他下级人民法院管辖。

上级人民法院指定管辖的,应当在开庭审判前将指定管辖决定书分别送达被指定管辖的人民法院及其他有关的人民法院。原受理案件的人民法院,在收到上级人民法院指定其他法院管辖决定书后,不再行使管辖权。对于公诉案件,应书面通知提起公诉的人民检察院,并将全部案卷材料退回,同时书面通知当事人;对于自诉案件,应当将全部案卷材料移送被指定管辖的人民法院,并书面通知当事人。根据《最高人民法院、最高人民检察院、公安部、国家安全部、司法部、全国人大常委会法制工作委员会关于刑事诉讼法实施中若干问题的规定》(以下简称六机关《规定》)第5条的规定,对于第一审刑事案件,依法应当由上级人民法院管辖的,不能再指定下级人民法院管辖。

(四) 刑事自诉案件的管辖

1. 一般管辖

根据《最高人民法院关于刑事自诉案件审查立案的规定》,刑事自诉案件由犯罪地的基层人民法院审判,如果由被告人居住地的基层人民法院审判更为适宜的,也可由被告人居住地的人民法院审判。几个人民法院都有管辖权的,由最先受理的人民法院审判。

刑事案件一般应由犯罪地人民法院管辖,这是确定地区管辖的首要原则。所谓犯罪地,一般指实施犯罪的一切必要行为的地点,具体包括犯罪行为预备地、犯罪行为实施地、犯罪结果发生地和销赃地等。

但是,由于我国地域辽阔,人口流动较大,案件情况复杂,犯罪人流窜作案、结伙作案呈现增长趋势,因此,仅规定犯罪地人民法院管辖难以解决上述问题。为此,刑事诉讼法灵活地规定了可以由被告人居住地的人民法院管辖的例外情况。这些例外情况一般包括:(1) 被告人流窜作案,主要犯罪地难以确定,而居住地群众更为了解其犯罪情况的;(2) 被告人居住地的当地群众强烈要求在居住地进行审判的;(3) 可能对被告人适用缓刑或者判处管制,而应在被告人居住地进行监督改造和考察的。所谓被告人居住地,是指起诉审判时被告人的住处所在地,既可以是被告人的户籍所在地,也可以是被告人工作或者学习的地方。

《刑事诉讼法》第25条规定:"几个同级人民法院都有权管辖的案件,由最初受理的人民法院审判。在必要的时候,可以移送主要犯罪地的人民法院审判。"几个同级人民法院都有管辖权时,案件由最初受理的人民法院审判,这样既可以避免因管辖争议或者相互推诿而影响及时审判,又符合诉讼经济原则。但是,最初受理的人民法院如果发现由本院审理不利于查清案情、及时处理案件,也可以将案件移送主要犯罪地的人民法院审判。移送可在同级人民法院之间直接进行,无需经上级人民法院批准或者指定。

2. 特殊管辖

(1)刑事自诉案件的自诉人、被告人一方或双方是外国人的,由犯罪地的中级人民法院审判。

(2)刑事自诉案件的自诉人、被告人一方或双方是港、澳、台同胞的,由犯罪地的基层人民法院审判。

(3)在中国领域外的中国航空器内的犯罪,由犯罪发生后该航空器在中国最初降落地的人民法院管辖。

(4)中国公民在驻外的中国使领馆内的犯罪,由该公民主管单位所在地或者其原户籍所在地的人民法院管辖。

(5)在中国领域外的中国船舶内的犯罪,由犯罪发生后该船舶最初停泊的中国口岸所在地的人民法院管辖。

第三节 刑事自诉案件的证据收集

一、认识证据

根据《刑事诉讼法》第42条第1款的规定,证明案件真实情况的一切事实,都是证据。证据有下列七种:(1)物证、书证;(2)证人证言;(3)被害人陈述;(4)犯罪嫌疑人、被告人供述和辩解;(5)鉴定结论;(6)勘验、检查笔录;(7)视听资料。由此可见,我国刑事诉讼中的证据是指以法律规定的形式表现出来的能够证明案件真实情况的一切事实。这一定义概括了诉讼证据的基本特征,反映了证据的本质属性。

二、证据的基本特征

(一)客观性

诉讼证据的客观性是指诉讼证据是客观存在的事实,而不是人们主观猜测和虚假的东西。诉讼证据的客观性,是诉讼证据的本质特征,是由案件事实本身的客观性所决定的。诉讼证据的客观性包括两个方面的含义。一是证据的本质是事实。证据事实的存在有两种基本形式:一种是诸如物品、痕迹、文件等客观存在的物质;另一种是被人们感知并存入记忆的事实。无论以哪种形式存在的事实,都可以成为证据。二是证据是不以人的主观意志为转移而客观存在的事实。伴随着案件事实的发生,证据事实便不依人的主观意志为转移地形成了。证据的客观性为司法工作人员调查收集证据、查明和证明案件事实真相提供了物质基础。

(二) 关联性

诉讼证据的关联性是指诉讼证据与案件的待证事实之间存在客观的联系。证据不仅是客观存在的事实,而且必须是与案件事实有关联的事实。客观存在的事实是多种多样的,并非所有的客观事实都能成为证据,只有那些与案件事实存在客观联系的事实才能成为证据。证据之所以能够对案件事实起证明作用,正是由于证据与案件事实之间存在联系。凡是与案件事实具有客观的、必然的联系,对查明案件有意义的事实就可以作为证据;凡是与案件事实无关的,对查明案件没有意义的事实,不论其是多么的真实可靠,都不能作为证据。

(三) 合法性

证据的合法性是指诉讼证据必须是按照法律的要求和法定程序而取得的事实材料。证据的这一特征表明以下几个方面。

1. 诉讼证据的提供、收集和审查,必须符合法定的程序要求

无论是司法工作人员收集证据,还是当事人或其他诉讼参与人提供证据,都应当合法,否则就不能作为诉讼证据。为此,《刑事诉讼法》第43条明确规定,审判人员、检察人员、侦查人员必须依照法定程序,收集能够证实犯罪嫌疑人、被告人有罪或者无罪、犯罪情节轻重的各种证据。严禁刑讯逼供和以威胁、引诱、欺骗以及其他非法的方法收集证据。无论是在刑事诉讼中,还是在民事诉讼、行政诉讼中,各种证据的取得都必须严格依照法定程序进行。非法取得的证据,从证据理论和诉讼理论上严格讲是不应当具有证据效力的,更不得作为定案的依据

2. 诉讼证据的形式应当合法

作为证明案件事实的证据材料形式上必须符合法律要求,否则,就不可以作为诉讼证据。我国的诉讼法对证据的种类作了明确规定,如《刑事诉讼法》第42条第2款规定了七种证据种类,即物证、书证,证人证言,被害人陈述,犯罪嫌疑人、被告人供述和辩解,鉴定结论,勘验、检查笔录,视听资料。其他诉讼法也作了相应规定。同时还对各种证据的形式也做出明确的要求,如物证、书证必须附卷,不能附卷的要通过照相、录像、制作模型等方式附卷;证人证言,被害人陈述,犯罪嫌疑人、被告人供述和辩解,当事人陈述,应当以书面形式加以固定,并经核对无误后,由证人、被害人、犯罪嫌疑人、被告人签名盖章;鉴定结论必须采用书面形式,由鉴定人签名盖章;勘验、检查笔录,现场笔录,根据需要分别采用书面笔录、绘图、照相、录像等形式,书面笔录要由勘验人员、现场见证人签名盖章等。

3. 诉讼证据必须经法定程序出示和查证

根据《刑事诉讼法》的相关规定,证人证言必须在法庭上经过公诉人、被害人和被告人、辩护人双方讯问、质证;物证必须当庭出示,让当事人辨认;未到庭的证人的证言笔录、鉴定结论、勘验笔录和其他作为证据的文书,应当当庭宣读,听取公诉人、当事人和辩护人、诉讼代理人的意见。未经法庭查证属实的材料,均不得作为定案的根据。

刑事诉讼证据的合法性是刑事诉讼证据的客观性、关联性的保障;客观性和关联性是证据的本质属性,只有严格按照法律的规定进行证据的收集和审查判断活动,才

能保证证据具有准确地反映案件有关事实情况的品质。

证据的特征参见图 4-1。

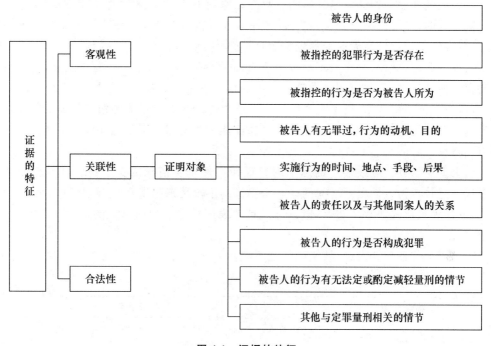

图 4-1　证据的特征

三、证据的种类

（一）证据的法定形式

证据的种类是指表现证据事实内容的各种外部形式。证据种类实际上是证据在法律上的分类,是证据的法定形式。证据种类的划分具有法律约束力,不具备法定形式的证据资料不能纳入诉讼轨道。根据《刑事诉讼法》第 42 条第 2 款的规定,证据有下列七种：(1) 物证、书证；(2) 证人证言；(3) 被害人陈述；(4) 犯罪嫌疑人、被告人供述和辩解；(5) 鉴定结论；(6) 勘验、检查笔录；(7) 视听资料。这表明证据资料只有上述法定的表现形式才能进入刑事诉讼。

1. 物证、书证

物证(狭义的物证)是指能够证明案件的真实情况的物品或物质痕迹。如作案工具、赃款赃物、指纹、脚印、犯罪行为侵犯的对象、犯罪行为产生的物品,以及其他可能揭露犯罪和查获犯罪嫌疑人的实物和痕迹(参见表 4-1)。物证(狭义的物证)是以其存在、外部特征和性能等对案件起证明作明的。这是物证区别于其他证据的一个最显著的特点。

物证的客观性较强,比较容易查实,在证明活动中不仅应用广泛,而且有其他的证据不能替代的作用。如可以提供线索,确定侦查方向,有时借助物证能够破获案件,抓获犯罪嫌疑人；可以借助物证鉴别其他证据的真伪；敦促犯罪嫌疑人、被告人交代罪行等。

收集和调取的物证应当是原物。只有在原物不便搬运、不宜保存或者依法应当返还被害人时，才可以拍摄足以反映原物外形或者内容的照片、录像。物证的照片、录像，只有经与原物核实无误或者经鉴定证明真实的，才具有与原物同等的证明力。拍摄物证的照片、录像，制作人不得少于2人，并应当附具有关制作过程的文字说明及原物存放何处的说明，并由制作人签名或者盖章。所有已经收集到的物证都必须妥善保管，任何人都不得使用，更不允许毁坏。对于可能产生环境污染和精神污染的物证，应当按照有关规定保管和处置。案件中的物证能附卷的都应当附卷保存。移送案件时，应当将物证随同案卷一并移送。

书证是以其记载或表达的思想内容证明案件真实情况的文字材料和其他载体。现代先进技术为人们相互之间的往来所提供的手段越来越丰富，诚如人们一般所了解的，书证表现形式通常是文字，但也可以是图表或符号。形成书证的惯常工具是纸和笔，但并不拘泥于此。

广义的物证包括书证，狭义的物证不包括书证。

表4-1　刑事诉讼中常见的物证

物证类型	各类型物证举例
犯罪使用的工具	如杀人、伤人时使用的匕首、刀枪；盗窃案件中使用的钳子、撬棒、钥匙；走私犯罪使用的运输工具；纵火用的引火物等
犯罪遗留下来的物质痕迹	如指纹、脚印、血痕、工具破坏痕迹、精斑等
犯罪行为侵犯的客体物	如被害人尸体，贪污受贿的赃款赃物，抢劫、盗窃的财物等
犯罪现场留下的物品	如犯罪分子遗留在现场上的衣服、帽子、手套、纽扣、烟头、纸屑、粪便等
其他可以用来发现犯罪行为和查获犯罪分子的存在物	如犯罪嫌疑人的人身特征，被盗、被抢物体的名称、型号、颜色等

2．证人证言

证人证言是指证人就所知道的案件情况直接向公安机关所作的陈述。证人证言一般是口头陈述，以证人证言笔录加以固定；经办案人员同意由证人亲笔书写的书面证词，也是证人证言。

根据《刑事诉讼法》第48条的规定，凡是知道案件情况的人，都有作证的义务。生理上、精神上有缺陷或者年幼，不能辨别是非、不能正确表达的人，不能作证。所以，证人应当是除当事人以外了解案情，能够辨别是非并正确表达的公民个人，单位不能作证人。鉴于证人的身份是由于他们对案件情况的感知在客观上与案件之间形成了相应的证明关系所决定，因此，具有不可替代性，不能由办案人员随意指定更换；证人本人也不可以仅以个人意见作证或拒绝作证；证人必须亲口陈述或亲笔书写证言，除办案人员制作笔录以外一般不能委托他人代理。这种"证人不可替代"的特性同时决定了证人作证的优先，即当诉讼中的证人身份形成以后，他们将不可以在诉讼中担任侦查、检察、审判人员及鉴定人、翻译人员等。

证人陈述的情况,可以是他看到的、听到的,也可以是从犯罪嫌疑人、被害人、见证人或其他人那里间接了解到的。但是证人转述被告知的事实情况,应当说明其来源。如果证人不能说明所知情况的确切来源,而只是证人的估计、猜测或道听途说的消息,不能作为证人证言,必要时只能作为司法机关的线索。

3. 被害人陈述

被害人陈述是犯罪行为的直接受害人就其了解的案件情况向公安司法工作人员所做的陈述。被害人陈述既包括公诉案件被害人所作的陈述,也包括自诉案件中作为自诉人的被害人和刑事附带民事诉讼中作为附带民事诉讼原告人的被害人关于案件事实的陈述。由于受害人直接受到犯罪行为的侵害,所以对整个案件的经过、犯罪人的作案手段、犯罪人的样貌等都有所了解,所以被害人陈述对于查清案件事实具有直接重要的意义。

被害人陈述有两种情况。一种是与犯罪分子有直接接触或耳闻目睹犯罪行为的被害人陈述。这种陈述可以直接指认犯罪过程和犯罪分子的特征,常常是直接证据。另一种是与犯罪分子没有直接接触或耳闻目睹犯罪行为的被害人陈述,这种陈述的内容不如前者丰富和具体。

4. 犯罪嫌疑人、被告人供述和辩解(口供)

犯罪嫌疑人、被告人供述是指犯罪嫌疑人、被告人向侦查人员、检察人员或审判人员承认犯有某种罪行所作的交代。

犯罪嫌疑人、被告人辩解是指犯罪嫌疑人、被告人向侦查人员、检察人员或审判人员提出的否认犯罪或反驳控诉的申辩和解释,通常也称为"口供"。

犯罪嫌疑人、被告人供述和辩解应当是口头陈述,以笔录的形式加以固定。经犯罪嫌疑人、被告人的请求或办案人员的要求,也可以由犯罪嫌疑人、被告人亲笔书写供词。由于口供具有虚假成分与真实成分并存的特点,对口供必须采取慎重的态度,不能轻信。口供经过查证属实之后,可以成为定案的证据之一。

对于犯罪嫌疑人、被告人检举他人犯罪是否属于这种证据,一般认为,对犯罪嫌疑人、被告人检举他人犯罪的性质、内容应当加以适当分析,只有在共犯同案犯罪嫌疑人、被告人检举、揭发其他共犯的犯罪事实时才是口供,否则是证人证言。

5. 鉴定结论

鉴定结论是指受公安司法机关指派或聘请的鉴定人,对案件中的专门性问题进行鉴定后做出的书面结论。刑事案件中需要进行鉴定的专门性问题非常广泛,从刑事诉讼中需要鉴定的专门性问题来看,常见的鉴定结论有法医鉴定结论(用于确定死亡原因、伤害情况等)、司法精神病鉴定结论(用于确定犯罪嫌疑人、被告人、被害人、证人的精神状态是否正常)、痕迹鉴定结论(通过对指纹、脚印、工具、枪弹、轮胎等痕迹的鉴定确认是否同一)、化学鉴定结论(用于确定毒物的化学性质和剂量,对人体的危害程度、伤害程度)、会计鉴定结论(用于确定账目、表册是否真实,是否符合有关规定)、文件书法鉴定结论(用于确定文件的书写、签名是否伪造或同一)以及其他鉴定结论(包括对交通运输、产品质量等鉴定后做出的结论,以确定事故等发生的性质、原因和后果)。

鉴定结论是鉴定人对专门性问题从科学技术的角度提出的分析判断意见,而不是对直接感知或传闻的案情事实的客观陈述,所以,它不同于证人证言,证人也不能同时兼作鉴定人。如果被指派或聘请的人在诉讼之前已经了解案件的情况,则只能作证人,不能作鉴定人。

需要注意的是:(1)鉴定结论只应回答专业技术问题,不能回答法律问题。这是由鉴定人员和鉴定结论的性质决定的。如对与案件有关的账务账目、单据和报表进行鉴定,鉴定结论所回答的问题只是账据是否真实、财务收支是否平衡等问题,而不能去回答犯罪嫌疑人、被告人有无经济犯罪的问题。(2)鉴定结论不能因其所具有的科技性而获得预定的证明效力。因为在实践中,鉴定人往往会受到主客观因素的影响或限制,而使鉴定结论存有不正确的可能性。如鉴定人所采用鉴定方法存在缺陷,或鉴定材料不够充分时,其所作的鉴定结论就具有极大的不可信性。所以,鉴定结论和其他证据一样必须经过查证属实后才能成为定案的根据。

6. 勘验、检查笔录

勘验、检查笔录是办案人员依法对同犯罪有关的场所、物品、人身、尸体等进行勘验或者检查的情况的记载。

勘验笔录是指办案人员对于与犯罪有关的场所、物品、痕迹、尸体等进行勘查、检验中所作的记载。勘验笔录包括文字记录、绘图、照相、录像、模型等材料。勘验笔录可以分为现场勘验笔录、物证检验笔录、尸体检验笔录、侦查实验笔录等。

检查笔录是指办案人员为确定被害人、犯罪嫌疑人、被告人的某些特征、伤害情况或生理状态,而对他们的人身进行检验和观察后所作的客观记载。检查笔录以文字记载为主,也可采取拍照等其他有利于准确、客观记录的方法。

此外,勘验、检查笔录中还存在一种较为特殊的种类,即侦查实验笔录。侦查实验笔录是指为了验证在某种条件下某一事件或某一现象是否发生和后果如何,而进行实验性地重演该事件等活动所作的书面笔录。

由于勘验笔录是办案人员依照法定程序并运用一定的设备和技术手段对勘验对象情况的客观记载,所以,它的客观性较强,也比较可靠。勘验笔录的主要作用在于固定证据及其所表现的各种特征,供进一步研究分析使用,以利于发现和收集证据,确定侦查方向,揭露和证实犯罪人,鉴别其他证据的真伪,认定案件事实。

人身检查必须严格按照法定程序进行,必要时可以指派或聘请有专门知识的人协助办案人员进行。

勘验、检查笔录与鉴定结论是两种不同的证据,不能混淆。二者的主要区别有:(1)勘验、检查笔录由办案人员制作,鉴定结论则由办案机关指派或聘请的鉴定人制作;(2)勘验、检查笔录是对所见情况的客观记载,鉴定结论的主要内容是科学的分析判断意见;(3)勘验、检查笔录大多是解决一般性问题,鉴定结论则是解决案件中的专门性问题。

7. 视听资料

视听资料又称音像资料,是指以录音、录像、电子计算机以及其他高科技设备储存的信息资料。

作为一种新兴的证据,视听资料具有以下优点。

(1) 仿真性强。

视听资料是一种采用现代科技手段获得的证据,以高科技设备作为信息载体,具有高度的科学技术性。如在用摄像机将整个案件事实录下的情况下,摄像机能较为客观、逼真地记载案件事实,人的主观因素较小,失真率也小;若将摄录的信息刻录于光盘中,则信息不易被毁坏,并能在相当长的时间里保持原样。因此,视听资料具有较客观地反映有关案件事实情况的特征。

(2) 直观性强。

视听资料能够通过各种声音、图像来再现与案件有关的各种情况,不仅信息量大,而且能刺激人的感官来感知案件的发生情况。如关于某人说话的视听资料能够准确地反映说话人的音质、音量、语言习惯,说话时的动作、表情等,这一点是其他证据所不能及的。

(3) 具有动态连续性。

视听资料能够通过在一定时间范围内持续的声音和图像来反映案件事实,再现案件发生的动态过程。这一点相对于实物证据来讲具有极大的优势。

但是,视听资料同时也有以下弱点。

(1) 篡改、伪造视听资料方便。随着高新技术的发展,伪造技术也随之发展。只要掌握专业的技术,就能轻易对视听资料进行篡改、伪造。如录音带、录像带容易被消磁、剪辑,电子计算机能被篡改数据等。

(2) 视听资料被篡改、伪造后很难发现。由于伪造技术本身就属于高新技术,所以一般的人员是很难发现视听资料已被篡改、伪造的。因此,视听资料很有可能出现虚假,需要鉴别其真伪。

(二) 学理上的证据分类

1. 人的陈述和实物证据(人证和物证)

从证据的存在和表现形式的角度可以把证据分为人的陈述和实物证据两类。

人的陈述是指以人的语言表述作为存在和表现形式的证据。刑事诉讼法规定的证人证言,被害人陈述,犯罪嫌疑人、被告人供述和辩解以及鉴定结论都属于人的陈述。鉴定结论划入人证范围的理由是因为此种证据是鉴定人对有关案件的某个专门问题的看法,这种看法是通过书面意见来表达的人的陈述。

实物证据是指以实物形态存在和表现的证据。刑事诉讼法规定的物证(狭义物证)、书证,以及勘验、检查笔录和视听资料均属于实物证据。勘验、检查笔录划入物证范围的理由是因为它不是对于人的陈述的笔录,而是对实际存在的实体物的状态和特征的客观记录。

对刑事证据进行这种分类的意义主要在于进行这种划分可以对它们的差异性有明确的了解,从而有利于在司法实践中根据它们的特点进行收集和审查判断,对人的陈述与实物证据采用不同的审查判断方法。对人的陈述一般是通过与其他证据互相印证、侦查实验、对质以及分析其陈述是否自相矛盾的方法进行审查判断。而实物证据的审查判断除了用同其他证据互相印证的方法之外,经常使用的方法还有鉴定、辨认等。

2. 控诉证据和辩护证据

根据证据对犯罪嫌疑人、被告人是否实施了犯罪、罪重还是罪轻等方面所起的不同证明作用,可以把证据区分为控诉证据和辩护证据。

控诉证据是能够证明犯罪事实的发生,犯罪嫌疑人、被告人犯罪,或者是能够从重或加重犯罪嫌疑人、被告人刑事处罚的证据。控诉证据一般是由控诉人对犯罪嫌疑人、被告人进行指控时提出的。如鉴定结论显示留于犯罪工具上的指纹与犯罪嫌疑人、被告人的指纹是否一致等。

辩护证据是能够证明案件事实没有发生,犯罪嫌疑人、被告人无罪、罪轻,或者是能够减轻、免除犯罪嫌疑人、被告人刑事处罚的证据。辩护证据一般是由犯罪嫌疑人、被告人及其辩护人进行辩护时提出的。如证人证明被告人不是出于故意,而是出于正当防卫等。

控诉证据与辩护证据并不是绝对的。在某些情况下,控诉证据和辩护证据存在着重叠性,即一个证据可能既包含着控诉证据的信息又包含着辩护证据的信息。如有以下证据:犯罪嫌疑人在被询问时对自身案件负隅顽抗、拒不承认,但却揭发了其他案件中的他人犯罪行为。这一证据就包含了犯罪嫌疑人认罪态度恶劣的从重因素,又包含了犯罪嫌疑人立功的从轻因素。此外,在一定的条件下,控诉证据和辩护证据是可以相互转化的。在不同的案件中,此案的控诉证据有可能就是彼案的辩护证据,彼案的辩护证据有可能就是此案的控诉证据。如能证明被告人过失杀人的证据,相对于被指控故意杀人的案件来说是一项辩护证据;但如果是在被指控过失杀人的案件中,相对于一项无罪辩护而言,它就是控诉证据。即使在同一案件中,有时随着情况的变化或案件的进展,证据在诉讼中的作用也会发生相应的变化,对证据是控诉证据还是辩护证据的定性也会随之改变。如犯罪嫌疑人交出一份各方面完好无瑕疵的财务报表,以证明自身没有为经济犯罪,因此这一财务报表是辩护证据;但随着案件的深入,通过资深鉴定人的鉴定,发现这一完好报表纯熟伪造,则它就转化为指控犯罪嫌疑人做贼心虚的控诉证据。

根据《刑事诉讼法》第43条的规定,审判人员、检察人员、侦查人员必须依照法定程序,收集能够证实犯罪嫌疑人、被告人有罪或者无罪、犯罪情节轻重的各种证据。

3. 原始证据和传来证据

根据证据材料的来源的不同,可以将证据分为原始证据和传来证据。

凡是来自原始出处,即直接来源于案件事实的证据材料,叫做原始证据,也称第一手材料,如物证、书证的原件,证人、被害人、犯罪嫌疑人、被告人对案件事实的亲眼所见、亲身感受、亲自所为所作的陈述,视听资料的"母带"、原盘等;凡是不是直接来源于案件事实,而是从间接的非第一来源获得的证据材料,称为传来证据,即通常所称的第二手材料。传来证据是通过原始证据所派生出来的证据。如物证、书证的复制品,证人转述他人告知的案情,鉴定结论,勘验、检查笔录,视听资料的复制品等。当然,证人转述他人告知的案情必须说明其来源,没有确切来源的道听途说不能成为证据,也就不能成为传来证据。

一般来说,证据材料被转手的次数越多,失真的可能性越大。因为中间环节越多,就越有可能被转述的人有意无意地把事实扭曲。原始证据是来源于第一手的事料材料,通常比传来证据更可靠。运用原始证据和传来证据的总的原则是:要尽可能获得原始证据。但是,这并不是说传来证据就要比原始证据的地位低、作用小。因为通过传来证据可以发现并获得原始证据;可以运用传来证据验原始证据的真实可靠程度;在原始证据无法保存的情况下,传来证据是保存证据材料的一种方式;在确实无法取得原始证据的情况下,经过查证属实的传来证据可以作为认定案情的一种根据。

4. 直接证据和间接证据

根据证据与案件主要事实的证明关系的不同,可以将证据划分为直接证据与间接证据。刑事案件的主要事实就是犯罪嫌疑人、被告人是否实施了犯罪行为。所谓证明关系的不同,是指某一证据是不是可以单独地、直接地证明案件的主要事实。

凡是可以单独直接证明案件主要事实的证据,属于直接证据。直接证据是指某一项证据的内容,不必经过推理过程就可以直观地说明指控的犯罪行为是否发生,这种犯罪行为是否为正在被追诉的人所实施的。证人证言、被害人陈述及书证有可能是直接证据。犯罪嫌疑人、被告人的口供,无论是供述还是辩解,都以其本人是否进行了某种犯罪活动为内容,所以一般都是直接证据。物证(狭义物证)鉴定结论和勘验、检查笔录不可能成为直接证据。

这里所讲的案件的主要事实包括犯罪事实有否发生和犯罪嫌疑人、被告人是否实施了该犯罪行为两个方面,即一项肯定被告人犯罪的直接证据必须同时能证明这两个方面的内容;但相对于否定意义上的直接证据来说,它只需证明上述两方面的其中任何一个方面,即否定性证据只要能够据以否定其中任何一个方面的内容就是直接证据,如证明被告人不在犯罪现场的证据。

凡是必须与其他证据相结合才能证明案件主要事实的证据,属于间接证据。任何一个间接证据都不能直接地和单独地对案件主要事实做出说明,只有把它同案件内其他证据联系起来,经过综合判断,才能说明案件的主要事实。物证、鉴定结论和勘验、检查笔录不可能单独对案件主要事实直接做出说明,从而也就决定了上述几种证据一般都是间接证据。不反映案件主要事实的证人证言、被害人陈述和书证、视听资料也是间接证据。口供一般不会是间接证据。

不论是直接证据还是间接证据,按其来源来说都有可能是原始证据或传来证据;按表现形式来说,都有可能是言词证据或实物证据;按对控诉的关系来说,也都有可能是控诉证据或辩护证据。

在司法实践中应尽量使用直接证据,以尽快地、直接地证明案件主要事实。但认定案件主要事实不能单凭个别直接证据,即所谓的"孤证不能定案"。一般还需要与其他直接证据或间接证据相互鉴别、相互印证、相互核实才能做出综合判断,获得对案件主要事实的正确认识。

由于间接证据都是对个别的、局部的案件事实的反映,只有通过正确推理,才能使作为"片断"的若干间接证据连接起来,形成证据体系或证据锁链,进而证明案件事实。运用间接证据必须遵循下列规则:每个间接证据都必须是客观的、确实可靠的;每个间接证据同案情之间必须有某种客观联系;间接证据之间必须协调一致,不能有矛盾;对若干协调一致的间接证据进行综合分析之后,所得出的结论只能是一个。

四、刑事诉讼证明

(一)刑事诉讼证明对象

刑事诉讼证明对象又称刑事案件中的待证事实、要证事实,是指在诉讼中证明主体必须运用证据以一定证明方法加以证明的案件事实及有关事实。需要运用证据证明的案件事实包括:(1)被告人身份;(2)被指控的犯罪行为是否存在;(3)被指控的行为是否为被告人所实施;(4)被告人有无罪过,行为的动机、目的;(5)实施行为的时间、地点、手段、后果以及其他情节;(6)被告人的责任以及与其他同案人的关系;(7)被告人的行为是否构成犯罪,有无法定或者酌定从重、加重、从轻、减轻处罚以及免除处罚的情节;(8)其他与定罪量刑有关的事实。概而言之,我国刑事诉讼证明对象的具体范围主要包括以下几个方面。

1. 犯罪构成的要件事实

首先,要查明构成犯罪的具体行为是否确已发生,是否属于正当防卫、紧急避险或其他不构成犯罪的行为。在一般情况下,这个问题是明显的,不需要证明的。但是,如果对犯罪行为发生怀疑时,就需要证明。如果确有犯罪行为发生,则应查明实施犯罪行为的时间、地点、方法、手段、工具和条件,以及犯罪结果、对社会造成的危害性。刑法具体规定了各种犯罪的构成要件和特征,在抢劫、强奸、贪污、受贿等各种具体案件中的具体证明对象是不同的。所以,对具体案件的证明对象要按法律要求来确定。如犯罪结果的危害性大小不仅对于量刑有着重要的意义,而且还是提起附带民事诉讼,要求被告人赔偿经济损失的根据。盗窃财物数额多少、伤害程度轻重等还是区分罪与非罪的重要依据,因而对于犯罪行为的各种情节应当加以证明。

其次,谁是犯罪行为的实施者,是否达到刑事责任年龄,有无刑事责任能力,实施犯罪者在主观上有无故意或过失,以及实施犯罪行为的动机和目的。根据《刑法》的有关规定,行为人只有达到法定责任年龄,并具有刑事责任能力和主观罪过时才应负刑事责任,因而在刑事诉讼中行为人确切年龄、精神状态、有无主观罪过、究竟是故意还是过失,如果是出于故意的,其特定的动机、目的是什么等,对于这些问题发生争议或怀疑时,应当加以证明。

2. 作为罪刑轻重的各种量刑情节的事实

这些情节特别是法定情节对量刑轻重具有直接影响。只有全面查明这些情节,才能正确适用法律,做到量刑适当。如累犯、主犯、教唆不满18周岁的人犯罪的等都是从重处罚的情节;预备犯、未遂犯、中止犯、从犯、胁从犯、未成年人犯罪、又聋又哑的人或者盲人犯罪等是从轻、减轻或者免除处罚的情节。此外,犯罪嫌疑人、被告人在犯罪后的态度和表现,是自首、坦白、悔罪、立功,还是潜逃、毁证、灭迹、订立攻守同盟,阻止同案犯交代,以及犯罪嫌疑人、被告人的身份情况,平时表现好坏,有无前科劣迹等都与决定其刑事处罚有关,应当加以证明。

3. 解决刑事诉讼程序问题需要证明的事实

在刑事诉讼中关于当事人申请回避时对其提出的回避理由,当事人因不可抗拒的原因或有其他正当理由耽误法定诉讼期限而提出申请的事由,以及违反法定的刑事诉讼程序而可能影响正确判决的事由等,也应当加以证明。

4. 其他需要运用证据加以证明的事实

上述所列的各种刑事诉讼证明对象只是根据实践经验加以总结,对一般刑事案件概括性的列举。并不是说所有的刑事案件都要证明这些问题,当然也不能认为所有的刑事案件只证明这些问题就完全够了。由于每个刑事案件的具体情况不同,因而需要证明的问题也有所不同,必须根据案件的实际情况具体确定每个案件的证明对象。对于关键性问题,属于主要的证明对象的,要多下工夫用证据来加以证明;对于一般性问题,属于次要的证明对象的,也必须查证清楚。总之,对于刑事案件的证明对象都应当有相应的证据来加以证明,才能做到证据充分、确实,事实清楚,处理恰当。

此外,下列事实不需要证据证明:为一般人共同知晓的常识性事实;法院生效裁判所确认的并且未依审判监督程序重新审理的事实;法律、法规的内容及适用等属于审判人员履行职务所应当知晓的事实;在法庭审理中不存在异议的程序事实;法律规定的推定事实。

证明对象与证明责任以及证明要求紧密相关。凡被列入证明对象的事实,有证明责任的一方当事人必须提出证据予以证明,并且提出的证据证明达到足够使法官确信的程度才能被认定,否则会承担不利的诉讼后果。

确定案件证明对象应当注意的问题:必须根据案件的实际情况,具体确定每一个案件的证明对象的范围,既要防止把范围定的过宽,影响案件的迅速处理,也要防止主观片面地把范围定的过窄,使某些应该得到证明的问题没有得到证明,以致造成认定案情和适用法律的失误。

(二)证明责任

证明责任也称举证责任,是诉讼法和证据法中的一项基本制度,是指公安司法机关或某些当事人应当收集或提供证据证明应予认定的案件事实或有利于自己的主张的责任;否则,将承担其认定、主张不能成立的危险。证明责任所要解决的问题是,诉讼中出现的案件事实应当由谁提供证据加以证明以及在诉讼结束时,如果案件事实仍然处于真伪不明的状态,应当由谁来承担败诉或不利的诉讼后果。

我国刑事自诉证明责任的分担如下。

1. 自诉人的证明责任

在我国刑事自诉案件中,自诉人是独立提起诉讼的控方当事人,执行着控诉职能的自诉人是否承担证明责任以及履行该责任的程度如何都影响着自诉案件的诉讼能否顺利进行。如果自诉人不尽力向人民法院提供证据或有价值的证据线索,消极地履行证明责任,就会给诉讼进程造成障碍,其诉讼主张就难以得到实现。因此,自诉人在自诉案件中承担证明责任是毫无疑问的,作为自诉人承担证明责任是"谁主张、谁举证"这一基本证明标准的具体表现。根据《刑事诉讼法》的有关规定,缺乏罪证的自诉案件,如果自诉人提不出补充证据,会遭到被驳回起诉的危险,这是自诉人负证明责任的法律依据。自诉人不仅有承担证明责任的必要,而且客观上也具备履行证明责任的能力。由于自诉案件的案情相对简单,通常不需要侦查,且自诉人对于案件事实了解较为清楚,能够提供证据以支持自己的控诉。如果自诉人不能履行证明责任,则有陷入败诉的风险。自诉人证明责任的履行不仅仅存在于提起自诉阶段,因为其起诉权的实现并不能表明其控告主张已经被人民法院采纳,在诉讼过程中履行证明责任的程序对是否胜诉同样具有决定权,因此自诉人的证明责任必须贯穿诉讼的始终,即在起诉之后、宣判之前都应提供相应的证据支持控诉,以请求人民法院追究被告人的刑事责任。

2. 被告人的证明责任

在刑事自诉中的被告人在一般情况下不需要承担证明责任,但是并不排除在特定条件承担一定的证明责任,表现在:(1)在被告人对自诉人提起反诉时,应就其反诉请求所涉及的事实承担证明责任;(2)与公诉案件中检察机关全面提供证据不同,基于被害人仇视心理所提供的证据,不可能有利于被告人,有时甚至夸大其词直至提供虚假证明,在此情况下,如果被告人仍然保持沉默,不主动提供证据,会造成法官不能全面、客观的了解案情;(3)由于辩护权与证明义务的不可分割,也决定了被告人在自诉案件中应负一定的证明责任。因为辩护权不可能脱离事实抽象地存在于诉讼过程当中,辩护的依据是法律和事实,只有通过提出利己的事实,才能达到有效辩护的目的。而缺乏证据支撑的辩护是苍白无力的,法庭完全有理由拒绝认可。

3. 人民法院的证明责任

人民法院在诉讼中承担的是审判职能,其任务只是判断控方的主张是否成立。人民法院没有自己的主张,居于中立地位,因此人民法院并不承担举证责任,也非举证的主体。人民法院不承担自诉案件的举证责任,但不等于取消人民法院的调查核实权,法庭在审理过程中,合议庭对证据有疑问,可以宣布休庭,调查核实证据时还可以根据案件需要进行勘验、检查、扣押、鉴定和查询、冻结。当事人无法调取证据而申请人民法院调取时,人民法院应当予以调取有些涉及国家秘密的证据。这并不等于人民法院承担了举证责任,只是人民法院司法救济权在自诉案件中的具体体现。

(三) 证明标准

刑事诉讼中的证明标准是指法律规定的做出有罪认定所要达到的证明程度。刑事证明标准是做出有罪认定必须达到的证明程度,至于做出无罪处理本身是不需要达到什么证明标准的。在不同的诉讼阶段,证据要达到的证明标准是不一样的。刑事自诉案件中的证明标准如下。

1. 立案阶段的证明标准

对自诉案件来说,立案是与审判相衔接的,人民法院一旦受理,就直接进入审判程序。是否立案,则由人民法院对有关材料进行审查后决定,自诉人有举证责任。从刑事诉讼法以及最高人民法院的司法解释来看,都要求自诉人提供证据,而且要求提供"足够的证据",即要达到一定的证明标准,否则,起诉将被驳回。自诉人在起诉时的举证要达到的证明标准一般认为应达到"有证据证明"、"有足够证据"以及"证据充分"的程度,即起诉时自诉人提供的证据能证明其诉讼主张所包含的基本事实存在就算是"足够"了,如犯罪构成中的主体、客观方面等;对于证据的真伪可不予追究过细,只要不是明显的伪证即可。因为,如果自诉人连证明本事实的证据都没有,那么其在诉讼中也是很被动的,并且会导致行使诉权与履行义务的不对称,不利于社会秩序的稳定。如果要定位为证据充分确凿,就会浪费诉讼资源,毕竟开庭审理阶段还要开示证据和质证,并且还会导致自诉人可能因不能达到证明责任标准而被迫放弃起诉权,其合法权益便得不到法律的有效保护,也不利于对犯罪行为进行有效的追诉。

2. 审判阶段的证明标准

自诉案件在审判阶段的证明标准包括自诉人、被告人等在审判过程中履行证明责任应达到的程度,及人民法院在做出有罪判决时对其裁判结果应该达到的证明程度。

在审判阶段,自诉人为证明其诉讼主张,达到惩戒犯罪、维护自身合法权益的目的,使人民法院确信其所指控是真实的,被告人理应承担刑事责任,自诉人在此阶段的证明标准可以界定为"足以使人民法院确认其指控"。对被告人而言,在提起反诉后,其证明标准也应该等同于自诉人。对人民法院而言,对刑事案件定案时认定有罪应达到"犯罪事实清楚、证据确实充分"的程度,反之,就只能做出无罪判决。

(四)刑事自诉案件证据的收集

1. 自诉人举证

案件的自诉人一般是认为其合法权益受到被告人侵害的被害人,他们最知道案件的真实情况,也最能提供有关证据。如提供证人、物证、书证,陈述其合法权益受到害人侵害的过程,造成了什么样的损害后果等。

在司法实践中,自诉人在收集证据、提供证据、履行举证责任方面却存在着严重的不利因素:(1)自诉人没有侦查权,我国法律没有赋予公民个人享有刑事侦查权,有很多证明被告人犯罪的证据,自诉人是难以获取的;(2)自诉人没有查阅权,法律没有规定被害人在提起自诉前,享有到公安机关、检察院查阅案卷材料的权利;(3)被害人向证人取证难。在有些案件中,被害人可能与某些证人之间存在着利害冲突,或者证人与被告人之间存在利害关系,证人处于自诉利益或害怕被告人报复等原因而不愿为被害人作证。

2. 律师取证

律师在接受当事人的委托后可以依律师法及刑事诉讼法赋予的执业权利查询、收集、整理与案件有关的材料,调查访问并提取证人证言,安排证人出庭,申请鉴定勘验等。

在收集证据的过程中要注意主动、及时,防止证据流失;严格遵守法定程序,注意保守秘密。刑事诉讼法特别规定,严禁刑讯逼供和以威胁、引诱、欺骗以及其他非法方法收集证据;证据必须及时固定、妥善保全。

第四节 法律文书写作

一、刑事自诉状

刑事自诉状是刑事自诉案件的被害人或者其法定代理人、近亲属,根据事实和法律直接向人民法院控告被告人侵犯其自身权益,要求追究被告人的刑事责任的一种诉讼文书。刑事自诉状是依法维护自诉人合法权益的一种重要的诉讼文书。根据《刑事诉讼法》第18条第3款和第77条第1款的规定,它只适用于"告诉才处理和其他不需要进行侦查的轻微的刑事案件"。

刑事自诉状同人民检察院提起公诉书,在法律上具有同样的性质和作用。所不同的是,前者是以个人的名义向人民法院起诉的文书,而后者则是以国家的名义向人民法院提起诉讼的文书。

(一)制作要点

刑事自诉状由首部、正文和尾部组成。

1. 首部

首部依次写明标题、当事人情况。

(1)标题,即文书的名称,只写作"刑事自诉状",不应以"起诉状"、"刑事诉状"等代替。

(2)当事人情况。其称谓分别为"自诉人"和"被告人",均应依次写明:姓名、性别、出生年月日、民族、出生地、文化程度、职业或工作单位、住址等项目。当事人如系未成年人,一定要另外写清其法定代理人的情况,包括姓名、工作单位和职务以及与自诉人(或被告人)的关系等项目。对被告人的出生年月日确实不知的,可写其年龄。

自诉人和被告人为2人以上的,自诉人按受害程度轻重排列;被告人按罪行轻重列出,重的在前,轻的在后,然后分别写明各人的基本情况。

2. 正文

正文是刑事自诉状的主体部分,由案由和诉讼请求,事实和理由,证人姓名和住址,其他证据名称、来源组成。

(1) 案由和诉讼请求。

案由是案件的内容提要,应根据被告人的犯罪事实和触犯的刑法条款认定其行为的性质,以按照《刑法》分则规定的具体的罪名明确案由,通常将案由写成罪名即可。案由应准确具体,不能以类名代替具体罪名。如可写为"重婚罪"或"轻伤害罪"等,不能写为"妨碍婚姻、家庭罪"或"侵犯人身权利罪"等。

其次写明诉讼请求,要具体、明确、切合实情。说明被告人犯何种罪,请人民法院依法惩处,但不要提过于具体的要求,如"追究被告人遗弃罪刑事责任,判处十年有期徒刑"则属不当,应将后一句删除。如果同时要求被告人承担相应的民事责任,则应写清具体的赔偿数目。

此段文字要概括、简练,点到即止,具有标题的意义,无须多作解释,因为下文还要详述。

(2) 事实和理由。

这一部分应重点阐述,它是自诉人提出诉讼请求的依据。

首先,采用叙述的方式写明被告人对自诉人侵权行为的具体事实,交代清楚犯罪的时间、地点、动机、目的、手段、情节、结果等要素。写入自诉状的犯罪事实应当实事求是,经得起法庭调查以及被告人、辩护人的质询和反驳。证据要充分、确凿。注意明确罪与非罪的界限,切忌将被告人一般违法乱纪行为、道德品质和思想意识方面的问题写入事实。案件中关键性情节一定要详细、具体,如关系案件性质的情节、影响量刑的情节等应详述。

其次,阐述提起控诉的理由。这包括两层内容:① 对案情事实作法理上的概括。即依照犯罪构成的理论,说明被告人行为的性质及社会危害性,已具备构成某一犯罪的要件;② 在概括事实的基础上,对被告人犯罪的动机、目的、手段、危害后果及被告人事后的态度以及影响量刑的情节、条件进行简要的论证分析,以高度精练的语言援引相应的法律条款写明结论性意见,重申诉讼请求。

事实和理由要前后呼应、密切相关,理由应根据案情确定犯罪性质,阐述从重从轻处罚的情节,不能出现彼此脱节甚至矛盾的现象,做到摆事实、讲道理,以理服人、以法服人。

(3) 证人姓名和住址,其他证据名称、来源。根据《刑事诉讼法》的有关规定,自诉案件的自诉人负有举证的责任。刑事自诉状中应列举充分的证据证明被告人的犯罪事实,使前面的事实和理由拥有坚实的基础。

列举证据时应当注意:(1) 证据与犯罪事实有客观联系,凡是能证明事实的真实性的证据都应列举,尤其应注意收集关键性证据;(2) 证据来源要清楚,以说明取证的合法性;(3) 对证据力应适度分析,以说明证据的可信度;(4) 证据名称要规范化。《刑事诉讼法》第42条规定了证据的法定形式有物证、书证,证人证言,被害人陈述,犯罪嫌疑人、被告人供述和辩解,鉴定结论,勘验、检查笔录,视听资料等七种,证据名称应与此一致;(5) 物证等要写明具体名称、件数,鉴定结论,勘验、检查笔录要写明制作单位,以及针对的内容等。证人姓名要准确,住址具体详细。

3. 尾部

尾部依次写明送达法院的名称、诉状副本份数、自诉人署名并注明年月日。

(二)文书范本

刑事自诉状

自诉人:杨××,女,1958年4月18日出生,汉族,××省××县人,农民,住××省××县××乡×村。

委托代理人:齐×,男,1960年10月9日出生,汉族,××省××县人,××公司技术员,住××省××县城20号,系自诉人之弟。

被告人:孙××,男,1958年1月4日出生,汉族,北京市×县人,系北京市×县×厂工人,住本厂工人宿舍。

案由和诉讼请求

被告人孙××犯虐待罪,请求法院依法追究被告人刑事责任。

事实与理由

我与被告人孙××系夫妻关系,1982年结婚,生一男孩孙×(12岁),婚后感情尚好。自1989年7月被告人与女徒工林××来往密切,后发展为通奸关系。我知道后曾多次向××厂领导反映要求解决,因种种原因未能及时得到解决。被告人孙××为了达到离婚的目的,变本加厉地从精神上折磨我,从经济上克扣我,用言语刺激我,使我患有精神分裂症。1990年6月10日夜间,被告人假借为我治病之机,使用暴力强行挟住我的颈部往我嘴内灌砒霜,企图置我于死地,由于我强咬牙关,被告人的目的才未得逞,但却造成我舌尖糜烂、嘴唇脓肿的严重后果。1991年2月15日夜里,被告人又用剪刀扎我,要对我下毒手,由于我急忙用右手将剪刀尖攥住,才幸免于难。但我右手被扎伤四处,缝合六针,至今还留有伤疤。

被告人孙××,为了达到与我离婚和林×结婚的目的,自1989年开始,从精神上、肉体上、经济上长期虐待、摧残我,使我的身心受到严重伤害,根据《中华人民共和国刑法》第182条的规定,被告人的行为已构成虐待罪,情节恶劣,请求人民法院依法追究被告人孙××的刑事责任。

证人姓名和住址,其他证据名称、来源

我患有精神分裂症的事实,有××医院诊断证明证实;被告人孙××强行往我嘴内灌砒霜的事实有邻居李××可以证实,李××与我住同村;被告人孙××用剪刀将我右手扎伤的事实有××医院外科诊断证明和邻居王××、刘××证实,现王××、刘××与我住同村。

此致

××县人民法院

附：本诉状副本1份

自诉人杨××
××××年×月×日

二、刑事自诉案件答辩状

刑事自诉案件答辩状是相对于刑事自诉状而言的。但需注意的是，只有自诉的部分案件如侮辱、诽谤、虐待、遗弃家庭成员等才可以对自诉人提出答辩，其他严重的刑事犯罪由公安机关与检察机关负责追究，被告人不能提出答辩但可以进行辩护。被告人进行答辩的书面依据就是刑事答辩状。

（一）制作要点

刑事自诉案件答辩状由首部、正文和尾部组成。

1. 首部

首部应写明答辩人的自然情况，即姓名、性别、出生年月日、民族、籍贯、职业或工作单位和职务、住址等基本情况。

2. 正文

答辩人应针对起诉状或上诉状的指控提出答辩的理由。答辩的理由也就是针对何人起诉的什么案件进行答辩。答辩的事实和理由也就是依据事实证据和法律规定，对起诉人起诉中的不实、捏造或违法的指控进行逐条反驳，要针对自诉人的指控进行辩解，可写明自诉状中陈述的事实和依据的证据的不实之处，提出相反的事实和证据；可写明答辩人的行为合法，或虽违法但不犯罪；可写明自诉人起诉程序不合法，或举证不合法，或不属自诉案件范围。提出答辩理由要实事求是，要提供证据。

3. 尾部

答辩人应写明刑事自诉案件答辩状致送的人民法院名称，并签名。

最后要注明出具刑事自诉案件答辩状的具体年月日。

（二）文书范本

刑事答辩状

答辩人何××，女，36岁，汉族，山东省济南市人，江苏徐州市××局干部，住徐州市××宿舍×栋×号。电话：××××××，邮政编码：××××××。

被答辩人陈×，男，35岁，汉族，江苏省苏州市人，江苏省徐州市××局干部，住徐州市××宿舍×栋×号，电话：××××××，邮政编码：××××××。

答辩人因陈×指控答辩人犯诽谤罪一案，提出答辩如下：

1. 答辩人的行为不构成诽谤罪。

依照我国《刑法》第145条的规定，诽谤罪是指故意捏造事实并加以散布，公然损害他人人格和名誉，情节严重的行为。构成诽谤罪的主要条件一是要有捏造并公然散布有损于他人名誉、人格的事实；二是出于故意，目的在于损害他人名誉和人格；三是必须情节严重。

从本案情况来看,首先,我没有捏造有损陈×名誉和人格的事实。今年6月17日,陈×在办公室内与他人发生两性关系,是我单位同事刘××、胡×亲眼所见,后来向我和我处王×处长作了反映,这有胡×、王×处长的证言为证,并非我的捏造;其次,我没有有意损害陈×的名誉和人格。我是在6月28日单位党组织生活会上对陈×的生活作风问题提出批评的,目的在于希望陈×引以为戒,能够吸取教训,加以改正,做一名合格的共产党员,这是很正常的同志式的批评意见,怎能被视为故意损害他人名誉和人格呢?难道陈×犯了错误,就不能在组织内部进行批评教育吗?由于我的所作所为并不具备诽谤罪成立的条件,所以不构成犯罪。

2. 陈×的行为应当受到舆论和道德的谴责,人民法院应当驳回其诉讼请求。

陈×犯了错误,本应吸取教训,注意改正,但陈×却采取恶人先告状的错误做法,向人民法院提起诉讼,请求人民法院追究我的"刑事责任",并对他给予"精神损失赔偿"。我认为,对陈×这种知错不改、拒绝批评、一错再错的行为,应当给予舆论和道德的谴责。在这里,我请求人民法院查明事实真相,驳回陈×的诉讼请求,并给予相应的处罚,以寻求司法公正和对公民合法权益的保护。

此致
江苏省高级人民法院

答辩人何××
××××年×月×日

三、刑事附带民事诉状

刑事附带民事诉状是公诉案件的被害人及其法定代理人或自诉案件的自诉人就被告人的犯罪行为造成的损害要求赔偿而制作的一种法律文书,它是被害人要求被告人承担民事责任的基础和依据,同时也是人民法院追究被告人的民事责任的依据。

(一)制作要点
刑事附带民事诉状主要由首部、正文和尾部构成。

1. 首部

首部主要写明附带民事诉讼原告人、被告人的自然情况。

2. 正文

正文是刑事附带民事诉状的核心内容,包括:(1)提起附带民事诉讼的具体诉讼请求;(2)基本的事实与理由,尤其是原告人请求赔偿的事由与被告人应当承担赔偿责任的间接因果关系;(3)相关的证据材料、证人姓名和地址等目录。

3. 尾部

尾部主要写明致送的人民法院名称、具状人名称和时间。

(二)文书范本

刑事附带民事诉状

自诉人:李×生,男,26岁,××市××单位工人,住××区×马路××号。

被告人：李×友，男，39岁，××市师范学校教员，住××郊区××里40栋609号。

被告人：李×起，男，29岁，××市第五皮鞋厂工人，住××区××马路××村29号。

诉讼请求

1. 请依法追究共同被告人伤害罪的刑事责任。
2. 请依法追究共同被告人民事赔偿责任。

事实与理由

被告人系同胞兄弟，其家原住××区××马路130号，与自诉人相邻，后将住房出卖，只留被告人之母住在原址临时建筑的矮房之内，因此被告人等时常逗留于此。2009年6月24日下午2时许，自诉人到姑母（也住××马路130号）处，路经被告人临时住处时，酒气醺醺的被告人李×友突然戏弄自诉人，大呼自诉人绰号。自诉人不满，委婉地请示其别再呼叫。不料，被告人李×友竟不通情达理，先是破口大骂，继而再手持两块大砖，砸自诉人前额未中，又重击自诉人背部，自诉人一时难忍，被邻人劝阻。被告人李×起十分嚣张，无理指责前来劝解的邻居，野蛮殴打驾驶拖拉机仗义执言的青年，激起公愤，后由自诉人姑母出面，此事方才平息。当晚九时许，与邻居李庆×外出，给孩子购药返回又经过被告人临时住处时，被告人李×友又唤自诉人乳名，让自诉人到跟前，自诉人觉得事已平息，不及多想，被告人李×友突然窜出，乘自诉人不备，向自诉人面部猛击一掌。自诉人被迫防卫。被告人之母公然纵子行凶："有种的到河边打，一个对一个，谁有本事，把谁弄死！"被告等有恃无恐，李×友在自诉人面前继续挥拳攻击，李×起窜至自诉人身后狠掐自诉人颈部，前后夹击，自诉人无法相顾。被告人李×友乘机抄起铁锨猛砍自诉人头部，自诉人顿时血流满面。被告人李×友腰藏菜刀，伺机再下毒手。嗣后，自诉人经××医学院附属医院X射线检查：左前额部软组织裂伤，伤口约5厘米，深达骨膜；颅骨凹陷性骨折，深达1厘米（手术缝合7针）。自诉人为治伤，造成很大经济损失；体肢虚弱，头晕目眩，呕吐失眠，骑车行路，言谈举止不能用力，医嘱需复查手术，至今不能工作。

综上所述，自诉人认为：被告人等无端寻衅，首先打人，蓄谋伤害自诉人的行为，情节恶劣，后果严重，已触犯《刑法》第134条之规定，被告人等还应承担民事赔偿责任。据此，自诉人依法诉于法院，请求追究被告人的刑事责任外，还依照《刑事诉讼法》第53条之规定提起附带民事诉讼，望秉公裁判。

此致

××市××区人民法院

具状人：李×生

××年×月×日

重点内容图解

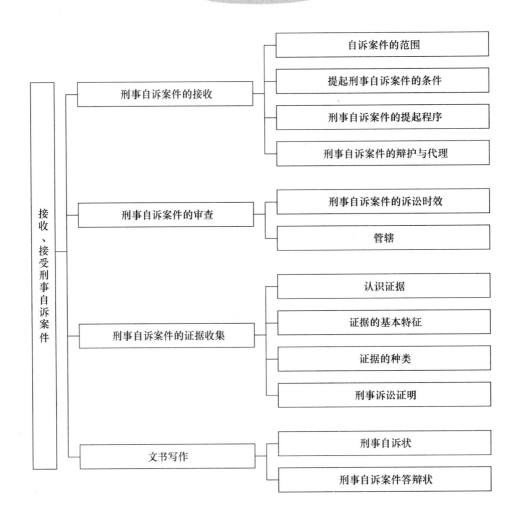

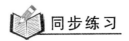
同步练习

一、单项选择题

1. 李某因受到王某和何某的共同故意伤害而向县法院提起自诉,但只起诉了何某一人,下列说法正确的是( )。

   A. 县法院可以不予受理
   B. 县法院应当受理,并追加王某为共同被告
   C. 县法院应当受理,并视为李某对王某放弃告诉权
   D. 县法院应当受理,判决宣告后李某对王某再以同一事实提起自诉,也应当受理

2. 甲、乙两人共同在夜间骑摩托车抢夺行人财物。在公安机关查处他们两人的违反治安管理行为时,两人却供出了抢夺的事实,而且能够相互印证;后被提起公诉,下列说法正确的是(　　)。
   A. 甲的供述和乙的供述都是直接证据
   B. 对甲、乙供述内容进行录音的录音带是视听资料
   C. 如果只有甲的供述或乙的供述,没有其他证据,不能认定甲和乙有罪和处以刑罚
   D. 甲和乙的供述能够相互认证,如果加上对甲乙供述内容的录音带,就可以认定甲和乙有罪

3. 在一起诽谤案件中,江某以李某捏造事实、致使自己的名誉受到巨大损害为由,向人民法院提起刑事自诉,要求人民法院追究李某的刑事责任。在人民法院审理过程中,江某和李某向人民法院提出申请,要求调取新的证据。据此,对于本案,负有证明责任的人员应当是(　　)。
   A. 江某   B. 李某
   C. 李某和江某   D. 李某仅有责任证明自己不构成犯罪

4. 下列案件不属于告诉才处理的自诉案件的是(　　)。
   A. 侮辱、诽谤案   B. 暴力干涉婚姻自由案
   C. 虐待案   D. 侵占案

5. 下列证据中,既属于间接证据又属于原始证据的是(　　)。
   A. 被告人认罪的供述   B. 证人听到被害人哭泣的证言
   C. 赃物的复制品   D. 鉴定结论的抄件

二、多项选择题

1. 靳某以诽谤罪将宁某起诉至某县法院。县法院经审查认为,该案应属本院管辖,该案有明确的被告人、具体的诉讼请求和能证明被告人犯罪事实的证据,应予受理。但被告人宁某目前下落不明。法院处理错误的是(　　)。
   A. 裁定中止审理
   B. 说服自诉人撤回起诉或者裁定驳回起诉
   C. 宣告宁某犯有诽谤罪并处以刑罚
   D. 将案件交公安机关查找宁某下落

2. 赵某与罗某系邻居。两人常因日常小事纠纷不断。某日,两人又起纠纷,争吵中罗某抄起木棍,打在赵某头上,致使其严重脑震荡,左耳失聪。赵某因受此重伤而报至公安机关。公安机关认为本案系邻里纠纷,以民事调解为宜,不予立案。赵某又告至检察院,检察院以同样理由不予立案。赵某即将本案诉至人民法院。下列选项中属于人民法院在决定是否立案之前应审查的内容是(　　)。
   A. 本院是否有管辖权

B. 自诉人是否有证明被告人犯罪事实的证据

C. 被告人是否下落不明

D. 被告人是否会提出反诉

三、不定项选择题

1. 下面关于人民法院地域管辖正确的是（　　）。

    A. 某外国人A在中国领域外故意将中国公民B杀害，此案由该外国人入境地我国人民法院管辖

    B. 中国船舶行驶在日本领域，A某在船舶内抢劫了B某500元钱，该案由犯罪发生后该船舶最初停泊的中国口岸所在的人民法院管辖

    C. 在中华人民共和国领域外的中国航空器内犯罪，由犯罪发生后该航空器在中国最初降落地的人民法院管辖

    D. 中国公民在驻外的中国使领馆内的犯罪，由该公民主管单位所在地或者原户籍所在地的人民法院管辖

2. 人民法院在审理自诉案件过程中可以对案件进行调解，被告人也可以提出反诉，下列选项中哪些案件既可以调解又可以进行反诉（　　）。

    A. 被告人刘某侵占案、由被害人李某提起诉讼的

    B. 被告人周某虐待其子，后小周向法院提起诉讼

    C. 被害人李某故意伤害案，被害人张某向法院提起诉讼，法院认为证据不足，移交公安机关侦查后，又由检察院提起诉讼的

    D. 被害人李某抢劫一案，公安机关不予立案，由被害人杨某提起诉讼，人民法院依法受理并开庭审判的

3. 小刚是一名17岁的职业高中学生，在2000年10月5日国庆节放假期间，他潜入某单位办公室，窃得手提电话3部。在公安机关对此案进行侦查时，下列哪些内容属于刑事诉讼的证明对象（　　）。

    A. 小刚盗窃的事实　　　　　　　B. 小刚的年龄

    C. 2000年国庆节期间放长假的事实　D. 小刚犯罪后的表现

诉讼任务二　参与刑事自诉案件一审法庭审理

任务描述

参与法庭审理是刑事自诉案件中为当事人提供法律服务最重要的一步,是基层法律工作者必备的法律服务技能,学生通过审前维权、审中维权、审后维权等诉讼任务,具备以下专业能力:

1. 能够理解审判公开、回避、合议等刑事诉讼的制度;
2. 能够熟练掌握刑事诉讼的第一审程序和附带民事诉讼案件的处理;
3. 能够针对一审判决中存在的问题为当事人提起上诉。

知识储备

第一节　刑事自诉案件审理的基本制度

一、审判的概念

刑事诉讼中的审判是指人民法院依法对刑事案件进行审理和裁判的活动。审理是指人民法院在控辩双方及其他诉讼参与人的参加下,调查核实证据、查明案件事实并确定如何适用法律的活动。而裁判则是指人民法院依据认定的证据、查明的案件事实和有关的法律,对案件的实体问题和程序问题做出处理结论的活动。审理是裁判的条件和基础,裁判是审理的目的和结果。

在整个刑事诉讼过程中,审判是个居于中心地位、具有决定性的诉讼阶段。审判决定着案件的最终处理结果,决定着刑事追诉的成功与否以及国家具体刑罚权能否实现。人民法院行使审判权具有以下几个基本特征。

1. 被动性

被动性是指人民法院审判案件奉行"不告不理"原则,即没有起诉,就没有审判。

2. 独立性

独立性是指人民法院独立行使审判权,不仅如此,审判组织也具有独立性,即独立地审理案件并做出裁判。

3. 中立性

中立性是指人民法院在审判中相对于控辩双方保持中立的诉讼地位,这是现代刑事审判中控审分离、控辩平衡、审判中立原则的基本内容之一,是公正审判的重要保证。

4. 职权性

职权性是指人民法院审判刑事案件时,并不是完全消极的裁判者,法律赋予了它一定的职权,这是保证审判效率的要求。

5. 程序性

程序性是指审判活动应当严格遵循法定的程序,否则,可能导致审判活动无效并需要重新进行的法律后果。

6. 亲历性

亲历性是指案件的裁判者必须自始至终参与审理,接触控辩双方当事人并听取、审查所有的证据,只有这样才能保证裁判的质量。

7. 公开性

公开性是指审判活动应当公开进行,法庭的大门永远是敞开的,除了为了保护特定的社会利益依法不公开审理的案件外,都应当公开审理,将审判活动置于公众和社会的监督之下。这是摒除司法不公的最有力的手段。

8. 公正性

公正是诉讼的终极目标,是诉讼的生命。审判应依照公正的程序进行,进而最大限度地实现实体上的公正。

9. 终局性

终局性是指法院的生效裁判对于案件的解决具有最终决定意义。这是因为审判是现代法治国家解决社会纠纷和争端的最后一道机制。

二、审判程序

人民法院的审判,按照所处诉讼阶段和具体任务的不同,分为以下几种审判程序。

1. 第一审程序

第一审程序是各级人民法院按照审判管辖的分工,对人民检察院提起公诉或自诉人自诉的案件,进行第一次审判的程序。

2. 第二审程序

第二审程序是中级以上(包括中级)人民法院对上诉案件、抗诉案件进行审判的程序。

3. 死刑复核程序

死刑复核程序是只适用于死刑案件的特殊审判程序。在审理形式上,一般采取书面审理的形式,必要时,也可以提审。

4. 审判监督程序

审判监督程序是对已经发生法律效力的判决、裁定,在发现确有错误时,进行重新审查处理的特殊审判程序。

三、审判组织

审判组织是指人民法院审理具体案件的法庭组织基本形式。根据《刑事诉讼法》和《人民法院组织法》的有关规定，人民法院审判案件的法庭组织形式分为独任庭和合议庭两种。审判委员会对重大的或者疑难的案件的处理有最后的决定权。合议庭、独任庭是审理具体案件的临时性组织，而不是常设的工作机构。

（一）独任庭

独任庭是由审判员一人独任审判案件的组织形式。根据《刑事诉讼法》第147条的规定，独任审判只限于基层人民法院适用简易程序审理的第一审刑事案件。这是由于适用简易程序审理的案件大都案情简单、事实清楚、情节轻微，不需要采用合议庭进行审判，因而由审判员一人独任审判。

据此，独任庭的审判的特点可以概括为：

1. 就法院级别而言，只限于基层人民法院；
2. 就案件类别而言，只限于适用简易程序的案件；
3. 独任制审判，只能由审判员进行，人民陪审员不能进行独任审判。

（二）合议庭

合议庭是由3名以上的审判人员集体审判案件的组织形式。根据《刑事诉讼法》的有关规定，人民法院审判案件除适用简易程序采用独任庭外，其他案件均采用合议庭审判。可见，合议庭是人民法院审判案件的基本组织形式。由合议庭审判刑事案件，可以充分发挥审判人员的集体智慧，防止主观片面和独断专行；可以使审判人员互相制约，防止徇私舞弊、枉法裁判，从而保证案件的审判质量。

鉴于人民法院的级别、所管辖的案件及所适用的审判程序不同，刑事诉讼法对各级人民法院、各种审判程序规定了不同人数、不同组成人员的合议庭。

1. 基层人民法院和中级人民法院审理第一审案件，审判员3人或者由审判员和人民陪审员共3人。
2. 高级人民法院和最高人民法院审理第一审案件，审判员3人至7人或者由审判员和人民陪审员共3人至7人。
3. 人民法院审理上诉案件和抗诉案件，审判员3人至5人。
4. 最高人民法院复核死刑案件，高级人民法院复核授权核准的死刑案件和死刑缓期执行的案件，审判员3人。
5. 按照审判监督程序重新审判的案件的审判组织，根据具体情形，依第一审程序或第二审程序的有关规定另行组成相应的合议庭。

人民陪审员是人民群众参加国家管理，行使审判权，对审判工作进行监督的重要体现。根据《全国人大常委会关于完善人民陪审员制度的决定》第4条的规定，公民担任人民陪审员，应当具备下列条件：（1）拥护中华人民共和国宪法；（2）年满23周岁；（3）品行良好、公道正派；（4）身体健康。担任人民陪审员，一般应当具有大学专科以上文化程度。

合议庭的成员人数应当是单数。合议庭由院长或者庭长指定审判员一人担任审判长。院长或者庭长参加审判案件的时候,自己担任审判长。审判长主持和组织合议庭的活动并指挥法庭审判的进行。人民陪审员在人民法院执行职务,同审判员有同等的权利。除依法提请院长决定提交审判委员会讨论决定外,合议庭开庭审理并且评议后,应当做出判决。合议庭进行评议的时候,如果意见分歧,应当按多数人的意见做出决定,但是少数人的意见应当写入笔录。全体合议庭成员应在评议笔录上签名并在判决书上署名。

(三) 审判委员会

审判委员会是人民法院内部对审判工作实行集体领导的组织形式。根据《人民法院组织法》第10条的规定,各级人民法院设立审判委员会,实行民主集中制,审判委员会的任务是总结审判经验,讨论重大的或者疑难的案件和其他有关审判工作的问题。由于审判委员会有权讨论决定重大、疑难案件,因此,审判委员会也是人民法院的一种审判组织。

根据《刑事诉讼法》第149条的规定,审判委员会讨论决定具体的刑事案件是以该案属于疑难、复杂、重大的案件,并且合议庭认为难以做出决定,提请院长决定提交审判委员会讨论决定为前提。没有这个前提,审判委员会不能主动讨论决定具体的案件。审判委员会讨论决定案件的情况应当记入笔录,并由参加讨论的审判委员会委员签名。审判委员会中多数人的意见为审判委员会的意见。经合议庭提请审判委员会讨论决定的案件,审判委员会做出的决定,合议庭应当执行,据此做出判决或裁定。

审判委员会的性质、工作原则及其与合议庭的关系概括为以下几点。

1. 审判委员会是在院长的主持下,对人民法院的审判工作实行集体领导的组织形式,其工作原则是民主集中制,而不是院长负责制。遇有不同意见时,应按少数服从多数的原则做出决定。

2. 审判委员会虽不直接开庭审理具体案件,但有权对经合议庭审理的案件进行讨论并做出最后的处理决定。合议庭对审判委员会的决定应当执行。

3. 审判委员会虽然具有审判组织的性质和职能,但它不同于一般的审判组织,不应当包揽一切案件的处理,而应当充分尊重和发挥合议庭的职权和作用。审判委员会讨论和决定的案件,应是疑难、复杂、重大的案件。在审判实践中,这些案件主要指:(1) 拟判处死刑的;(2) 合议庭成员意见有重大分歧的;(3) 人民检察院抗诉的;(4) 在社会上有重大影响的;(5) 其他需要由审判委员会讨论决定的。

四、审级制度

审级制度是指法律规定案件起诉后最多经过几级人民法院审判必须终结的诉讼制度。我国人民法院分为四级,即最高人民法院、高级人民法院、中级人民法院和基层人民法院。

根据《刑事诉讼法》第10条的规定,人民法院审判案件,实行两审终审制。两审终审制是指一个案件至多经过两级人民法院审判即告终结的制度,对于第二审人民法院做出的终审判决、裁定,当事人等不得再提出上诉,人民检察院不得按照上诉审程序提出抗诉。

根据两审终审制的要求,地方各级人民法院按照第一审程序对案件审理后所作的判决、裁定,尚不能立即发生法律效力;只有在法定上诉期限内,有上诉权的人没有上诉,同级人民检察院也没有抗诉,第一审法院所做出的判决、裁定才发生法律效力。在法定期限内,如果有上诉权的人提出上诉,或者同级人民检察院提出了抗诉,上一级人民法院应依照第二审程序对该案件进行审判。上一级人民法院审理第二审案件做出的判决、裁定是终审的判决、裁定,立即发生法律效力。这样经过两级人民法院对案件审判后,该案的审判即告终结。

两审终审制的实质是允许一个案件经过两级人民法院审理,也最多只能经过两级人民法院审理的审级限制。但我国的两审终审制有以下三种例外。

1. 最高人民法院审理的第一审案件为一审终审,其判决、裁定一经做出,立即发生法律效力,不存在提起第二审程序的问题。

2. 判处死刑的案件,必须依法经过死刑复核程序核准后,判处死刑的裁判才能发生法律效力,交付执行。

3. 地方各级人民法院根据《刑法》第63条第2款规定在法定刑以下判处刑罚的案件,必须经最高人民法院的核准,其判决、裁定才能发生法律效力并交付执行。

五、回避制度

(一)回避制度的概念

刑事诉讼中的回避是指侦查人员、检察人员、审判人员等同案件有法定的利害关系或者其他可能影响案件公正处理的关系,不得参与该案件诉讼活动的一种诉讼行为。我国的回避制度不仅适用于审判人员,也适用于检察人员、侦查人员,甚至适用于书记员、鉴定人、翻译人员等,上述人员在侦查、审查起诉、审判等各个诉讼阶段上如果有法定的妨碍诉讼公正进行的情形,均不得参与该案件的诉讼活动。

(二)回避的理由和人员范围

1. 回避的理由

根据《刑事诉讼法》的有关规定,回避的适用条件主要包括以下几种情形。

(1)是本案的当事人或者是当事人的近亲属的。

本案的当事人是指被害人、自诉人、犯罪嫌疑人、被告人、附带民事诉讼的原告人和被告人。当事人的近亲属是指上述人员的夫、妻、父、母、子、女、同胞兄弟姐妹。最高人民法院《关于审判人员严格执行回避制度的若干规定》第1条对此作了进一步的解释,规定了当事人有直系血亲、三代以内旁系血亲以及姻亲关系的审判人员都应当回避。

(2)本人或者他的近亲属和本案有利害关系的。

所谓利害关系,是指本案的处理结果会影响到审判人员、检察人员、侦查人员以及书记员、翻译人员、鉴定人或其近亲属的利益。如双方有恋爱关系,曾经有怨恨、有矛盾等。

(3) 担任过本案的证人、鉴定人、辩护人、诉讼代理人的。

在同一个案件中,曾经履行过或行使过本案的证人、鉴定人、辩护人或诉讼代理人的义务和职责的人,对案件事实往往已经形成自己的看法,如果再以其他办案人员的身份参与对该案件的处理,就很难做到客观公正。为防止先入为主和角色冲突,也应当回避。根据最高人民法院《关于审判人员严格执行回避制度的若干规定》,担任过勘验人的审判人员也应当回避。

(4) 与本案当事人有其他关系,可能影响公正处理案件。

这里的"其他关系"是指除上述三种情形以外的,可能影响案件公正处理的关系,其内容比较广泛,大体可分为两类:① 友好关系,如与当事人虽无近亲属关系,但有其他亲戚关系或者是同学、同乡或朋友关系,或者与当事人有某种工作关系、经济关系等;② 不睦关系,即与当事人有过仇隙、纠纷等。应当注意的是,有"其他关系"并不一定要回避,侦查人员、检察人员、审判人员等与当事人有"其他关系",只有在"可能影响公正处理案件"的条件下,才适用回避。如审判人员是当事人的近亲属,应当无条件回避,但如果审判人员与当事人是一种远亲关系,则要看其是否可能影响公正处理案件才能决定其回避与否。该项规定是根据回避制度的立法宗旨,针对可能影响公正处理案件的情况不宜逐一列举所作的一项原则性规定。根据最高人民法院《关于审判人员严格执行回避制度的若干规定》第1条的规定,与本案的诉讼代理人、辩护人有夫妻、父母、子女或者同胞兄弟姐妹关系的审判人员,应当回避。

(5) 审判人员、检察人员、侦查人员等接受当事人及其委托的人的请客送礼,或者违反规定会见当事人及其委托的人。根据这一规定,司法工作人员接受某一方当事人及其委托人的"请客送礼",违反规定会见某一方当事人及其委托人的,另一方当事人及其法定代理人有权要求他们回避。根据最高人民法院《关于审判人员严格执行回避制度的若干规定》第2条的规定,审判人员具有下列情形之一的,当事人及其法定代理人有权要求回避:

① 未经批准,私下会见本案一方当事人及其代理人、辩护人的;

② 为本案当事人推荐、介绍代理人、辩护人,或者为律师、其他人员介绍办理该案件的;

③ 接受本案当事人及其委托的人的财物、其他利益,或者要求当事人及其委托的人报销费用的;

④ 接受本案当事人及其委托的人的宴请,或者参加由其支付费用的各项活动的;

⑤ 向本案当事人及其委托的人借款、借用交通工具、通讯工具或者其他物品,或者接受当事人及其委托的人购买商品、装修住房以及其他方面给予的好处的。

对于检察人员和侦查人员虽没有相关解释规定适用这几种回避情形,但一般认为应当参照执行最高人民法院《解释》的相关规定。对上述几种情形的回避,当事人及其法定代理人应当提供相关证据,材料。

(6) 参加过本案侦查、起诉的侦查、检察人员不能再担任本案的审判人员,或者参加过本案侦查的侦查人员不能再担任本案的检察人员。根据最高人民法院《解释》第31条的规定,参加过本案侦查、起诉的侦查、检察人员,如果调至人民法院工作,不得担任本案的审判人员。该规定适用于法庭书记员、翻译人和鉴定人。根据最高人民检察院《规则》第29条、第31条的规定,参加本案侦查的侦查人员,如果调至人民检察院工作,不得担任本案的检察人员。该规定适用于人民检察院书记员、司法警察和人民检察院聘请或指派的翻译人员和鉴定人。

(7) 在一个审判程序中参与过本案审判工作的合议庭成员,不能再参与本案其他程序的审判。根据最高人民法院《解释》第31条的规定,凡在一个审判程序中参与过本案审判工作的合议庭组成人员,不得再参与本案其他程序的审判。该规定适用于法庭书记员、翻译人员和鉴定人。而且,对于第二审人民法院经过第二审程序裁定发回重审或者按照审判监督程序重新审理的案件,原审人民法院负责审理此案的原合议庭组成人员也不得再参与对案件的审理。

2. 回避的人员范围

根据《刑事诉讼法》第28条和第31条的规定,回避适用于下列人员:审判人员、检察人员、侦查人员、书记员、翻译人员、鉴定人。《最高人民法院关于审判人员严格执行回避制度的若干规定》增加了两种人,即勘验人员和执行员。

(1) 侦查人员。

根据《刑事诉讼法》的有关规定,侦查权由公安机关、国家安全机关、人民检察院以及军队保卫机关和监狱狱侦部门行使。因此,上述机关承担侦查工作的人员都属于回避的适用人员范围。此外,在侦查阶段,有权参与对案件进行讨论和做出处理决定的侦查机关或部门负责人以及有关成员,也属于适用回避的人员之列。

(2) 检察人员。

检察人员包括负责案件批准逮捕、审查起诉和出庭支持公诉的检察人员以及有权参加案件讨论和做出处理决定的检察长和检察委员会成员。此外,参加过本案侦查的侦查人员,如果调至检察院工作,不得担任本案的检察人员。

(3) 审判人员。

这里所指的审判人员,既包括直接承办案件的审判员、助理审判员、人民陪审员,也包括有权参与案件讨论和做出处理决定的法院院长、庭长以及审判委员会成员。

根据《刑事诉讼法》第192条的规定,原审人民法院对于发回重新审判的案件,应当另行组成合议庭,依照第一审程序进行审判。第206条规定,人民法院按照审判监督程序重新审判的案件,应当另行组成合议庭进行。《最高人民法院关于审判人员严格执行回避制度的若干规定》第3条规定:"凡在一个审判程序中参与过本案审判工作的审判人员,不得再参与该案其他程序的审判"。根据上述规定,担任过刑事案件某一次审判工作的人员不能再次担任该案的审判工作,他们应当回避。如一审人民法院对二审人民法院发回重审的案件,人民法院按审判监督程序重审的案件,一审或二审合议庭成员应当回避;原承担某一案件一审审理工作的法官,因工作原因调至上级法院,他不能成为该案二审合议庭组成人员。同理,曾参加过本案侦查、起诉的侦查、检察人员,如果调至法院工作,不得担任本案的审判人员。因为他们在前一诉讼阶段所形成的对案件的认识可能带入后一诉讼阶段,造成先入为主、主观片面,妨碍后一阶段诉讼工作的公正进行。但是,根据《最高人民法院关于审判人员严格执行回避制度的若干规定》的规定,二审人民法院发回重审的案件,一审人民法院重新做出判决,当事人再次上诉,原二审合议庭成员不必回避。

(4) 书记员。

书记员是在侦查、起诉和审判阶段担任记录工作的人员。记录工作也是一项关系案件质量的重要工作。记录内容应当尽可能真实、全面地反映案件诉讼活动的本来面目,因此,书记员应当实事求是、认真负责地从事记录工作,尽量避免错漏,更不允许有意篡改、歪曲、伪造记录内容。因此,为了保证记录工作的顺利进行,具有法定回避理由的书记员也必须回避,以防止不正常的记录工作对案件公正处理可能造成的不良影响。

(5) 翻译人员。

翻译人员在案件中承担语言、文字或手势的翻译工作,是侦查、检察和审判人员与当事人和有关诉讼参与人进行意识交流的中介或桥梁。客观、准确的翻译,对于促进案件的公正处理具有十分重要的作用。不允许翻译人员在诉讼中故意改变、增加或减少所译内容,影响司法公正。因此,翻译人员不能与案件有利害关系,否则,无论其在侦查、起诉和审判的哪一个阶段,都应当回避。

(6) 鉴定人。

在某些刑事案件中,鉴定结论具有十分重要的作用,它是司法工作人员判断犯罪嫌疑人或被告人是否有罪或罪责大小的关键证据。司法实践表明,鉴定人在诉讼中能否客观公正地进行鉴定,对所形成的鉴定结果的质量有直接影响。鉴定人不能与案件或当事人有利害关系,否则,其所作的鉴定结论可能缺乏或丧失真实性和科学性。错误的鉴定结论必将导致错误的案件处理。因此,鉴定人具有应当回避的理由时,应当回避。对于鉴定人,不得仅以在诉讼的某一阶段"担任过本案的鉴定人"为由,而在以后的诉讼阶段中申请或指令其回避。

(7) 勘验人。

在刑事诉讼中,勘验笔录是勘验人依照法定程序并运用一定的设备和技术手段对勘验对象情况的记载,它的主要作用是固定证据及其所表现的各种特征,供进一步研究分析使用。勘验笔录是否客观记载,对于分析案情、确定侦查方向以及认定案件事实具有重要意义。勘验人不能与案件或者案件的当事人有利害关系,否则,可能影响其全面、准确、客观地记载勘验情况,因此,勘验人如果具有应当回避的理由,也应当回避。

(8) 执行员。

刑事案件判决后的执行是刑事诉讼中的最后一个阶段,也是一个重要的诉讼阶段。因为,只有及时、合法地执行已经生效的判决、裁定,才能有效地发挥刑事裁判惩罚犯罪分子,保护无辜公民,警戒社会上的不稳定分子的作用,从而实现刑事诉讼的任务。如果执行人员与案件或者当事人有利害关系,可能会给正确、及时地执行生效裁判带来某些不利的影响,因此,执行人员如果存在应当回避的情形时,也应当适用回避的规定。

关于律师回避问题,《刑事诉讼法》未予规定。根据《律师法》第41条的规定,曾经担任法官、检察官的律师,从人民法院、人民检察院离任后2年内,不得担任诉讼代理人或者辩护人。《最高人民法院关于审判人员严格执行回避制度的若干规定》进一步明确:审判人员及占法院行政编制的其他工作人员离任2年内,担任诉讼代理人或者辩护人的,人民法院不予准许;审判人员及法院其他工作人员离任2年后,担任原任职法院审理案件的诉讼代理人或者辩护人,对方当事人认为可能影响公正审判而提出异议的,人民法院应当支持,不予准许本院离任人员担任诉讼代理人或者辩护人。但是作为当事人的近亲属或者监护人代理诉讼或者进行辩护的除外。审判人员及法院其他工作人员的配偶、子女或者父母,担任其所在法院审理案件的诉讼代理人或者辩护人的,人民法院不予准许。

(三)回避制度的种类

根据《刑事诉讼法》及相关司法解释的规定,回避可以分为以下三种类型。

1. 自行回避

自行回避是指侦查人员、检察人员和审判人员等具有法律规定的应当回避的情形时,自行要求回避,主动退出该案的诉讼活动。

2. 申请回避

申请回避是指侦查人员、检察人员和审判人员等具有法律规定的应当回避的情形而没有自行回避时,当事人及其法定代理人向公安机关、人民检察院或人民法院提出申请,要求他们回避。申请回避权是法律赋予当事人及其法定代理人的重要诉讼权利之一,司法工作人员在诉讼过程中有义务告知当事人及其法定代理人享有申请回避权,并且不得以任何借口限制、阻碍或剥夺当事人及其法定代理人对该权利的行使。

3. 指令回避

指令回避是指侦查人员、检察人员和审判人员等具有法律规定的应当回避的情形而没有自行回避、当事人及其法定代理人也没有申请回避时,公安机关、人民检察院、人民法院发现后,其有关负责人或组织有权做出决定,令其退出该案的诉讼活动。指令回避是对自行回避和申请回避制度的必要补充。

(四)回避的程序

1. 回避的提出

所谓回避的提出,是指在刑事诉讼中,回避由谁、在什么时间、通过何种方式提出。回避分为自行回避、申请回避和指令回避三种类型,回避可以在侦查、审查起诉、审判、执行的各个诉讼阶段提出,有关办案人员应主动告知当事人及其法定代理人有权申请回避。属于回避范围的人员,应在接受案件并了解具有法定应予回避的情形后立即向本单位领导提出回避的请求,并说明理由以得到谅解和支持。应予回避而故意隐瞒真实情况不予回避,不仅是违纪行为,也是违法行为,相关机关有权追究其法律责任。

《刑事诉讼法》对侦查、起诉阶段的回避程序没有做出明确规定,根据回避的一般要求,侦查人员、检察人员在侦查、审查起诉活动开始后,应主动将案件承办人员的情况告知当事人及其法定代理人,告知其享有申请回避权,征求其是否申请回避的意见并记录在案。人民检察院在审查批捕中或是审查决定逮捕程序中,可以讯问犯罪嫌疑人。讯问犯罪嫌疑人时,审查批捕或决定逮捕的检察人员应当告知犯罪嫌疑人有权申请回避。人民检察院在审查批捕或是在审查决定逮捕中,发现有关本案负责侦查的人员应当回避而没有回避的,应以程序违法为由退回负责侦查的机关或部门补充侦查。对公安机关、国家安全机关、军队保卫部门要求复议的不批准逮捕的案件中,同级人民检察院应当更换办案人员复议。人民检察院审查起诉中,应当讯问犯罪嫌疑人,听取被害人和犯罪嫌疑人、被告人委托的人的意见。讯问犯罪嫌疑人或询问被害人时,应当告知其申请回避的权利;发现侦查人员应当回避而没有回避的,应以程序违法为由退回负责侦查的机关或部门补充侦查。

在审判阶段,当事人及其法定代理人在第一审程序、第二审程序、死刑复核程序和审判监督程序中都可以申请回避。根据《刑事诉讼法》第154条的规定,开庭的时候,审判长查明当事人是否到庭,宣布案由;宣布合议庭的组成人员、书记员、公诉人、辩护人、诉讼代理人、鉴定人和翻译人员的名单;告知当事人有权对合议庭组成人员、书记员、公诉人、鉴定人和翻译人员申请回避。这一规定不仅对第一审程序适用,在第二审程序、死刑复核程序、审判监督程序中同样有效,应遵照执行。人民法院在开庭审判时,审判长应分别询问当事人及其法定代理人是否申请回避,申请何人回避以及申请回避的理由。如果当事人及其法定代理人认为上述人员与本案有利害关系或其他关系,会影响本案的公正审理而申请回避的,应根据《刑事诉讼法》第28条、第29条、第30条的规定处理。在第二审程序、死刑复核程序和审判监督程序中,存在不开庭审理的情况。在用书面审的方式进行审判时,合议庭也应当告知当事人申请回避权并征询其是否申请回避的意见。人民法院在审理案件过程中,认为有检察人员应予回避的情况时,可以建议人民检察院提出要求退回补充侦查;人民检察院依据起诉和审判监督的职权,认为需要退回补充侦查的,也可直接向人民法院提出退回补充侦查的建议。第二审人民法院发现第一审人民法院的审理违反有关回避的规定,经核查属实,应当裁定撤销原判,发回原审人民法院重新审判。审判人员明知具有自行回避的情形,故意不依法自行回避或者对符合回避条件的申请故意不做出回避决定的,依《人民法院审判纪律处分办法(试行)》的规定予以处分。审判人员明知诉讼代理人、辩护人具有不应担任诉讼代理人、辩护人的情形之一,故意不做出正确决定的,参照《人民法院审判纪律处分办法(试行)》的规定予以处分。人民检察院对人民法院的有关人员应当回避而没有回避的,一经发现,可依据其享有的法律监督职能及时向法庭提出,以纠正人民法院的有关违法行为,维护当事人的合法权益,维护国家法制的尊严。此外,为了保证生效裁判的正确执行,在案件执行程序中,也应贯彻回避制度。

对回避的要求依法上报后,诉讼程序的进行一般也应随之暂时停止。但是《刑事诉讼法》第30条第2款规定,对侦查人员的回避做出决定前,侦查人员不能停止对案件的侦查。此款规定主要是由侦查工作的特殊性决定的。侦查工作必须迅速、及时,以便尽早地缉拿罪犯、收集证据、遏制犯罪。为了保障侦查工作及时、有效进行,法律专门规定了在侦查阶段有意执行回避制度的特殊方式。对本款法律规定在理解执行时还应当注意:(1)对回避做出决定前侦查人员不能停止对案件的侦查的期限,包括复议期间;(2)侦查人员包括所有依法具有侦查权的机关的侦查人员。

2. 回避的决定

根据《刑事诉讼法》第 30 条第 1 款的规定,审判人员、检察人员、侦查人员的回避,应当分别由院长、检察长、公安机关负责人决定;院长的回避,由本院审判委员会决定;检察长和公安机关负责人的回避,由同级人民检察院检察委员会决定。需要注意的是,其中需要由审判委员会、检察委员会做出回避决定的院长、检察长不包括副职,因为根据《人民法院组织法》和《人民检察院组织法》的有关规定,人民法院和人民检察院的正职和副职的产生方式以及职权有明显不同。但是,当正职缺额或者不在岗位,由副职代行正职职权时,得适用正职的回避审查决定程序。

根据《刑事诉讼法》第 31 条的规定,书记员、翻译人员和鉴定人的回避事宜,从提出申请或者请求到决定程序均适用《刑事诉讼法》第 28 条、第 29 条、第 30 条的规定,分别由他们各自履行职责或者聘请、指派他们的机关负责人(公安机关负责人、检察长、院长)决定是否回避。

关于回避决定做出以前所取得的证据和进行的诉讼行为是否有效的问题,根据公安机关的有关规定和最高人民检察院《规则》,对符合《刑事诉讼法》第 28 条或者第 29 条规定的情形之一而回避的侦查人员、检察人员在回避决定做出以前所取得的证据和进行的诉讼行为,可以由做出决定的公安机关负责人、检察长或者检察委员会根据案件具体情况决定其是否有效。

3. 回避的效力

刑事诉讼中的"决定"一般一经做出就具有法律效力。但是根据《刑事诉讼法》第 30 条第 3 款的规定,对驳回申请回避的决定,当事人及其法定代理人可以申请复议一次。申请回避是当事人及其法定代理人的权利。但是,提出的申请并不一定会得到批准。有权决定是否回避的组织或个人如果认为回避申请不具有法定的回避理由,有权做出驳回其申请的决定。

根据《公安机关办理刑事案件程序规定》(以下简称公安部《规定》)和最高人民检察院《规则》的规定,当事人及其法定代理人在收到《驳回申请回避决定书》后 5 日内可向原决定机关申请复议一次。决定机关应在 3 日内做出复议决定书并书面通知申请人。根据最高人民法院《解释》的规定,被决定回避的人员对决定有异议的,可以在恢复庭审前申请复议一次;被驳回回避申请的当事人及其法定代理人对决定有异议的,可以当庭申请复议一次;不属于《刑事诉讼法》第 28 条、第 29 条所列情形的回避申请,由法庭当庭驳回,并不得申请复议。

在复议期间,县级以上公安机关负责人、侦查人员不能停止对案件的侦查。在其他阶段,则应暂时停止诉讼程序的进行,待有关组织或者个人做出复议决定后,再继续进行诉讼活动。对复议的处理决定,公安司法机关应当及时告知提请复议的当事人及其法定代理人。

六、法庭审理的中止与终止

法庭审理的中止是指在法庭审理过程中,由于发生某种情况或出现某种障碍影响诉讼的正常进行而将诉讼暂时停止,待有关情况和障碍消失后,再恢复审理的制度。这种中止可以发生在法庭审理的任何阶段,是暂时、不定期地停止审理的一种制度,中止前的诉讼行为仍然有效,有关专门机关和诉讼参与人有权利也有义务继续完成法定诉讼行为。刑事诉讼的中止期间,不计入专门机关的办案期限。可以使案件中止审理的情形有:自诉人、被告人患精神病或其他严重疾病,致使案件在较长时间内无法继续审理的;案件起诉到法院后被告人脱逃,致使案件在较长时间内无法继续审理的。

延期审理是指在法庭审判过程中,遇到影响进行审判的情形时,决定休庭,顺延时间继续审理。根据《刑事诉讼法》第165条的规定,可以延期审理的情况有:(1)需要通知新的证人到庭、调取新的物证、重新鉴定或者勘验的;(2)检察人员发现提起公诉的案件需要补充侦查,提出建议的;(3)由于当事人申请回避而不能进行审判的。

法庭审理的终止是指在刑事诉讼的过程中,因出现某种法定情形,致使诉讼不必要或者不应当继续进行,从而结束诉讼的制度。终止法庭审理的主要情形有:(1)犯罪已经过追诉期限,并且不是必须追诉或者经特赦令免除刑罚的,应当裁定终止审理;(2)被告人死亡的,应当裁定终止审理,对根据已经查明的案件事实和认定的证据材料,能够确认被告人无罪的,应当判决宣告被告人无罪;(3)共同犯罪案件中,提出上诉的被告人死亡,其他被告人没有提出上诉,第二审人民法院仍应当对全案进行审查。死亡的被告人不构成犯罪的,应当宣告无罪,审查后认为构成犯罪的,应当宣布终止审理。

七、庭审中常见的法律文书

(一)判决

判决是人民法院解决案件实体问题所作的决定,也就是对被告人是否定罪处刑的决定。判决在刑事诉讼中具有重要作用。人民法院的判决标志着案件审理的结束,它最后解决了案件的实体问题。判决一经发生法律效力,就具有强制性、稳定性、排他性。

刑事案件的判决可以分为有罪判决和无罪判决两种。有罪判决又可以分为判处刑罚的判决和免除刑罚的判决。

(二)裁定

裁定是人民法院解决诉讼程序和部分实体问题所作的一种决定。

刑事裁定和刑事判决是两种不同的决定:裁定虽然也解决部分实体问题,但主要是解决诉讼程序的问题,而判决只适用于最后解决整个案件的实体问题。裁定可以有书面和口头两种,口头裁定做出后,记入法庭笔录,其效力和书面裁定相同,判决则只能用书面形式;一个案件中可能有几个裁定,而判决只能有一个。

刑事裁定主要适用于:(1)驳回自诉;(2)驳回上诉或抗诉;(3)撤销原判发回原审人民法院重审;(4)停止执行死刑;(5)依法应予减刑或假释等。

(三)决定

人民法院使用决定这种形式时只是解决某些诉讼程序问题。决定的形式在庭审中可以是口头的,也可以是书面的。决定与判决、裁定相比有以下不同。

1. 适用对象不同。判决用于解决实体问题,裁定部分用于解决实体问题,部分用于解决程序问题,而决定只解决程序问题。

2. 只有人民法院有权做出判决和裁定,而决定可以由人民法院、人民检察院、公安机关分别做出。

3. 效力不同。第一审人民法院所作的判决或者裁定,有关机关和人员依法可以上诉或者抗诉,并不立即发生法律效力。而决定无论由哪一级、哪一个公、检、法机关做出,均立即发生法律效力,不得上诉和抗诉。

(四)调解书

调解是人民法院根据当事人自愿原则,在事实清楚的基础上,主持当事人针对争议的民事权益和法律关系,通过平等协商解决争议的活动。虽然在刑事自诉案件中大都是通过庭外和解、撤诉来终结刑事诉讼的,也可以尝试制作刑事调解书。刑事调解书是指人民法院在审理刑事案件过程中,依法进行调解,根据当事人自愿达成的解决纠纷的协议而制作的具有法律效力的司法文书。刑事调解书也属于具有法律效力的刑事裁判文书范畴,其法律效力与刑事判决书等同。

第二节 刑事自诉案件第一审程序

一、庭审程序概述

法庭审判程序简称庭审程序,它是刑事第一审程序的中心环节和典型代表。法庭审判的直接目的是确定起诉事实是否存在并确定刑事责任,法庭审判程序则是为达成此目的而提供程序保障,其核心在于维护控辩双方的平等和法官中立,以确保公正司法。

法庭审判大体分为开庭、法庭调查、法庭辩论、被告人最后陈述、评议和宣判五个阶段。

开庭审理的全部活动应当由书记员制作成笔录,经审判长审阅后分别由审判长和书记员签名。法庭笔录中的出庭证人的证言部分应当在庭审后交由证人阅读或者向其宣读,证人确认无误后,应当签名或者盖章。

按照审判方式的不同,法庭审理程序又可以分为普通审理程序和简易审理程序。

二、刑事自诉案件第一审普通程序

(一)庭前审查程序

庭前审查是指人民法院对刑事自诉原告人提起诉讼的案件进行庭前审查,以决定是否开庭审判的活动。

根据最高人民法院《解释》的有关规定,人民法院在收到起诉书后,应当指定审判员审查以下内容。

1. 案件是否属于本院管辖。

2. 起诉书指控的被告人的身份、实施犯罪的时间、地点、手段、犯罪事实、危害后果和罪名以及其他可能影响定罪量刑的情节等是否明确。

3. 起诉书中是否载明被告人被采取强制措施的种类、羁押地点、是否在案以及有无扣押、冻结在案的被告人的财物及存放地点;是否列明被害人的姓名、住址、通讯处,为保护被害人而不宜列明的,应当单独移送被害人名单。

4. 是否附有证据目录。

5. 是否附有能够证明指控犯罪行为性质、情节等内容的主要证据复印件或者照片。其中"主要证据"包括:(1)起诉书中涉及的《刑事诉讼法》第42条规定的证据种类中的主要证据;(2)同种类多个证据中被确定为主要证据的;如果某一种类证据中只有一个证据,该证据即为主要证据;(3)作为法定量刑情节的自首、立功、累犯、中止、未遂、防卫过当等证据。

6. 是否附有起诉前提供了证言的证人名单;证人名单是否分别列明出庭作证和拟不出庭作证的证人的姓名、性别、年龄、职业、住址和通讯处。

7. 已委托辩护人、代理人的,是否附有辩护人、代理人的姓名、住址、通讯处明确的名单。

8. 提起附带民事诉讼的,是否附有相关证据材料。

9. 有无《刑事诉讼法》第15条第2项至第6项规定的不追究刑事责任的情形。

审查的方法应为书面审查,即通过审阅起诉书及所附的证据目录、证人名单和主要证据复印件或者照片等材料,并围绕上述内容逐项予以审查。

人民法院对自诉案件审查后,对于起诉书有明确的指控犯罪事实并且附有证据目录、证人名单和主要证据复印件或者照片,所需材料齐备,并属于本院管辖的,应当决定开庭审判。

人民法院对于按照普通程序审理的自诉案件,决定是否受理,应当在15日内审查完毕。

(二)开庭审判前的准备

根据《刑事诉讼法》第151条和最高人民法院《解释》的规定,人民法院在决定开庭审判后,应当进行下列各项准备工作。

1. 确定合议庭的组成人员。人民法院决定开庭审判以后,适用普通程序审理的案件,由院长或者庭长指定审判长并确定合议庭组成人员。适用简易程序审理的案件,由庭长指定审判员1人独任审理。

2. 人民法院应当在收到自诉状或口头告诉第二日起15日内做出是否立案的决定,但法律及有关文件没有规定向被告人送达起诉书副本的时间。

3. 通知被告人、辩护人于开庭5日前提供出庭作证的身份、住址、通讯处,明确的证人、鉴定人名单及不出庭作证的证人、鉴定人名单和拟当庭宣读、出示的证据复印件、照片。

4. 将传唤当事人和通知辩护人、诉讼代理人、证人、鉴定人和勘验、检查笔录制作人、翻译人员的传票和通知书,至迟在开庭3日以前送达。对于不满18岁的未成年人犯罪的案件,在必要的时候,通知被告人的法定代理人到庭。

5. 公开审判的案件,在开庭3日以前先期公布案由、被告人姓名、开庭时间和地点。

人民法院受理自诉案件后,自诉人经法庭两次合法传唤,没有正当理由而故意拒不到庭的,或者在法庭审理中未经法庭许可中途退庭的,按照自诉人撤回起诉处理。

(三) 法庭审判程序

法庭审判由合议庭的审判长主持。根据《刑事诉讼法》的有关规定,法庭审判程序大体按顺序可分为开庭、法庭调查、法庭辩论、被告人最后陈述,评议和宣判五个阶段。

1. 开庭

根据最高人民法院《解释》的有关规定,开庭阶段的活动程序如下。

(1) 开庭审理前,查明自诉案件当事人、证人及其他诉讼参与人是否已经到庭。

(2) 审判长宣布开庭,传被告人到庭后,由审判长负责查明被告人的:① 姓名、出生年月日、民族、出生地、文化程度,职业、住址,或者单位的名称、住所地、诉讼代理人的姓名、职务;② 是否曾受到过法律处分及处分的种类、时间;③ 是否被采取强制措施及强制措施的种类、时间;④ 收到起诉书副本的日期;附带民事诉讼的,附带民事诉讼被告人收到民事诉状的日期。

(3) 审判长宣布案件的来源、起诉的案由、附带民事诉讼原告人和被告人的姓名(名称)及是否公开审理。对于不公开审理的,应当当庭宣布不公开审理的理由。

(4) 审判长宣布合议庭组成人员、书记员、公诉人、辩护人、鉴定人和翻译人员的名单。

(5) 审判长应当告知当事人、法定代理人在法庭审理过程中依法享有的诉讼权利。当事人、法定代理人在刑事自诉案件审理过程中主要享有的诉讼权利包括:① 可以申请合议庭组成人员、书记员、鉴定人和翻译人员等回避;② 可以提出证据,申请通知新的证人到庭、调取新的证据,重新鉴定或者勘验、检查;③ 被告人可以自行辩护;④ 被告人可以在法庭辩论终结后作最后的陈述。

(6) 审判长分别询问当事人、法定代理人是否申请回避,申请何人回避和申请回避的理由。申请回避的理由符合法定情形的,应当依照有关回避的规定处理;不符合法定情形的,应当当庭驳回,继续法庭审理。如果申请回避人当庭申请复议,合议庭应当宣布休庭,待做出复议决定后,决定是否继续法庭审理。同意或者驳回申请的决定及复议决定,由审判长宣布,并说明理由。必要时,也可以由院长到庭宣布。

共同犯罪案件,应将各被告人同时传唤到庭,逐一查明身份及基本情况后,集中宣布上述事项和被告人在法庭审理过程中享有的权利,询问是否申请回避,以避免重复,节省开庭时间。

2. 法庭调查

开庭阶段的事项进行完毕后,由审判长宣布开始法庭调查。

法庭调查是指在自诉人、被告人和其他诉讼参与人的参加下,由合议庭主持对案件事实和证据进行调查核对的诉讼活动。法庭调查是案件进入实体审理的一个重要阶段,是法庭审判的中心环节。案件事实能否确认,被告人是否承担刑事责任,关键在于法庭调查的结论如何。

法庭调查的程序如下。

(1) 自诉人宣读自诉状。审判长宣布法庭调查开始后,先由自诉人宣读自诉状;有附带民事诉讼的,再由附带民事诉讼原告人或者其诉讼代理人宣读附带民事诉状。

宣读自诉状时,如果一案有数名被告人,应同时在场。

(2) 被告人就起诉书指控的犯罪事实进行陈述。自诉人宣读自诉状后,在审判长主持下,被告人可以就自诉状指控的犯罪事实进行陈述。被告人如果承认自诉状指控的犯罪事实,应就自己的犯罪行为进行陈述;如果否认指控,应陈述辩解意见。

(3) 对当事人进行发问、讯问。自诉人、附带民事诉讼的原告人和辩护人、诉讼代理人,经审判长许可,可以向被告人发问。其中附带民事诉讼的原告人及其法定代理人或者诉讼代理人经审判长准许,只能就附带民事诉讼部分的事实向被告人发问,被告人的辩护人及法定代理人或者诉讼代理人可以在控诉一方就某一具体问题发问完毕后向被告人发问。通过发问,揭示有利于被告人的事实和情节,以达到辩护的目的。

自诉状指控的被告人的犯罪事实为两起以上的,一般应就每一起犯罪事实分别进行发问。审判长对于发问的内容与发问的方式不当的,应当制止。对于控辩双方认为对方发问的方式不当并提出异议的,审判长应当判明情况予以支持或者驳回。审判长主持发问被告人时,对于共同犯罪案件中的被告人,应当安排分别对被告人进行发问,以免被告人相互影响,作虚假口供。合议庭认为必要时,可以传唤共同被告人同时到庭对质。

审判人员在认为有必要时,可以向被告人、自诉人及附带民事诉讼原告人、被告人讯问或者发问。"必要时"一般是指审判人员对审理过程中有疑问的地方或者当事人在陈述时有表述不清的地方。

(4) 出示、核实证据。根据《刑事诉讼法》的有关规定,证据只有经过当庭查证核实才能成为定案的根据。因此,在讯问、发问当事人以后,应当当庭核查各种证据。核查证据应从控方向法庭举证开始。对指控的每一起案件事实,经审判长准许,自诉人、诉讼代理人可以提请审判长传唤证人、鉴定人和勘验、检查笔录制作人出庭作证,或者出示证据,宣读未到庭的被害人、证人、鉴定人和勘验、检查笔录制作人的书面陈述、证言、鉴定结论及勘验、检查笔录。被告人、辩护人、法定代理人经审判长准许,可以在起诉一方举证提供证据后,分别提请传唤证人、鉴定人出庭作证,或者出示证据、宣读未到庭的证人的书面证言、鉴定人的鉴定结论。

控辩双方要求证人出庭作证,向法庭出示物证、书证、视听资料等证据,应当向审判长说明拟证明的事实,审判长同意的,即传唤证人或者准许出示证据;审判长认为与案件无关或者明显重复、不必要的证据,可以不予准许。

控辩双方向法庭提供的证据,都应当经当庭质证、辨认和辩论,具体程序如下:

① 询问证人、鉴定人。证人一般应当出庭作证。特殊情况,经人民法院准许的,证人可以不出庭作证,这些特殊情况主要包括:未成年人;庭审期间身患严重疾病或者行动极为不便的;其证言对案件的审判不起直接决定作用的;有其他原因的。证人到庭后,审判人员核实证人的身份、与当事人以及本案的关系,告知证人应当如实地提供证言和有意作伪证或者隐匿罪证要负的法律责任,提示证人在如实作证的保证书上签名。向证人发问,应当先由提请传唤的一方进行;发问完毕后,对方经审判长准许,也可以发问。询问证人应当遵循以下规则:第一,发问的内容应当与案件事实相关;第二,不得以诱导方式提问;第三,不得威胁证人;第四,不得损害证人的人格尊严。审判长对于向证人发问的内容与本案无关或者发问的方式不当的,应当制止。对于控辩双方认为对方发问的内容与本案无关或者发问的方式不当并提出异议的,审判长应当判明情况予以支持或者驳回。审判人员在必要时,可以询问证人。向证人发问应当分别进行。证人经控辩双方发问或者审判人员询问后,审判长应当告其退庭。证人不得旁听对本案的审理。

鉴定人应当出庭宣读鉴定结论,但经人民法院准许不出庭的除外。鉴定人到庭后,审判人员应当先核实鉴定人的身份、与当事人及本案的关系,告知鉴定人应当如实地提供鉴定意见和有意作虚假鉴定要负的法律责任。鉴定人说明鉴定结论前,应当在如实提供鉴定结论的保证书上签名。对鉴定人的询问,适用以上询同证人的程序和规则。

② 出示、宣读证据。自诉人(代理人)、辩护人应当向法庭出示物证,让当事人辨认,对未到庭的证人的证言笔录,鉴定人的鉴定结论,勘验、检查笔录和其他作为证据的文书,应当当庭宣读。当庭出示的物证、书证、视听资料等证据,应当先由出示证据的一方就所出示的证据的来源、特征等作必要的说明。然后由另一方进行辨认并发表意见。控辩双方可以互相质问、辩论。控辩双方要求出示开庭前送交人民法院的证据目录以外的证据,对方提出异议的,审判长如认为该证据确有出示的必要,可以准许出示。如果相对方提出对新的证据要作必要准备时,可以宣布休庭,并根据具体情况确定准备的时间。确定的时间期满后,继续开庭审理。

③ 调取新证据。当事人和辩护人申请通知新的证人到庭、调取新的证据,申请重新鉴定或者勘验的,应当提供证人的姓名、证据的存放地点,说明所要证明的案件事实,要求重新鉴定或者勘验的理由。审判人员根据具体情况,认为可能影响案件事实认定的,应当同意该申请,并宣布延期审理,但延期审理的时间不得超过1个月,延期审理的时间不计入审限,不同意的应当告知理由并继续审理。

④ 合议庭调查核实证据。在法庭调查过程中,合议庭对证据有疑问的,可以宣布休庭,对该证据调查核实。人民法院调查核实证据时,可以进行勘验、检查、扣押、鉴定

和查询、冻结。当庭出示的证据、宣读的证人证言、鉴定结论和勘验、检查笔录等,在出示、宣读后,应立即将原件移交法庭。对于确实无法当庭移送的,应当要求出示、宣读证据的一方在休庭后3日内移交。

3. 法庭辩论

法庭辩论是在法庭调查的基础上,控诉方与辩护方就被告人的行为是否构成犯罪、犯罪的性质、罪责轻重、证据是否确实充分,以及如何适用刑罚等问题,进行互相争论和反驳的一种诉讼活动。法庭辩论是刑事审判程序的一个重要环节。

法庭辩论在审判长的主持下,按照下列顺序进行:(1)自诉人及其诉讼代理人发言;(2)被告人自行辩护;(3)辩护人辩护;(4)控辩双方进行辩论。对附带民事诉讼部分的辩论应当在刑事诉讼部分的辩论结束后进行,其辩论顺序是:先由附带民事诉讼原告人及其诉讼代理人发言,然后由被告人及其诉讼代理人答辩。

法庭辩论在审判长主持下进行。在法庭辩论过程中,审判长对于控辩双方与案件无关、重复或者互相指责的发言应当制止。对于辩护人依照有关规定拒绝为被告人进行辩护的,合议庭应当准许。如果被告人要求另行委托辩护人,合议庭应当宣布延期审理,由被告人另行委托辩护人或者由人民法院为其另行指定辩护律师。被告人当庭拒绝辩护人为其辩护,要求另行委托辩护人的,应当同意,并宣布延期审理。被告人要求人民法院另行指定辩护律师,合议庭同意的,应当宣布延期审理。重新开庭后,被告人再次当庭拒绝重新委托的辩护人或者人民法院指定的辩护律师为其辩护的,合议庭应当分别情形做出处理:(1)被告人是成年人的,可以准许。但被告人不得再另行委托辩护人,人民法院也不再另行指定辩护律师,被告人可以自行辩护;(2)被告人是盲、聋、哑人或者限制行为能力的人,开庭时不满18周岁的未成年人,可能被判处死刑的人的,不予准许。依照上述规定另行委托、指定辩护人或者辩护律师的,自案件宣布延期审理之日起至第10日止,准备辩护时间不计入审限。

在法庭辩论过程中,如果合议庭发现新的事实,认为有必要进行调查时,审判长可以宣布暂停辩论,恢复法庭调查,待该事实查清后继续法庭辩论。

经过几轮辩论,审判长认为控辩双方的发言中已经没有新的问题和意见提出没有继续辩论必要时,即应终止双方发言,宣布辩论终结。

4. 被告人最后陈述

被告人最后陈述是法庭审判中一个独立的阶段。根据《刑事诉讼法》第160条的规定,审判长在宣布辩论终结后,被告人有最后陈述的权利。最后陈述权是被告人的一项重要诉讼权利。审判长应当告知被告人享有此项权利。

审判长宣布法庭辩论终结后,合议庭应当保证被告人充分行使最后陈述的权利。如果被告人在最后陈述中多次重复自己的意见,审判长可以制止;如果陈述内容是蔑视法庭、公诉人,损害他人及社会公共利益或者与本案无关的,应当制止;在公开审理的案件中,被告人最后陈述的内容涉及国家秘密或者个人隐私的,也应当制止。

被告人在最后陈述中提出了新的事实、证据,合议庭认为可能影响正确裁判的,应当恢复法庭调查;如果被告人提出新的辩解理由,合议庭认为确有必要的,可以恢复法庭辩论。

5. 评议和宣判

在被告人最后陈述后，审判长宣布休庭，合议庭进行评议。合议庭应当根据已经查明的事实、证据和有关法律规定，并在充分考虑控辩双方意见的基础上，进行评议，确定被告人是否有罪，应否追究刑事责任；构成何罪，应否处以刑罚；判处何种刑罚；有无从重、从轻、减轻或者免除处罚的情节；附带民事诉讼如何解决；赃款赃物如何处理等，并依法做出判决。

合议庭应当根据案件的具体情形，分别做出裁判：(1)起诉指控的事实清楚，证据确实、充分，依据法律认定被告人的罪名成立的，应当做出有罪判决；(2)起诉指控的事实清楚，证据确实、充分，指控的罪名与人民法院审理认定的罪名不一致的，应当做出有罪判决；(3)案件事实清楚，证据确实、充分。依据法律认定被告人无罪的，应当判决宣告被告人无罪；(4)证据不足，不能认定被告人有罪的，应当以证据不足，指控的犯罪不能成立，判决宣告被告人无罪；(5)案件事实部分清楚，证据确实、充分的，应当依法做出有罪或者无罪的判决；事实不清，证据不足部分，依法不予认定；(6)被告人因不满16周岁，不予刑事处罚的，应当判决宣告被告人不负刑事责任；(7)被告人是精神病人，在不能辨认或者不能控制自己行为的时候造成危害结果，不予刑事处罚的，应当判决宣告被告人不负刑事责任；(8)犯罪已过追诉时效期限，并且不是必须追诉或者经特赦令免除刑罚的，应当裁定终止审理；(9)被告人死亡的，应当裁定终止审理；对于根据已查明的案件事实和认定的证据材料，能够确认被告人无罪的，应当判决宣告被告人无罪。

合议庭经过评议做出裁判后，应当宣判。宣判有当庭宣判和定期宣判两种形式。当庭宣告判决的，应当宣布判决结果，并在5日内将判决书送达当事人、法定代理人、诉讼代理人、辩护人和被告人的近亲属。定期宣告判决的，合议庭应当在宣判前，先期公告宣判的时间和地点，传唤当事人并通知自诉人、法定代理人、诉讼代理人和被告人、辩护人；判决宣告后应当立即将判决书送达当事人、法定代理人、诉讼代理人、自诉人、辩护人和被告人的近亲属。判决生效后还应当送达被告人的所在单位或者原户籍所在地的公安派出所。

宣告判决，应当一律公开进行。宣告判决时，法庭内全体人员应当起立。宣判时，自诉人、辩护人、被害人、自诉人或者附带民事诉讼的原告人未到庭的，不影响宣判的进行。

(四)自诉案件审理过程中的调解、撤诉与反诉

人民法院对自诉案件，除被害人有证据证明对被告人侵犯自己人身、财产权利的行为应当依法追究刑事责任，而公安机关或者人民检察院不追究被告人刑事责任的自诉案件外，可以进行调解。调解应当在自愿、合法，不损害国家、集体和其他公民利益的前提下进行。调解达成协议的，人民法院应当制作刑事自诉案件调解书，由审判人员和书记员署名，并加盖人民法院印章。调解书经双方当事人签收后即发生法律效力。调解没有达成协议或者调解书签收前当事人反悔的，人民法院应当进行判决。

自诉人在宣告判决以前,可以同被告人自行和解或者撤回起诉。对于已经审理的自诉案件,当事人自行和解的,应当记录在卷。对于自诉人要求撤诉的,经人民法院审查认为确属自愿的,应当准许。经审查认为自诉人系被强迫、威吓等,不是出于自愿的,应当不予准许。自诉人是2人以上,其中部分人撤诉的,不影响案件的继续审理。通过人民法院调解,自诉人同被告人和解或者自诉人与被告人自行和解或者自诉人撤回起诉的,人民法院就不再追究被告人的刑事责任。

自诉案件的被告人在诉讼过程中,可以对自诉人提起反诉,即被告人可以就自诉人控告的案件的有关事实对自诉人提起刑事诉讼,反诉提起的条件包括:(1)反诉的对象必须是本案自诉人;(2)反诉的内容必须与本案有关;(3)反诉的案件属于《刑事诉讼法》第170条第1项、第2项规定的范围;(4)反诉最迟在自诉案件宣告判决以前提出。反诉适用自诉的规定。在有反诉发生的自诉案件中,诉讼双方当事人都同时具有双重身份,既是自诉人又是被告人。反诉应当与自诉案件一并审理。但反诉又是一个独立的诉,原自诉人撤诉的,不影响反诉的继续审理。

(五)审理期限

《刑事诉讼法》及最高人民法院的相关司法解释规定,适用普通程序审理的被告人被羁押的自诉案件,应当在被告人被羁押后1个月内宣判,至迟不得超过1个半月。具有下列情形:(1)交通十分不便的边远地区的重大复杂案件;(2)重大的犯罪集团案件;(3)流窜作案的重大复杂案件;(4)犯罪涉及面广,取证困难的重大复杂案件,经高级人民法院批准或者决定,可以再延长1个月。对适用普通程序审理的被告人未被羁押的刑事自诉案件,应当在立案后6个月内宣判。有特殊情况需要延长审理期限的,由本院院长批准,可以延长3个月。

三、刑事自诉案件简易程序

简易程序是基层人民法院对某些案件进行审判时所采用的比第一审普通程序简便、快捷的方式、方法等的总称。简易程序的主要特点包括:(1)只有基层人民法院审判刑事案件,可以依法适用简易程序;(2)适用简易程序,可以由审判员一人独任审判;(3)可以适用简易程序审判的案件,应当是事实清楚、证据充分;(4)适用简易程序审理案件,不受《刑事诉讼法》关于开庭审理案件中的某些规定的限制;(5)适用简易程序审理案件,审结期限短。

可以适用简易程序审理的自诉案件主要包括简单轻微的公诉案件、告诉才处理的案件和被害人起诉的有证据证明的轻微刑事案件。

自诉案件简易程序的庭审阶段简化,庭审可以省略一些环节,主要表现在:宣读起诉书后,被告人及其辩护人可以同自诉人及其诉讼代理人互相辩论,不受普通程序中关于讯问被告人、询问证人、鉴定人、出示证据、法庭辩论程序规定的限制。但在判决宣告前应当听取被告人的最后陈述意见。

适用简易程序审理自诉案件,人民法院应当在受理后20日以内审结。

四、附带民事诉讼的第一审程序

（一）一般原则

《刑事诉讼法》第 78 条对附带民事诉讼的审判原则作了规定："附带民事诉讼应当同刑事案件一并审判,只有为了防止刑事案件审判的过分迟延,才可以在刑事案件审判后,由同一审判组织继续审理附带民事诉讼"。根据这一原则,一般的附带民事诉讼应当同刑事诉讼一并审理并做出判决,这样便于全面查清案件事实,也节省人力、物力和时间。由于刑事案件的审判是有时间限制的,如果附带民事部分同刑事部分一并审判,会影响刑事部分在法定时间内审结,也可以先审判刑事部分,后审判附带民事部分。但是在分别审判时要注意:(1) 只能先审刑事部分,后审附带民事部分,而不能先审附带民事部分,后审刑事部分;(2) 必须由审理刑事案件的同一审判组织继续审理附带民事部分,不得另行组成合议庭;(3) 附带民事部分判决对案件事实的认定不得同刑事判决相抵触;(4) 附带民事诉讼部分的延期审理,一般不影响刑事判决的生效。

（二）具体程序

关于附带民事诉讼的具体审理程序,《刑事诉讼法》中没有做出明确规定,根据最高人民法院《解释》以及比较成熟的学术观点,除了应当遵守刑事诉讼的一般规定外,还应当注意以下几个方面的问题。

1. 人民法院受理刑事案件后,应当告知遭受物质损失的被害人(包括公民、法人和其他组织),或者其他依法有权提起附带民事诉讼的人,有权提起附带民事诉讼。

2. 刑事自诉案件中附带提起民事诉讼必须在案件刑事部分审结前提出。

3. 人民法院收到附带民事诉讼的起诉状,或者接受口头起诉以后,应当进行审查,并在 7 日以内决定是否立案。符合《刑事诉讼法》关于附带民事诉讼起诉条件的,应当受理;不符合的,裁定驳回起诉。

4. 人民法院受理附带民事诉讼后,应当在 5 日内向附带民事诉讼的被告人送达附带民事诉讼起诉状副本,或者将口头起诉的内容及时通知附带民事诉讼的被告人,并制作笔录。被告人是未成年人的,应当将附带民事起诉状副本送达他的法定代理人,或者通知他口头起诉的内容。人民法院在送达附带民事起诉状副本,或者通知口头起诉的内容时,应根据刑事案件审理的期限,确定被告人或者其法定代理人提交民事答辩状的时间。

5. 人民法院开庭审判案件前,要向附带民事诉讼的原告和被告送达传票,传唤他们出庭。这里的被告是指未被羁押的被告人以及与刑事案件被告人不同的被告。原告无正当理由拒不到庭或者未经法庭许可中途退庭的,按撤诉处理;被告人无正当理由不到庭的,可以实行民事拘传。

6. 附带民事诉讼案件的当事人在法庭上对自己提出的主张,有责任提出证据。

7. 人民法院审理附带民事诉讼案件,可以进行调解,经调解达成协议的,审判人员应当及时制作调解书。调解书送达当事人后即发生法律效力。调解达成协议并当庭执行完毕的,可以不制作调解书,但应当记入笔录,经双方当事人、审判人员、书记员签名或者盖章即发生法律效力。

8. 经调解无法达成协议或者调解书送达当事人前一方反悔的,附带民事诉讼应当同刑事诉讼一并开庭审理。开庭审理时,一般应当分阶段进行,先审理刑事部分,然后审理附带民事部分,附带民事部分的审理程序按民事审判程序进行。

9. 人民法院认定被告人的行为不构成犯罪的,对已经提起的附带民事诉讼,经调解达不成协议的,应当一并做出刑事附带民事判决。

10. 成年附带民事诉讼被告人应当承担赔偿责任的,如果他的亲属自愿代为承担,应当许可。

11. 人民法院审理刑事附带民事诉讼案件,不收取诉讼费。

第三节 法律文书写作

一、刑事代理词

(一)制作要点

刑事代理词是刑事自诉案件的自诉人、公诉案件中的被害人和附带民事诉讼中的受害人委托的诉讼代理人,为维护被代理人的利益,根据事实和法律,在法庭辩论阶段所作关于被告人定罪量刑和保护受害人合法权益的综合性发言。

根据刑事自诉中的代理人不同,可以将刑事代理词分为以下几种:一是自诉案件中,为维护自诉人的合法权益而发表的代理意见;二是刑事附带民事诉讼中,为维护附带民事诉讼原告的合法权益而发表的代理意见;三是刑事附带民事诉讼中,为维护附带民事诉讼的被告人的合法权益而发表的代理意见。

刑事自诉案件代理词一般包括首部、正文和尾部三个部分。

1. 首部

(1) 标题,首行要写明标题。

(2) 呼告语。

(3) 前言。前言部分主要有三个内容:① 申明代理人的合法地位;② 讲出代理人在出庭前进行了哪些工作;③ 讲明代理人对全案进行的看法。

2. 正文

(1) 代理人的代理意见。

代理人的代理意见是刑事代理词的核心内容,一般应从被告的行为出发,对照有关法律法规,论证被告人对被害人行为构成了犯罪,并提出追究被告人刑事责任的意见和根据。撰写代理意见时,可以着重从以下几个方面考虑:① 叙述被告对自诉人实施的具体犯罪事实,并运用充足的证据加以证明;② 补充起诉书中遗漏的犯罪事实或犯罪嫌疑人;③ 运用法律规定和犯罪构成理论对案件应该如何适用法律、应该如何对被告人定罪量刑进行分析和论证。

(2) 结束语。

结束语是对上诉代理意见的归纳和小结,一般讲两个观点,即表明代理词的中心观点和向法庭提出对被告人的处理建议。

3. 尾部

尾部应当写明代理人的姓名以及发表代理词的时间。

(二) 文书范本

××自诉案件代理词

审判长、人民陪审员:

依据《中华人民共和国刑事诉讼法》第40条第1款的规定,××律师事务所受自诉人牛××的委托,作为她的诉讼代理人出庭听取了今天的法庭调查。通过法庭调查,有确凿的证据证明,被告人吴××和李××犯有重婚罪。

通过今天的法庭调查,清楚地看出,由于被告人吴××、李××二人的重婚犯罪行为,已经造成了严重的社会危害后果。

第一,使牛××和李××小家庭的和睦遭到了破坏。原本和睦幸福的家庭、恩爱的夫妻,今天夫妻二人对簿公堂,使这个家庭失去了应有的幸福。

第二,严重影响了自诉人一家的正常生活、工作、学习。家庭濒临破碎,怎能集中精力学习和工作,正常的生活怎能不受严重干扰。

第三,产生了社会的不稳定因素,败坏了社会伦理道德。这起犯罪的出现,是一些人只顾个人享乐,置国家法律于不顾的突出表现。近些年来,随着改革开放的深入,一些腐朽的资产阶级思想乘虚而入,使那些法律意识本来就很淡薄的人,道德品质缺乏修养的人,做出了只顾自己欢乐,而侵犯他人合法权益的事情来。

根据《中华人民共和国刑法》第258条的规定,有配偶而重婚的,或者明知他人有配偶而与之结婚的,则构成了重婚罪。被告人吴××,明知李××是有妇之夫,而与之以夫妻相称,共同生活三年之久,他们周围的人都承认他们二人是夫妻关系;而被告人李××,自己已经结婚,有妻子在家,却与被告人吴××以夫妻相称,共同生活三年。二被告人的行为已经触犯了我国《刑法》,造成严重的社会危害后果,其行为均构成重婚罪。由于二被告人认罪态度不好,请求人民法院依照法律规定,对二被告人从严处罚。

自诉人的诉讼代理人:杜××
××年××月××日

二、刑事自诉案件辩护词

(一) 制作要点

刑事案件辩护词是辩护人在参与刑事诉讼活动中,按照法定程序,为履行其职责,向法庭发表的为维护被告人的合法权益的法庭演说词。

刑事自诉案件辩护词一般包括首部、正文和尾部三个部分内容。

1. 首部

（1）标题，首行要写明标题。

（2）呼告语。

（3）前言。前言主要包括三项内容：① 申明辩护人的合法地位、出庭的根据；② 辩护人在出庭前进行了哪些工作、辩护内容的来源；③ 辩护人对全案的基本看法。

2. 正文

在具体制作辩护词时，应当分以下几部分。

（1）辩护的理由、观点。

这部分内容是辩护词的核心内容，是辩护人为维护被告人的合法权益所要阐明的主旨，应该从被告人的行为事实出发，对照有关的法律规定，论证被告人无罪、罪轻或应该予以减轻甚至免除刑事责任的意见和根据。因此，通常是要围绕是否构成犯罪，属于何种罪名，有无从轻的法定条件以及诉讼程序是否合法等问题展开辩论和论述。除上述出发点外，辩护词还可以从以下几个方面进行辩护：① 从控诉方对犯罪事实的认定方面来辩护；② 从法律适用方面进行辩护；③ 从有关定罪问题方面进行论证和驳辩；④ 从有关量刑问题方面进行论证、辩护；⑤ 就有关程序问题进行论证、辩护；⑥ 从情理方面进行辩护。

（2）结束语。

结束语是对辩护词的归纳和小结，一般包括两个内容：① 辩护词的中心观点，如无罪、有罪但罪轻等；② 向法庭提出对被告人的处理建议。

3. 尾部

尾部应当写明辩护人的姓名以及发表辩护词的时间。

（二）文书范本

××案件辩护词

审判长、人民陪审员：

根据《中华人民共和国刑事诉讼法》第32条第1款第(3)项的规定，××律师事务所接受被告人吴××的委托，指派我担任自诉人牛××诉被告人吴××重婚一案的辩护人。为了以事实为根据，以法律为准绳，正确辩护，在开庭之前，我详细询问了被告人吴××，听取了审判人员介绍案情，又进行了必要的调查，就自诉人牛××诉被告人吴××重婚一案，答辩如下：

被告人吴××与自诉人牛××的丈夫李××系亲属关系。从××年××初开始，他俩一起在外经商贩运。在三年经商贩运期间，他们没在一起居住，更没有以夫妻关系相称。有人认为他俩是夫妻，只是因为他们年龄相仿，又经常在一起经商而产生的错觉。证人王××证实他们是夫妻，也只是因为他俩经常在一起。王××自己也说得很清楚，即"他俩总在一起，我认为他俩是夫妻"。但王××并没有说清楚他俩总在一起干什么。是总在一起以夫妻关系生活，还是总在一起经商贩运，并没有说明确。人民法院不应当把"总在一起"的男女，以重婚罪予以惩处。

被告人吴××发现自诉人牛××怀疑她与李××有不正当的往来，随后又发现牛

××与其丈夫李××发生争吵时,已经主动不再与李××一起经商贩运了,这也说明,被告人吴××并没有重婚犯罪的行为。

根据《中华人民共和国刑法》第258条的规定,构成重婚犯罪,必须是"有配偶而重婚的,或者明知他人有配偶而与之结婚的"才是重婚,而被告人吴××与李××是亲属关系,只是在一起经商贩运,不能只凭有人错误认为和自诉人牛××的怀疑而追究被告人吴××的刑事责任。

对以上的辩护意见,请合议庭在评议时能充分考虑。应当根据重婚犯罪构成的四个要件,宣告被告人吴××无罪。

辩护人:张××
××年××月××日

三、刑事自诉案件判决书

(一)制作要点

刑事自诉案件判决书由首部、正文和尾部三个部分组成。

1. 首部

(1)标题。首行正中写"×××人民法院",在法院名称下一行正中写"刑事判决书"。

(2)编号。在标题右下方写文书编号。

(3)诉讼参与人情况。

自诉人情况,写明自诉人的身份事项,包括姓名、性别、出生年月日、民族、籍贯、文化程度、职业或职务、单位和住址。自诉人有数人的,依次列写。

被告人的身份事项,包括姓名、性别、出生年月日、民族、籍贯、职务或职业、单位和住址;被告人曾经受过刑事处分、劳动教养处分,或者又在以上限制自由的期间逃跑过的,可能构成累犯或者有法定从重、加重的情节,应写明其事由和时间;因本案受到强制措施的,应写明被拘留、逮捕的时间。被告人如因本案被收容审查过,在此期间又被限制了人身自由的,应写明起止日期,以便折抵刑期。

如果一案有被告多人,应按主犯、从犯的顺序依次写出每个被告人的身份事项。

在辩护人一栏,如辩护人是律师的,只写姓名、工作单位和职务;如辩护人是其他人的,写"辩护人:×××,性别,年龄,在××单位担任××工作,与被告人是××关系"。

自诉案件自诉人和公诉案件被害人如果委托代理人的,代理人应在其被代理人的次行书写。其代理人的写法与辩护人的写法大致相同。

(4)案件审理的有关情况。

案件审理的有关情况是指案件的由来和审理经过的表述,包括以下内容:案由和案件来源,即写明被告人姓名、罪名及案件由来;审判组织,即写明法院依法组成合议庭;审理是公开进行的,还是依法不公开进行的;自诉人和被告人及其辩护人、证人、鉴定人等到庭情况等。公诉案件和自诉案件有不同的写法。

2．正文

（1）事实。

理由和判决结果的成立要以事实为基础。首先，概述自诉人指控的基本内容，其次写明被告人的供述、辩解和辩护人辩护的要点。最后，重点写法院查明的事实。这一事实是有罪、无罪和定性判刑的主要根据。

（2）理由。

理由部分是阐述法院为什么如此判决，是把案件的事实、情节和裁判结果有机地结合在一起的媒介。其核心内容是针对案情特点，运用法律规定和立法原理与犯罪构成原理及要件，分析被告人行为的实质，论证应该如何处理，从而定出惩罚犯罪的具体措施，达到预防犯罪的目的。阐述理由必须以法院认定的事实为依据，以《刑法》、《刑事诉讼法》的规定为准绳，以事、以法论理，有理有据，力求结构严谨，语言精练。

3．尾部

尾部是判决书的结束部分，应依次写明以下内容。

（1）交代上诉权和上诉审法院。

在主文之后另起一行写明："如不服本判决，可在接到判决书的第二日起××日内，通过本院或者直接向×××人民法院提出上诉。书面上诉的，应交上诉状正本一份，副本×份"。自诉案件，上诉状副本的份数应当按照对方当事人的人数写明。

（2）合议庭组成人员署名。

在尾部的右下方，由审判长、审判员依次署名，如系独任审判则由审判员或代理审判员署名。

（3）判决的决定日期。

在署名的右下方写明判决的年月日，并加盖人民法院印章。

（4）书记员署名。

在年月日下方署书记员名，并在年月日和署名之间的左下方加盖"本件与原本核对无异"的条戳，以示核对。

（二）文书范本

×××人民法院
刑事判决书
〔××〕×刑初字第×号

自诉人……（写明姓名、性别、出生年月日、民族、出生地、文化程度、职业或者工作单位和职务、住址等）。

诉讼代理人……（写明姓名、工作单位和职务）。

被告人……（写明姓名、性别、出生年月日、民族、出生地、文化程度、职业或者工作单位和职务、住址等）。

辩护人……（写明姓名、工作单位和职务）。

自诉人×××以被告人×××犯××罪，于×年×月×日向本院提起控诉。本院受理后，依法实行独任审判（或者组成合议庭），公开（或者不公开）开庭审理了本案。自诉人×××及其诉讼代理人×××、被告人×××及其辩护人×××等到庭参加诉讼。现已审理终结。

自诉人×××诉称……(概述自诉人指控被告人犯罪的事实、证据和诉讼请求)。

被告人×××辩称……(概述被告人对自诉人的指控予以供述、辩解、自行辩护的意见和有关证据)。辩护人×××提出的辩护意见是……(概述辩护人的辩护意见和有关证据)。

经审理查明,……(首先写明经法庭审理查明的事实;其次写明据以定案的证据及其来源;最后对控辩双方有异议的事实、证据进行分析、认证)。

本院认为……(写明根据查证属实的事实、证据和法律规定,论证自诉人的指控是否成立,被告人的行为是否构成犯罪,犯的什么罪,是否从轻、减轻、免除处罚或者从重处罚。对于控辩双方有关适用法律方面的意见,应当有分析地表示是否予以采纳,并阐明理由)。依照……(写明判决的法律依据)的规定,判决如下:

……〔写明判决结果。分三种情况〕

第一,定罪判刑的,表述为:

"被告人×××犯××罪,判处……(写明判处的刑罚)。

(刑期从判决执行之日起计算。判决执行以前先行羁押的,羁押1日折抵刑期1日,即自×年×月×日起至×年×月×日止)。"

第二,定罪免刑的,表述为:"被告人×××犯××罪,免予刑事处罚。"

第三,宣告无罪的,表述为:"被告人×××无罪"。

如不服本判决,可在接到判决书的第二日起10日内,通过本院或者直接向×××人民法院提出上诉。书面上诉的,应当提交上诉状正本1份,副本×份。

审判长:×××
审判员:×××
审判员:×××
×年×月×日
(院印)

本件与原本核对无异

书记员:×××

四、刑事自诉案件裁定书

(一)制作要点

同刑事自诉案件判决书

(二)范本

接刑事裁定书

××××人民法院
刑事裁定书
(××××)×刑初字第××号

自诉人……(写明姓名、性别、出生年月日、民族、籍贯、职业或工作单位和职务、住址等)。

被告人……(写明姓名、性别、出生年月日、民族、籍贯、职业或工作单位和职务、住址等)。

自诉人×××于××××年××月××日以被告人×××犯××罪,向本院提起控诉。本院受理后,依法审理了本案。

本院认为,……(简写理由)。依照……(写明裁定所依据的法律条款项)的规定,裁定如下:

驳回自诉人×××对被告人×××的控诉。

如不服本裁定,可在接到裁定书的第二日起五日内,通过本院或者直接向××××人民法院提出上诉。书面上诉的,应交上诉状正本一份,副本×份。

审判员×××
××××年××月××日
(院印)

本件与原本核对无异

书记员×××

重点内容图解

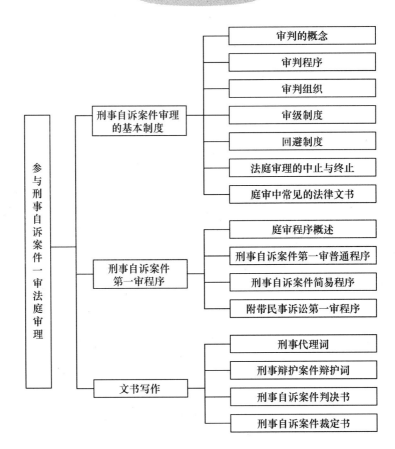

 同步练习

一、单项选择题

1. 刘某以侮辱罪对王某提起自诉。一审中,经调解双方达成协议。但在送达调解书时,刘某反悔,拒绝签收。关于本案,下列选项正确的是(   )。

   A. 调解协议一经达成,即发生法律效力

   B. 调解书经审判人员和书记员署名,并加盖法院印章后,即发生法律效力

   C. 无论当事人是否签收,调解书一经送达,即发生法律效力

   D. 本案中调解书并未生效,人民法院应当进行判决

2. 古某因生活琐事与邻居邢某争吵,邢某不堪古某辱骂,击打古某面部,致古鼻骨等部位受伤。古某向人民法院提起自诉,要求追究邢某的刑事责任。在该案审理过程中,邢某对古某以侮辱、诽谤罪提起反诉。下列说法错误的是(   )。

   A. 人民法院在审理过程中可以就两个诉讼在古某与邢某之间进行调解

   B. 古某可在判决宣布之前要求撤回自诉,根据法定情形,人民法院可以不予准许

   C. 如果古某撤回起诉,人民法院应终止审理邢某的反诉

   D. 如果古某撤回起诉,人民法院应当继续审理邢某的反诉

3. 在审理自诉案件中,自诉人甲经两次依法传唤,无正当理由拒不到庭,人民法院应如何处理(   )。

   A. 依法拘传自诉人   B. 开庭审理,缺席判决

   C. 延期审理   D. 按自诉人撤回起诉处理

4. 在一起自诉案件中,自诉人因对人民法院审理不满,未经法庭许可而中途退庭。对此,法庭应如何处理(   )。

   A. 追究自诉人法律责任,处以罚款   B. 拘传自诉人到庭

   C. 按撤诉处理   D. 宣告被告人无罪

5. 孙某以张某构成诽谤罪向某县人民法院提起自诉。县人民法院受理本案后,决定对本案适用普通程序进行审理。在张某未被羁押的情况下,该人民法院立案后应在下列哪个时间内宣判(   )。

   A. 一个月   B. 一个半月

   C. 三个月   D. 六个月

二、多项选择题

1. 在某自诉案件的审理程序中,法庭主持双方当事人对一刑事自诉案件进行了调解,双方协商一致达成协议,但当人民法院向自诉人送达调解书时,自诉人发现调解书中的内容发生了不利于己的重大变化。该自诉人下列做法正确的

是（　　）。

　　A. 接受调解书,然后提出上诉　　B. 接受调解书,然后重新起诉

　　C. 拒绝在送达回执上签字　　D. 要求法院判决

2. 在一起伤害案件中,被害人甲不服某县人民检察院对犯罪嫌疑人乙做出的不起诉决定而向县人民法院提起诉讼。人民法院审查后认为该案缺乏罪证,经要求,自诉人未能提出补充证据。县人民法院可以做出哪些处理（　　）。

　　A. 说服自诉人撤诉　　B. 裁定驳回自诉

　　C. 对甲和乙进行调解　　D. 中止诉讼

3. 下列哪些情形下人民法院应当做出裁定（　　）。

　　A. 准许自诉人撤回自诉

　　B. 驳回当事人对审判人员提出的回避申请

　　C. 起诉书送达被告人后的第五天因被告人自杀而终止审理

　　D. 二审法院经审理认为对被告人量刑过重而改变刑罚

4. 阮某向陆某借款 2 万元,到期不还。陆某向阮某索款,被阮某殴打致重伤,其母因受刺激生病住院。在刑事诉讼过程中,陆某可以提起哪些附带民事诉讼（　　）。

　　A. 要求阮某偿还其借款 2 万元

　　B. 要求阮某赔偿治伤所花医药费

　　C. 要求阮某赔偿陆某的母住院所花医药费

　　D. 要求阮某赔偿因伤所致误工损失费

5. 被害人王某,1998 年向县公安机关控告刘某故意伤害,公安机关立案侦查后,认为刘某的行为不构成犯罪,依法撤销了该案。后王某向人民法院起诉,人民法院受理了该案,人民法院适用简易程序审理了该案,该案中哪些做法符合刑事诉讼法规定的程序（　　）。

　　A. 公安机关撤销该案　　B. 人民法院受理该案

　　C. 王某向人民法院起诉　　D. 人民法院使用简易程序审理此案

三、不定项选择题

王某与张某发生口角,王某一怒之下顺手将李某放在桌子上的手机打向张某,致张某轻伤。

1. 对由王某造成的伤害,张某依法享有的诉讼权利是（　　）。

　　A. 向法院提起自诉　　B. 向公安机关控告

　　C. 向检察院控告　　D. 提起附带民事诉讼

2. 李某享有的诉讼权利是（　　）。

　　A. 就王某给自己造成的损失提起民事诉讼

　　B. 就王某给自己造成的损失提起附带民事诉讼

　　C. 就王某的犯罪行为向公安机关举报

　　D. 就王某的犯罪行为向法院提出自诉

3. 如张某提起自诉,对本案刑事部分判决有权上诉的是(   )。
   A. 王某   B. 张某
   C. 李某   D. 提起公诉的检察院

四、案例分析题

段某(1984年5月出生)于2000年8月与李某(1983年8月出生)相识。建立恋爱关系后不到两个月,两人即在段某的工厂单身宿舍同居。同居后,两人常因琐事争吵。2000年11月14日晚,李某与段某又发生争吵。段某欲外出躲避,被李某拉住不放。二人争吵时,住隔壁的赵某、韩某、王某等三人前来劝架。段某因李某不放手,恼羞成怒,威胁李某再不松手,就将其衣服扯光。李某仍不松手,段某把李某身穿的睡衣及内衣裤全部扯掉。赵某见状扔给李某一件外衣。李某因穿衣而松手后,段某即走出宿舍。以后,两人继续同居,并仍常因生活琐事争吵。2001年5月27日,两人争吵时,段某打伤了李某。李某去医院诊治,县医院诊断为轻伤。李某为治疗而花费了2000余元医药费。

李某因感到与段某不能再继续维持同居关系,于2001年6月13日向县法院提起民事诉讼。所提诉讼请求共两项,即要求段某赔偿全部医药费,解除与段某的同居关系。所提请求的主要理由,一是段某系致伤责任人,医药费理应由其承担;二是两人经常争吵,并曾受当众扯光衣服之侮辱,两人同居无法维持。

县法院受理后经审查认为,被告人段某打伤李某及当众扯光其衣服的侮辱行为,已构成犯罪,因此决定将本案转刑庭处理。刑庭认为,本案系自诉案件,故在决定采用独任审判后,由审判员通知李某作为刑事诉讼自诉人,并将其民事诉状作为刑事自诉书。同时告知段某有权聘请辩护律师,但段某表示不请律师。

法院决定于2001年7月20日公开审理本案。开庭前一天,李某告知法院,她不愿控告段某犯罪,仍只想通过法院解除与段某的同居关系并让段某赔偿医药费。因开庭日期已定,县法院刑庭决定如期开庭。开庭审理时,只有段某一人到庭。法庭审理时,只对段某进行了讯问。讯问后,由于事实清楚,段某亦全部承认,故未让段某作最后陈述,随即当庭做出判决,对其以伤害罪和侮辱罪分别判处有期徒刑一年和两年,合并执行有期徒刑两年半,并告知段某有上诉权及上诉期限,但对附带民事诉讼部分未做出处理。

请问:
1. 法院能否受理此案?
2. 本案能否公开审理,为什么?
3. 段某表示不请律师时,法院应如何做,为什么?
4. 李某不出庭时,法院仍开庭审理是否正确,为什么?
5. 在审理过程中,法院有无违反《刑事诉讼法》的做法?
6. 法院对本案附带民事诉讼部分不作处理是否适当,为什么?

诉讼任务三　参与刑事自诉案件二审法庭审理

任务描述

参与二审法庭审理也是刑事自诉案件中为当事人提供法律服务的比较重要的一步,是基层法律工作者必备的法律服务技能,通过本诉讼任务的学习,学生通过审前维权、审中维权、审后维权等诉讼任务,具备以下专业能力:

1. 熟练掌握刑事自诉案件的第二审程序;
2. 会提起二审。

知识储备

第一节　刑事自诉案件二审的提起

一、刑事自诉案件第二审程序的概念

刑事自诉案件第二审程序是指上一级人民法院根据当事人的上诉,对于下一级人民法院未生效的判决或裁定重新进行审理的方式、方法和应遵循的顺序等。第二审程序又称上诉审程序。

第二审程序的任务是对第一审未生效的判决、裁定在认定事实和适用法律上是否正确、诉讼程序是否合法进行全面审查和审理,依法做出判决或裁定,维护正确的裁判,纠正错误的裁判,实现上级人民法院对下级人民法院的审判监督,保证正确、合法、及时地惩罚犯罪和切实维护当事人的合法权益。

二、刑事自诉案件二审的提起

(一) 上诉与提起上诉的主体

刑事自诉案件的上诉是指当事人或其法定代理人不服地方各级人民法院第一审刑事判决或裁定,依法请求一审人民法院的上一级人民法院对案件进行重新审理的诉讼活动。

上诉权是法律赋予当事人及其法定代理人不服一审刑事裁判,依法提起上诉的诉讼权利。根据《刑事诉讼法》第180条的规定,有权提出上诉的人有自诉人、被告人或

者他们的法定代理人,以及经被告人同意的被告人的辩护人、近亲属,还有附带民事诉讼的当事人及其法定代理人。

有上诉权的被告人、自诉人或其法定代理人具有独立的上诉权,只要他们在法定上诉期限内提出上诉,就是合法的上诉,应当引起第二审程序。被告人的辩护人及被告人近亲属不具有独立上诉权,他们经被告人同意,在法定上诉期限内提出的上诉才有效。附带民事诉讼的当事人及其法定代理人只能对第一审裁判中附带民事部分提起上诉,无权对刑事部分提起上诉。

(二)上诉的期限

关于上诉的期限,《刑事诉讼法》第183条作了明确规定:不服判决的上诉期限为10日,不服裁定的上诉期限为5日。从接到判决书、裁定书的第二日起算。如果由于不能抗拒的原因或者其他正当理由而耽误上诉期限,可在障碍消除后5日内申请继续行使上诉权。是否允许,由人民法院裁定。

(三)上诉的方式

关于提出上诉的方式,《刑事诉讼法》第180条规定了书状或口头两种形式,上诉可向原审人民法院提出,也可直接向原审人民法院的上一级人民法院即第二审人民法院提出。

(四)上诉的理由

自诉人、被告人和他们的法定代理人、被告人的辩护人和近亲属不服第一审裁判,在法定期限内依法提出上诉,上诉即可成立。根据司法实践经验,上诉的理由可以概括为以下几个方面:(1)原判事实不清,证据不足;(2)原判适用法律不当,定罪量刑有错误;(3)原判严重违反诉讼程序。

第二节 刑事自诉案件二审的审判程序

一、审判组织

第二审人民法院审判上诉案件必须组成合议庭进行,不能实行审判员独任审判制。合议庭的成员只能是审判员,人民陪审员不能参加上诉案件的审判,合议庭的人数为3人至5人的单数。

二、审理原则

(一)全面审查原则

1. 全面审查的内涵

《刑事诉讼法》第186条规定了全面审查原则,即第二审人民法院应当就第一审判决认定的事实和适用法律进行全面审查,其内容包括以下几个方面。

(1) 既要对原审人民法院所认定的事实是否正确进行审查,证据是否确实、充分,又要对其适用法律是否正确进行审查。

(2) 既要对上诉或抗诉的部分进行审查,又要对未上诉或抗诉的部分进行审查。

(3) 在共同犯罪案件中,只有部分被告人上诉的,或者一审案件的自诉人只就第一审人民法院对部分被告人的判决提出抗诉的,第二审人民法院应当对全案进行审查,一并处理。即既要对已上诉的被告人的问题进行审查,又要对未上诉的被告人的问题进行审查;既要对被提起上诉或抗诉的被告人的问题进行审查,又要对未被提起上诉或抗诉的被告人的问题进行审查,概言之就是应对共同犯罪中的所有被告人的问题进行审查。

共同犯罪案件,如果提出上诉的被告人死亡,其他被告人没有上诉,第二审人民法院仍应当对全案进行审查。死亡的被告人不构成犯罪的,应当宣告无罪;审查后认为构成犯罪的,应当宣布终止审理。对其他同案被告人仍应当做出判决或者裁定。

(4) 对于附带民事诉讼的上诉案件,应当对全案进行审查,即不仅审查附带民事诉讼部分,还要审查刑事诉讼部分,以便正确确定民事责任。如果第一审判决的刑事部分并无不当,第二审人民法院只需就附带民事诉讼部分做出处理。如果第一审判决附带民事部分事实清楚,适用法律正确的,应当以刑事附带民事裁定维持原判,驳回上诉、抗诉。如果发现刑事和附带民事部分均有错误需依法改判的,应当一并改判。第二审人民法院审理对刑事部分提出上诉,附带民事诉讼部分已经发生法律效力的案件,如果发现第一审判决或者裁定中的民事部分确有错误,应当对民事部分按照审判监督程序予以纠正。第二审人民法院审理对附带民事部分提出上诉、抗诉,刑事部分已经发生法律效力的案件,如果发现第一审判决或裁定中的刑事部分确有错误,应当对刑事部分按照审判监督程序进行再审,并将附带民事诉讼部分与刑事案件一并处理。

附带民事诉讼案件,只有附带民事诉讼的当事人和其法定代理人提出上诉的,第一审刑事部分的判决,在上诉期满后即发生法律效力。应当送监执行的第一审刑事被告人是第二审附带民事诉讼被告人的,在第二审附带民事诉讼案件未审结之前,可以暂缓送监执行。

2. 审查方式

根据司法实践,第二审人民法院的审查包括对案卷材料的程序性审查以及对案件的实体性审查。

程序性审查是指第二审人民法院对第一审人民法院移送上诉的案卷,应当审查是否包括下列内容:

(1) 移送上诉案件函;

(2) 上诉状;

(3) 第一审判决书或者裁定书 8 份(每增加 1 名被告人增加 1 份);

(4) 全部案卷材料和证据,包括案件审结报告和其他应当移送的材料。

如果上述材料齐备,第二审人民法院应当收案;材料不齐备的,应当通知第一审人民法院及时补送。

实体性审查是指第二审人民法院对于上诉案件应当审查下列主要内容：

(1) 第一审判决认定的事实是否清楚，证据是否确实、充分，证据之间有无矛盾，有无遗漏罪行或犯罪分子；

(2) 第一审判决适用法律是否正确，量刑是否适当；

(3) 第一审程序中有无违反法律规定的诉讼程序的情形；

(4) 上诉是否提出了新的事实和证据；

(5) 被告人供述、辩解的情况；

(6) 辩护人的辩护意见以及采纳的情况；

(7) 附带民事判决、裁定是否适当；

(8) 第一审人民法院合议庭、审判委员会讨论的意见。

全面审查的实质精神就是要求第二审人民法院独立行使审判权，从认定事实到适用法律进行全面审查，以事实为根据，以法律为准绳，使案件得到正确处理。

(二) 上诉不加刑原则

根据《刑事诉讼法》第190条第1款的规定，第二审人民法院审判只有被告人或他的法定代理人、辩护人、近亲属上诉的案件，不得加重被告人的刑罚。该条第2款规定，自诉人提出上诉的，不受前款规定的限制。上诉不加刑原则就是第二审人民法院审判只有被告人一方提出上诉的案件，不得以任何理由加重被告人的刑罚的审判原则。它是第二审程序中一项特殊原则。坚持"上诉不加刑原则"有利于保障被告人充分行使辩护权，维护上诉和两审终审制度，提高审判工作和检察工作的质量。正确理解"上诉不加刑原则"的确切含义，应当把握以下三点。

1. 上诉不加刑的前提条件是只有被告人一方对一审判决提出上诉。即第二审程序是仅仅由被告人一方的上诉引起的，不论是被告人本人上诉，还是他的法定代理人上诉，或者是经被告人同意由被告人的辩护人或近亲属提出的上诉，第二审人民法院都不能改判加重被告人的刑罚。在共同犯罪中，只有部分被告人上诉的，在一并处理时，对于没有提出上诉的被告人，哪怕是原判量刑畸轻的，也不能改判，加重被告人的刑罚。

如果第二审程序不是由于被告人一方的上诉引起的，或者不仅仅是被告人一方的上诉引起的，自诉人提出了上诉，第二审人民法院审理后认为原判决把重罪定为轻罪或者量刑畸轻的，可以改判加重被告人的刑罚。也就是说，第二审人民法院并不是在任何情况下都不能加刑，当自诉人依法提出上诉时，不论被告人一方是否提起上诉，第二审人民法院审理以后都可以根据案件的具体情况，依法改判，加重被告人的刑罚。

当然，第二审人民法院改判加刑也不是没有限度的。如果是基层人民法院一审判处被告人有期徒刑，中级人民法院二审审理后认为应判处无期徒刑或者死刑的案件，中级人民法院不能以第二审人民法院的名义直接改判无期徒刑或死刑，而应当根据审判级别管辖的有关规定，裁定撤销基层人民法院的原一审判决，由中级人民法院按照第一审程序对案件进行审判，所作的判决是一审判决，当事人不服可以上诉。这是保证办案质量并保障被告人上诉权的需要。

2. 上诉不加刑是指第二审人民法院直接改判时不得加重原判刑罚，它并不适用于发回重审的案件。对于第二审人民法院以事实不清或证据不足或者违反法定的诉讼程序为由发回重新审判的案件，原审人民法院应严格按照第一审程序进行重新审理，查清事实、补足证据后，以事实为根据，以法律为准绳，该加刑的，可以判处比原判更重的刑罚；该减刑的，也可以判处比原判为轻的刑罚，甚至可以免予刑事处分或宣判无罪。

但是，发回重审的理由只能是原判事实不清或证据不足，或者第一审人民法院违反法定的诉讼程序，可能影响正确判决。第二审人民法院对于原判事实清楚、证据确凿，只是量刑太轻的案件，不能发回重审，更不能为了加刑而借事实不清或者证据不足或者违反诉讼程序的名义发回重审，否则是有悖于"上诉不加刑原则"的精神实质的。

3. 上诉不加刑的核心问题是不得加重刑罚。所谓不得加刑，主要包括以下几层含义：

（1）不得提高刑种等级，如不能把附加刑升为主刑，把拘役改为有期徒刑，或者把有期徒刑变为无期徒刑等；

（2）不得增加刑种数量，如不得增加附加刑；

（3）不得增加同一刑种（有期徒刑、拘役、剥夺政治权利）的刑期或罚金的数额；

（4）不得改死缓为死刑立即执行；

（5）不得撤销缓刑，改判实际执行刑；

（6）对被告人实行数罪并罚的，既不能加重决定执行的刑罚，也不能在维持原判决决定执行的刑罚不变的情况下，加重数罪中某一罪或者几个罪的刑罚；

（7）对被告人判处拘役或者有期徒刑宣告缓刑的，不得撤销原判决宣告的缓刑或者延长缓刑考验期。

违反上述情形之一的，就是加刑，也就是违反了"上诉不加刑原则"。

三、审理方式与程序

审理方式或称审判方式，是指人民法院审判案件的方式和形式。刑事自诉案件第二审审判方式一般分为直接审理、书面审理和调查讯问式审理三种。根据《刑事诉讼法》第187条的规定，第二审人民法院对上诉案件，应当组成合议庭，开庭审理。合议庭经过阅卷，讯问被告人、听取其他当事人、辩护人、诉讼代理人的意见，对事实清楚的，可以不开庭审理。第二审人民法院开庭审理上诉案件，可以到案件发生地或原审人民法院所在地进行。

（一）直接审理

直接审理，即开庭审理，是指审判人员亲自调查、核实案件事实、证据，传唤当事人和通知证人、鉴定人、辩护人、自诉人等到庭，进行法庭调查和法庭辩论，然后进行评议和裁判的审理方式。

直接审理的方式与程序和第一审程序基本相同，主要适用于以下案件：

1. 重大、复杂或者社会影响较大的案件；

2. 原判事实不清、证据不足，需要直接调查和开庭审判、不宜发回原审人民法院

重新审判的案件;

3. 涉及原审审判人员违法乱纪、接受贿赂等影响公正裁判的案件;

4. 其他应当开庭审理的案件。

(二)书面审理

书面审理就是不传唤当事人和通知证人、鉴定人、辩护人等到庭,不进行法庭调查和法庭辩论,只根据第一审人民法院上报的全部案卷材料,合议庭便进行评议并做出裁判的审理方式。

书面审理适用于以下案件:

1. 《刑事诉讼法》第189条第3项规定的属于事实不清或者证据不足,需要发回重新审判的案件。

2. 《刑事诉讼法》第191条规定的违反诉讼程序,应当撤销原判,发回原审人民法院重新审判的案件。

(三)调查讯问式审理

调查讯问式审理方式就是第二审人民法院在审查案件书面材料的基础上,提审被告人,听取其他当事人、辩护人、诉讼代理人的意见,对案件事实和证据进行必要的调查核对,在查明事实、核实证据后,经合议庭评议,进行裁决,不再开庭审判的一种审理方式。采用这种方式审理的案件只能是原判事实清楚的上诉案件。

(四)刑事自诉案件第二审程序的特殊规定

第二审自诉案件不仅可以判决结案,也可以调解、自行和解结案。根据最高人民法院《解释》第263条的规定,对第二审自诉案件,必要时可以进行调解,当事人也可以自行和解。调解结案时,应当制作调解书,第一审判决、裁定视为自动撤销;当事人自行和解的,由人民法院裁定准许撤回自诉,并撤销第一审判决或者裁定。该《解释》第264条规定:"第二审人民法院对于调解结案或者当事人自行和解的自诉案件,被告人被采取强制措施的,应当立即予以解除。"

四、审理期限

刑事自诉案件第二审人民法院的办案期限,根据《刑事诉讼法》第196条的规定,从受理上诉案件到结案,应当在1个月内审结,至迟不得超过1个半月。对具有《刑事诉讼法》第126条规定的:(1)交通十分不便的边远地区的重大复杂案件;(2)重大的犯罪集团案件;(3)流窜作案的重大复杂案件;(4)犯罪涉及面广,取证困难的重大复杂案件,经省、自治区、直辖市高级人民法院批准或者决定,可以再延长1个月,最高人民法院受理的上诉、抗诉案件,由最高人民法院决定。

第三节　刑事自诉案件二审的不同处理

根据《刑事诉讼法》第189条、第191条至193条的规定,第二审人民法院对不服一审裁判的上诉案件,经过审理后,应按不同情形分别处理。

(一) 维持原审判决

原判决认定事实和适用法律正确、量刑恰当的,应当裁定驳回上诉或者抗诉,维持原判,保证正确的判决迅速交付执行。

(二) 变更原审判决

根据《刑事诉讼法》第189条的规定,改判有以下两种情形。

1. 原审判决认定事实没有错误,但适用法律有错误,或者量刑不当的,应当改判。

2. 原判决认定事实不清楚或者证据不足的,第二审人民法院通过自行调查或者通知第一审人民法院补充材料,事实查清或证据已充分、确实,可以直接改判。

(三) 撤销原判,发回重审

根据《刑事诉讼法》第189条第3项和第191条的规定,撤销原判,发回重审的情形有以下两种。

1. 原判决认定的事实不清楚,或者证据不足的,可以裁定撤销原判,发回原审人民法院重新审判。

2. 第二审人民法院发现第一审人民法院违反法律规定的诉讼程序,应当撤销原判,发回原审人民法院重新审判。

(四) 附带民事诉讼的处理

附带民事诉讼的处理要根据不同的情况分别处理。

根据《刑事诉讼法》第192条的规定,原审人民法院对于发回重新审判的案件,应当另行组成合议庭,依照第一审程序进行审判。

第四节 法律文书写作

刑事上诉状是刑事诉讼当事人或其代理人不服地方各级人民法院的第一审刑事判决或裁定,按照法律规定的程序向上一级人民法院上诉,请求撤销、变更原审裁判或重新审理而提出的诉讼文书。

刑事上诉状一般包括首部、上诉请求、上诉理由和尾部四个部分。

1. 首部

首部要写明诉状的标题和上诉人、被上诉人的基本情况(包括姓名、性别、年龄、单位、住址等)以及原审人民法院的名称、案件的裁判编号及案由。

2. 上诉请求

上诉请求是对原裁判全部不服还是部分不服,是适用法律不当还是事实认定有误或法律程序不合法。

3. 上诉理由

上诉理由要写清楚原审裁判在认定事实、适用法律及诉讼程序上有哪些错误或不当之处，同时，提出纠正的事实和法律依据，讲充足理由。这部分是刑事上诉状的核心，要写得清楚，事实可信，论述有力，于法有据。

4. 尾部

尾部要写明具体人姓名及具状时间；在附项中写明上诉状有多少副本、物证多少件、证人多少个（包括姓名、住址等）、书证多少件。

刑事上诉状范本如下。

刑事上诉状

上诉人胡××，男，16岁（19××年××月××日出生），汉族，××省××县人，××中学高一学生，住××市××路××号。因故意伤害罪，于19××年4月12日被拘留，4月22日被逮捕。

上诉人因故意伤害一案，不服××区人民法院19××年7月16日（19××）××刑初字第××号刑事判决，提出上诉。

上诉请求

请求上级人民法院撤销××区人民法院19××年7月16日（19××）××刑初字第××号刑事判决，宣告上诉人无罪。

上诉理由

上诉人认为原审人民法院的判决认定事实错误，适用法律不当，上诉人的行为不构成伤害罪，而是正当防卫，不负刑事责任。其理由如下：

《中华人民共和国刑法》第20条第1款规定："为了使国家、公共利益、本人或他人的人身、财产和其他权利免受正在进行的不法侵害，而采取的制止不法侵害的行为，对不法侵害人造成损害的，属于正当防卫，不负刑事责任。"第2款规定："正当防卫明显超过必要限度造成重大损害的，应当负刑事责任，但是应当减轻或免除处罚。"第3款规定："对正在进行的行凶、杀人、强奸、绑架以及其他严重危及人身安全的暴力犯罪，采取防卫行为，造成不法侵害人伤亡的，不属于防卫过当，不负刑事责任。"从以上刑法的条款来看，正当防卫必须具备以下几个条件：（1）必须是对具有社会危害性的不法侵害行为才能实行正当防卫，而合法行为则不能实行"防卫"；（2）必须是对实际存在并且是正在进行的不法侵害才可以实行正当防卫；（3）必须是对实施不法侵害本人实行防卫，而不能对第三者实行；（4）正当防卫不能明显超过必要限度。法律是裁判案件的准绳，以上述法律精神来衡量上诉人的所作所为，得出来的结论只能是上诉人的行为属于正当防卫，不构成犯罪。

从案件发生过程来看，上诉人既无伤害死者胡××的动机与目的，又无伤害行为。4月11日下午2时许，上诉人回家即无故遭到胡××的拳打脚踢，上诉人逃出家门，胡××举起铁锹在后面紧追不舍，正当胡××举起铁锹欲对上诉人行凶，在这千钧一发之时，上诉人为免遭实际的、即将来临的不法侵害，在被迫无奈的情况下顺手从地上拣起一块大石头,对着胡××的头部砸了一下。制止了胡××的不法侵害,这是法律允许的保护人身不受侵害的正当防卫。上诉人正当防卫行为是对不法侵害者本人的,没有伤害他人,无任何社会危害性。上诉人正当防卫行为是得当的,没有超过必要限度。而胡××举铁锹砍上诉人,若是砍中,其后果将十分严重,非死即伤。上诉人在情急之下,顺手拣起一块石头砸胡××的头部,防卫行为与不法侵害行为是相适应的,没有超过必要限度。我国《刑法》第20条第3款明确规定"对正在进行行凶、杀人……以及其他严重危及人身安全的暴力犯罪,采取防卫行为,造成不法侵害人伤亡的、不属于防卫过当,不负刑事责任。"总之,上诉人的防卫与刑法关于正当防卫规定的精神是相吻合的,是具备了法定的正当防卫条件的。

恳请上级人民法院查明案件事实,正确适用法律,撤销原判,宣告上诉人无罪。

此致
××市中级人民法院

附:本上诉状副本1份

上诉人胡××
19××年7月30日

重点内容图解

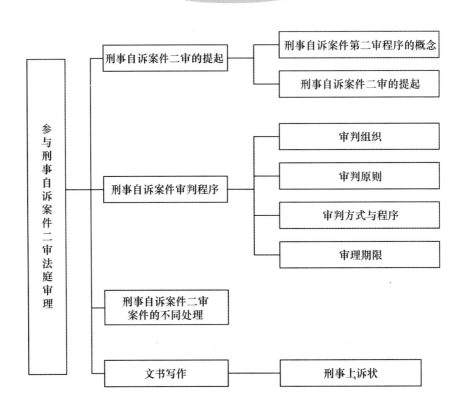

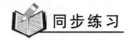

一、单项选择题

在第二审案件的裁判中,下列表述不违反上诉不加刑原则的是(　　)。

A. 第一审刑事附带民事诉讼判决后,被告人的父亲经被告人同意提出上诉,被害人对附带民事部分也提出上诉,人民法院第二审判决对被告人加刑

B. 被告人上诉的案件,第二审判决在不改变刑期的情况下,将抢夺罪改为抢劫罪

C. 被告人上诉的案件,第二审人民法院审理后,认为第一审判决认定犯罪事实和适用法律没有错误,但量刑偏轻,遂撤销原判,发回原审人民法院重审,原审人民法院重审后对被告人加刑

D. 第一审判处被告人盗窃罪和故意伤害罪,被告人提出上诉,第二审人民法院认为第一审判决对盗窃罪量刑偏轻,而对故意伤害罪量刑偏重,故在数罪并罚执行刑期不变的情况下,增加盗窃罪的刑期,减少故意伤害罪的刑期

二、多项选择题

1. 王某因抢劫被一审法院判处四年有期徒刑后提出上诉。王某的父亲从报上看到张律师专打刑事诉讼官司的广告后,找到张律师。张律师称其有多年办理刑事上诉案件的经验,胜诉率在90%以上,而且二审法院的承办法官是他的同学,有把握争取改判。经张律师提议,王父同意聘请张律师为王某的二审辩护人,律师费为3万元,如果改判无罪则另付7万元,改判缓刑则另付5万元。在张律师的暗示下,王父去做受害人杨某的工作,希望杨某私了,如改变证词则付4万元。根据上述事实,张律师的下列行为违反了律师执业行为规范的是(　　)。

    A. 明示与公安司法机关的特殊关系

    B. 为承揽业务作虚假承诺,对委托人进行误导

    C. 对刑事案件根据诉讼结果协议收费

    D. 怂恿委托人制造伪证

2. 甲与乙婚后六年,乙又与另一男子相爱,并通过熟人办理了结婚登记手续。甲得知后将乙起诉至法院,乙被法院以重婚罪判处有期徒刑一年。对本案第一审判决,哪些人享有独立上诉权(　　)。

    A. 甲　　　　　　　　　　B. 乙

    C. 甲、乙的父母　　　　　D. 乙的辩护人

3. 第二审人民法院遇有下列哪些情形应当依法裁定撤销原判、发回重审(　　)。

    A. 应当公开审理而没有公开审理的

    B. 被告人未在庭审笔录上签名的

    C. 人民陪审员独任审判案件的

    D. 庭审中没有听取被告人最后陈述,可能影响公正审判的

诉讼任务四　参与审判监督程序引起的再审审理

任务描述

再审即按照审判监督程序对案件进行重新审理的一种方式,是对已经生效的判决和裁定的一种司法救济途径,是基层法律工作者常见的法律工作之一。通过本章内容的学习,使学生具备以下专业能力:
1. 会帮助当事人提起再审;
2. 能参与再审的法庭审理。

知识储备

第一节　审判监督程序概述

一、审判监督程序的概念

审判监督程序又称再审程序,是指人民法院、人民检察院对已经发生法律效力的判决和裁定,发现在认定事实或适用法律上确有错误,依法提出并由人民法院对案件重新进行审判的一项特别审判程序。

二、审判监督程序的特点

从诉讼实质讲,审判监督程序是一种补救性程序,或称救济程序。

从诉讼进程讲,审判监督程序不是刑事诉讼的必经程序。只有对于已经发生法律效力而又确有错误的判决、裁定才能适用这一程序,因此,审判监督程序是刑事诉讼中的一项特殊程序。

第二节　审判监督程序的提起

一、提起审判监督程序的材料来源

我国提起审判监督程序的材料来源,根据《刑事诉讼法》的有关规定和司法实践,主要有下列几个方面。

（一）当事人等的申诉

申诉是指当事人及其法定代理人、近亲属对已经发生法律效力的判决、裁定不服，向人民法院或者人民检察院提出重新审查和处理案件的一种诉讼请求。

《刑事诉讼法》第203条规定："当事人及其法定代理人、近亲属，对已经发生法律效力的判决、裁定，可以向人民法院或者人民检察院提出申诉，但不能停止判决、裁定的执行。"申诉是可能引起审判监督程序的最经常和最主要的材料来源，是司法机关发现错案的重要途径。

人民法院受理申诉后，应当在3个月以内做出决定，至迟不得超过6个月。经审查，认为有《刑事诉讼法》第204条规定的情形之一的，报院长提请审判委员会决定重新审判；对不符合《刑事诉讼法》第204条规定的申诉，应当说服当事人息诉；对仍然坚持申诉的，应当书面通知驳回。

申诉人对驳回申诉不服的，可以向上一级人民法院申诉。上一级人民法院经审查认为申诉不符合《刑事诉讼法》第204条规定的，应当予以驳回。经两级人民法院处理后又提出申诉的，如果没有新的充分理由，人民法院可以不再受理。

（二）司法机关复查案件发现的错误

司法机关为了保证办案质量，定期或不定期地自查或互查，或按上级指示进行必要的总结检查或复查。通过日常的工作检查及全面复查或对部分案件的复查，发现生效裁判确有错误，就应当提起审判监督程序。

二、提起审判监督程序的条件

为了维护已经生效的判决和裁定的严肃性及稳定性，《刑事诉讼法》第204条对提起审判监督程序的理由作了严格的限制规定。《刑事诉讼法》第204条列举了四种情形作为当事人及其法定代理人、近亲属申诉的法定理由。只要申诉具有以下四种法定情形之一，人民法院就应当重新审判：

1. 有新的证据证明原判决、裁定认定的事实确有错误的；
2. 据以定罪量刑的证据不确实、不充分或者证明案件事实的主要证据之间存在矛盾的；
3. 原判决、裁定适用法律确有错误的；
4. 审判人员在审理该案件的时候，有贪污受贿，徇私舞弊，枉法裁判行为的。

根据《刑事诉讼法》第205条的规定，把生效裁判"在认定事实上或者在适用法律上确有错误"作为人民法院决定再审及人民检察院抗诉的理由。

1. 原判在认定事实上确有错误

认定事实上的错误是指判决、裁定的主要事实不清；重大情节不清或者失实；缺乏确实、充分的证据；或者发现了新事实、新证据。

主要事实不清是指认定的重要犯罪事实或情节不清楚，没有根据，不能说明主要案情，或者同案件的实际情况矛盾，似是而非；张冠李戴，无中生有；在共同犯罪中各被告人的罪责混淆。

重大情节不清或失实是指判决、裁定中认定的作案动机、目的、手段、后果等情节有严重错误。

缺乏确实、充分证据是指证据不足以证明主要犯罪事实或重大犯罪情节，或者证明案件主要事实的证据之间有矛盾，相互脱节，或者作为定案的证据未经法庭查证，或者只有被告人的口供而无其他证据印证，或者根据一部分证据做出的结论，不能排除另一部分证据做出的相互矛盾的结论的可能性。

发现了新事实、新证据是指原裁判没有掌握的新事实、新证据，证明原判认定的事实是错误的。作为原判基础的证据，后来被证实是虚构的或者是错误的。

2. 原判在适用法律上确有错误

适用法律上的错误可以概括为适用法律不当、定性定罪错误和量刑过轻过重三个方面。只要有这些情形之一，就可以作为提起再审程序的理由或条件。

三、有权提起审判监督程序的主体

根据《人民法院组织法》第14条和《刑事诉讼法》第205条的规定，只有下列司法机关和人员才有权依法提起审判监督程序。

(一) 各级人民法院院长和审判委员会

各级人民法院院长对本院已经发生法律效力的裁判，如果发现在认定事实上或者在适用法律上确有错误，必须提交审判委员会讨论决定是否提起审判监督程序。这里必须明确以下几点。

1. 各级人民法院院长和审判委员会提起审判监督程序的对象只能是本院的生效裁判。

2. 各级人民法院院长提交审判委员会讨论决定再审的案件，必须是"在认定事实上或者在适用法律上确有错误"。

3. 在提起再审的程序上，院长本人不能自行决定对案件的处理，应由院长委托专人审查或由院长亲自审查。审查后发现确有错误，必须提交审判委员会讨论决定。

4. 审判委员会对院长提交讨论的本院生效裁判，讨论后决定再审的案件，应当另行组成合议庭进行再审。

5. 各级人民法院院长，对依照审判监督程序重新审结的案件，如果发现仍有错误的，还可以再由院长提交审判委员会处理，如果必要，可以送请上一级人民法院依照审判监督程序处理。

(二) 最高人民法院和其他上级人民法院

最高人民法院对各级人民法院已经生效的裁判，上级人民法院对下级人民法院已经生效的裁判，如果发现确有错误，有权提审或者指令下级人民法院再审。

提审就是上级人民法院认为某案由原审人民法院重审不适宜，依法提归自己审判。指令下级人民法院再审，就是指令原审或所属其他下级人民法院按照审判监督程序重新审理。

提审和再审是人民法院依照审判监督程序对案件进行重新审判的两种不同形式。

(三) 最高人民检察院和其他上级人民检察院

最高人民检察院对各级人民法院和上级人民检察院对下级人民法院已生效的裁判,如果发现确有错误,有权按照审判监督程序向同级人民法院提出抗诉。这是人民检察院行使审判监督权的一个重要方面。

地方各级人民检察院发现同级人民法院已经生效的裁判确有错误,无权直接向同级人民法院提出抗诉,而应当向上级人民检察院提出《提请抗诉报告书》,要求上级人民检察院向其同级人民法院提出抗诉。如果是最高人民检察院发现最高人民法院的生效裁判确有错误时,则可以直接向最高人民法院提出抗诉。

审判监督程序的抗诉和第二审程序的抗诉都是人民检察院依法提出的抗诉,但是两者并不相同。

1. 抗诉的对象不同

第二审程序的抗诉是针对地方各级人民法院第一审尚未生效的裁判提出的,而再审程序的抗诉是针对已经生效的裁判提出的。

2. 抗诉的权限不同

依照第二审程序抗诉是第一审人民法院同级的人民检察院的权力和职责,而再审程序的抗诉只有上级人民检察院对下级人民法院的生效裁判才有权向同级人民法院提出。

3. 接受抗诉的审判机关不同

接受第二审程序抗诉的是提出抗诉的人民检察院的上一级人民法院,而接受再审程序抗诉的是提出抗诉的同级人民法院。

4. 抗诉期限不同

第二审程序的抗诉必须在法定的期限内提出,人民法院不能接受逾期的抗诉,而再审程序的抗诉一般没有期限限制。

5. 抗诉的作用和后果不同

第二审程序的抗诉主要是为了阻止第一审法院的判决生效,再审程序的抗诉是为了将已经交付执行的错误裁判纠正过来。

第三节 依照审判监督程序对案件的重新审判

一、重新审理的人民法院及对申诉的审查处理

根据法律的有关规定,依照审判监督程序对案件重新审判的人民法院可以是做出生效裁判的原审人民法院(包括一审人民法院和二审人民法院),也可以是它的上级人民法院或者被指令再审的其他人民法院。

(一) 原做出生效判决的第一审人民法院

原审人民法院接到对第一审人民法院的裁判不服的申诉，一般应先进行审查，认为申诉无理的，可以说服申诉人，对其中坚持无理申诉的，可以直接用书面通知驳回。如果认为第二审判决或裁定确有错误，应提出意见，报告第二审人民法院，请其审查决定。

(二) 原做出生效裁判的第二审人民法院

第二审人民法院对不服二审的申诉，属于维持一审裁判的，可以直接处理，也可以交由一审人民法院审查；属于改变一审裁判的，应直接审查处理。二审人民法院对第一审人民法院的审查报告或者自行审查的申诉，审查后认为申诉无理的，用书面通知驳回；认为原一审、二审判决或裁定确有错误的，经审判委员会讨论决定，由二审人民法院再审，或者发回原审人民法院重新审判。

(三) 提审的上级人民法院

提审的人民法院，可以是原来第一审人民法院的任何上级人民法院。提审的案件，应当按照第二审程序进行审判，所作的判决或裁定是终审的判决、裁定。

(四) 被指令再审的下级人民法院

指令下级人民法院再审，一般是指由原审人民法院重新审判，即原审是经过第二审的，由第二审人民法院再审，原审只经过一审的，由一审人民法院再审。但也不限于原审人民法院，也可以指令原审人民法院的上一级人民法院再审，还可指令其他下级人民法院再审。

(五) 接受抗诉的人民法院

接受抗诉的人民法院是指接受人民检察院依审判监督程序提出抗诉的人民法院。接受抗诉的人民法院应当组成合议庭对案件重新审理。只有原判事实不清或证据不足的情况，才可以指令下级法院再审。

二、重新审判的程序

人民法院按照审判监督程序重新审理案件，除人民检察院抗诉的外，应制作再审裁定书。

依照审判监督程序重新审理的程序，应当根据原来的审级确定。《刑事诉讼法》第206条规定："人民法院按照审判监督程序重新审判的案件，应当另行组成合议庭进行。如果原来是第一审案件，应当按照第一审程序进行，所作的判决、裁定，可以上诉、抗诉；如果原来是第二审案件，或者是上级人民法院提审的案件，应当依照第二审程序进行审判，所作的判决、裁定，是终审的判决、裁定。"另行组成合议庭审理案件时，原合议庭人员回避。

三、重新审理后的裁决

原判决、裁定认定事实和适用法律正确、量刑适当的，应当裁定驳回申诉或者抗诉,维持原判。

原判决、裁定认定事实没有错误,但适用法律有错误,或者量刑不当的,应当判决撤销原判,予以改判。如果是按照第二审程序审理的案件,认为必须判处被告人死刑立即执行的,直接改判后,应当报请最高人民法院核准。

应当对被告人实行数罪并罚的案件,原判决、裁定没有分别定罪量刑的,应当撤销原判决、裁定,重新定罪量刑并决定执行的刑罚。

按照第二审程序审理的案件,原判决、裁定认定事实不清或者证据不足的,可以在查清事实后改判,也可以裁定撤销原判,发回原审人民法院重新审判。原判决、裁定认定事实不清,证据不足,经再审查清事实的,应当依法做出判决;经审理仍无法查清,证据不足,不能认定原审被告人有罪的,应当做出证据不足、指控的犯罪不能成立的无罪判决。

四、审理期限

人民法院理审理案件,应当在做出提审、再审决定之日起 3 个月内审结。需要延长期限的,不得超过 6 个月。

第四节　法律文书写作

刑事再审申请书的制作要点同刑事上诉状的制作要点。

刑事再审申请书范本如下。

刑事再审申请书

申诉人:××

申诉人××对××县人民法院××年××月××日〔××〕××刑初字第××号刑事判决书提出申诉。

请求事项

请求原审人民法院立案再审,依法改判,从轻判处原审被告人××的刑罚。

事实和理由

申诉人认为××省××县人民法〔××〕××刑初字第××号刑事判决书,不管是对案件发生起因的确认还是在适用法律方面,都有错误,我们无法接受。具体理由如下:

一、……

二、……

据此,我们请求××县人民法院对此案立案再审,查清发案原因,分清是非,认定被告人××具有自首情节,并依法从轻处罚。

此致

××县人民法院

申诉人:××

××年××月××日

附:原审法院刑事判决书复印件×份。

重点内容图解

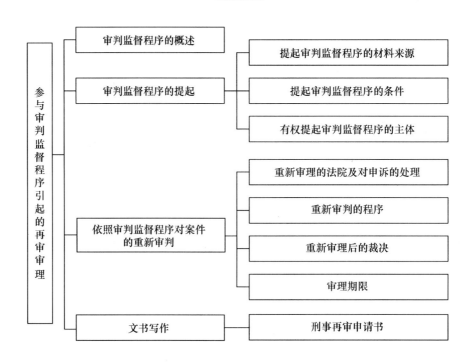

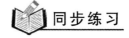

同步练习

一、单项选择题

1. 控辩双方对第一审刑事判决未提出抗诉或者上诉,但被告人对第一审刑事附带民事诉讼判决中的附带民事部分不服,提起上诉,第二审人民法院审查后,认为第一审民事部分判决正确,但刑事部分判决有错误。第二审人民法院应当如何处理(　　)。

A. 指令下级人民法院按审判监督程序再审刑事部分

B. 裁定将全案发回重审刑事部分

C. 按审判监督程序再审刑事部分,同附带民事部分一并审理,依法判决

D. 裁定将刑事部分发回重审

2. 某直辖市人民检察院分院发现本市中级人民法院以挪用公款罪判处被告人李某有期徒刑15年的第二审生效判决在适用法律上确有错误,该检察分院按下列哪一个程序处理是正确的(　　)。

   A. 向本市中级人民法院提起抗诉

   B. 向本市高级人民法院提起抗诉

   C. 报请市人民检察院,由市人民检察院向市高级人民法院提起抗诉

   D. 向本市中级人民法院提出

3. 某市人民法院审理市人民检察院依照审判监督程序提出抗诉的案件时,原审被告人王某收到抗诉书后下落不明。该法院应当做什么处理(　　)。

   A. 驳回抗诉   B. 中止审理

   C. 终止审理   D. 裁定维持原判

4. 某市中级人民法院判处被告人死缓。被告人没有上诉,检察机关没有抗诉。该案经省高级人民法院核准后,被害人不服,提出申诉。如果提起审判监督程序,下列哪一选项是正确的(　　)。

   A. 由市人民检察院提出抗诉

   B. 由省人民检察院提起审判监督程序

   C. 由市中级人民法院院长提交本院审判委员会处理

   D. 由省高级人民法院院长提交本院审判委员会处理

二、多项选择题

1. 甲因犯贪污罪经一审程序被判处死刑缓期2年执行。判决生效后发现本案第一审的合议庭成员乙在审理该案时曾收受甲的贿赂。对于本案,下列哪些机关有权提起审判监督程序(　　)。

   A. 审判该案的第一审中级人民法院   B. 该省高级人民法院

   C. 该省人民检察院   D. 最高人民检察院

2. 下列再审案件,哪些可以不开庭审理(　　)。

   A. 李某抢劫案,原判事实清楚、证据确实充分,但适用法律错误,量刑畸重

   B. 葛某受贿案,葛某已死亡

   C. 张某、卞某为同案原审被告人,张某在交通十分不便的边远地区监狱服刑,提审到庭确有困难,但未经抗诉的检察院同意

   D. 陈某强奸案,原生效判决于1979年之前做出

3. 被告人刘某,17岁,被判处有期徒刑3年,判决生效后刘某被送往当地监狱服刑,下列哪些人员有权对本案提出申诉(　　)。

   A. 刘某的父亲   B. 刘某的哥哥

   C. 刘某的辩护人史某   D. 被害人温某

三、不定项选择题

犯罪嫌疑人甲,男,30岁,M市机械厂工人。1998年3月2日凌晨1时左右,甲在街上遇见乙、丙二人用背篓背着一台长虹牌彩电,于是产生怀疑,遂盘问乙、丙二人彩电从何而来。二人回答说,彩电是从外婆家搬来的,准备拿去修理。甲更觉怀疑,便说:"这么晚了,你外婆能让你搬电视机吗?你们肯定是从哪里偷来的。走,到派出所去,我是公安局的。"由于乙、丙二人所背彩电确实是他们偷来的,听甲说是公安局的,心里害怕,答应跟甲去派出所。甲令乙、丙二人在前,自己紧随其后。途中,甲与二人拉开了距离,相距20多米。当行至派出所100米远处时,甲没有追赶,而是把电视机搬到朋友家藏匿,准备销赃还债,后因案发而被查获。此案侦查终结后,二七区人民检察院分院根据公安机关的起诉意见,经过审查起诉,以敲诈勒索罪提起公诉。二七区人民法院审理后以此罪判处甲有期徒刑5年。甲不服,向M市中级人民法院提起上诉。中级人民法院二审驳回上诉,维持原判。至此,判决生效。请根据上述案情,回答:

1. 人民法院若对此案进行再审,则应当(   )。
    A. 另行组成合议庭
    B. 适用第二审程序进行审判
    C. 适用简易程序审理
    D. 所作的判决、裁定是终审的判决、裁定

2. 假如M市中级人民法院院长发现了本案判决确有错误,则应该(   )。
    A. 由院长做出再审决定
    B. 由院长请示上级法院以决定是否再审
    C. 由院长提交本院审判委员会处
    D. 由院长向M市人大常委会请示

3. 假如检察机关发现本判决确有错误,下列哪些检察机关有权提起抗诉(   )。
    A. M市二七区人民检察院分院   B. M市人民检察院
    C. 河南省人民检察院   D. 最高人民检察院

4. 在本案中,有权提出申诉的是(   )。
    A. 被告甲   B. 被告甲的妻子
    C. 被告甲的朋友   D. 被告甲的姑父

诉讼任务五　协助刑事自诉案件执行

任务描述

执行是刑事诉讼的重要部分,是刑事诉讼的落实阶段,也是刑事诉讼的最后阶段。协助案件执行也是基层法律工作者必备的法律服务技能之一,通过本诉讼任务的学习,学生具备以下专业能力:

1. 能够根据所学知识和审理过程对案件的判决结果做出相应的预判;
2. 能够熟练掌握刑罚的种类;
3. 能够对刑罚的具体执行以及执行中的问题做出迅速的反应。

知识储备

第一节　执行的依据

一、执行的概念

刑事诉讼中的执行是指公安司法机关和法律授权的其他组织,将已经发生法律效力的判决、裁定所确定的刑罚等内容付诸实施,以及解决实施过程中出现的特定问题而进行的活动。

执行是刑事诉讼的最后一个阶段。属于刑事诉讼的执行活动仅指以下两个部分:人民法院自己实现判决和裁定内容的活动,或者人民法院将判决和裁定交付执行机关执行和执行机关对某些判决和裁定(如判处管制、剥夺政治权利的判决)的执行活动;解决判决和裁定在执行过程中发生的特定问题(如应予减刑、假释、监外执行等)的活动。

二、执行的依据

刑事诉讼执行的依据是已经发生法律效力的判决和裁定,具体包括:

1. 已过法定期限没有上诉、抗诉的判决和裁定,这是指地方各级人民法院和专门人民法院做出的第一审判决和裁定,已过上诉、抗诉期限而没有提出上诉、抗诉的;

2. 终审的判决和裁定,包括中级人民法院、高级人民法院和专门人民法院做出的第二审判决和裁定,以及最高人民法院的判决和裁定;

3. 高级人民法院核准的死刑缓期2年执行的判决、裁定和根据最高人民法院授权核准的死刑判决和裁定;

4. 最高人民法院核准的死刑判决和裁定。

第二节 执行的实施

一、无罪判决和免除刑罚的执行

无罪判决是人民法院依据法律认定被告人无罪的或者是证据不足、不能认定被告人有罪的无罪判决。免除刑事处罚是人民法院依法做出的确认被告人有罪,但对被告人不适用刑罚的判决。

无罪、免除刑罚的判决由人民法院执行。在第一审做出无罪或者免除刑罚的判决后,并不立即发生法律效力,但无罪、免除刑罚的判决一经宣判,应该立即释放被告人,这主要是因为羁押被告人的理由已经不存在。根据《刑事诉讼法》的有关规定,对被告人采取羁押,目的在于避免被告人逃避审判和继续危害社会。人民法院对被告人判处无罪或者免除刑事处罚,是以被告人的行为不构成犯罪,或者虽然构成犯罪,但依法不需要判处刑罚为前提。在人民法院已经做出这种事实判断的情况下,对被告人继续关押已经丧失法律规定的条件,继续关押就是对被告人人身自由的侵犯。因此,在一审判决做出被告人无罪或者免除刑事处罚时,无论被告人是否上诉、公诉机关是否抗诉,都不影响人民法院立即释放被告人,对被告人采取的其他强制措施也应立即撤销。如果二审人民法院对被告人改判刑罚,则按二审判决执行。《刑事诉讼法》第209条规定:"第一审人民法院判决被告人无罪、免除刑事处罚的,如果被告人在押,在宣判后应当立即释放。"这一规定是为了使被告人及时恢复人身自由和名誉,避免造成不良后果。

二、附加刑的执行

(一)罚金的执行

罚金是人民法院依法判决犯罪公民或犯罪单位向国家缴纳一定数额金钱的刑罚方法,不得以其他刑罚代替罚金。根据《刑事诉讼法》第219条的规定,罚金判决由人民法院负责执行。被判处罚金的罪犯或者犯罪单位,应按照判决确定的数额在判决规定的期限内一次或分期缴纳。期满无故不缴纳的,人民法院应当强制缴纳。对于被判处罚金的自然人,期满无故不缴纳的,人民法院可以通知其所在单位扣发工资或采取查封、变卖罪犯个人财产等方式执行;对被判处罚金的犯罪单位,人民法院可以通知银行从其账户上直接划拨。罪犯缴纳的罚金应按规定及时上缴国库,任何机关、个人都不得挪作他用或者私分。

被判处罚金的罪犯,如果由于遭遇不能抗拒的灾祸缴纳罚金确有困难的,可以向人民法院申请减少或者免除。人民法院查证属实后,可以裁定对判决确定的罚金数额予以减少或者免除。这种裁定不是对原判决的改判,而是根据实际情况做出的变通处理。

(二) 没收财产刑的执行

没收财产刑是剥夺罪犯个人所有的一部分财产或全部财产归国家所有的刑罚方法。没收财产可以附加适用,也可以独立适用。根据《刑事诉讼法》第220条和最高人民法院的有关规定,没收财产的判决由第一审人民法院执行;在必要的时候,可以会同公安机关执行。为防止执行前罪犯或其他人将财产转移等影响判决执行的情况发生,人民法院可以先采取查封、扣押、冻结被告人财产的措施。

人民法院在执行没收财产判决时,应严格按照判决确定的内容执行,应严格区分罪犯的财产和其家庭成员的财产。没收财产的范围只限于犯罪分子本人所有的部分财产或者全部财产,不得没收属于罪犯家属所有或应有的财产。对查封前犯罪分子所负的正当债务,如果需要用没收的财产偿还的,经债权人请求,由人民法院裁定在没收的财产中酌情偿还。如果发现犯罪需用没收的财产执行附带民事诉讼裁判以赔偿被害人经济损失的,应允许其先支付或扣除赔偿金后,再予以没收。如果在没收的财产中,有罪犯利用犯罪手段获得的他人财产,经原主申请,并经人民法院查证属实后,应将原物退还原主。对于没收的财产,应按有关规定及时上缴国库或财政部门,任何机关、个人都不得私自挪用、调换、压价私分或变相私分。

对于附带民事判决中财产部分的执行,应依照民事诉讼法和最高人民法院的有关规定办理。

对判处财产刑的犯罪分子或者附带民事诉讼的判决、裁定有执行财产内容的被告人,在本地无财产可供执行的,原判人民法院可以委托其财产所在地人民法院代为执行。代为执行的人民法院执行后或者无法执行的,应当将有关情况及时通知委托的人民法院。代为执行的人民法院可以将执行财产刑的财产直接上缴国库;需要退赔的财产,应当由执行的人民法院移交委托人民法院依法退赔。

(三) 剥夺政治权利的执行

剥夺权利是指剥夺罪犯一定时期或终生公民权利的一种刑罚。根据《刑法》第54条的规定,剥夺政治权利是指剥夺犯罪分子下列四项权利:(1)选举权和被选举权;(2)言论、出版、集会、结社、游行、示威自由的权利;(3)担任国家机关职务的权利;(4)担任国有公司、企业、事业单位和人民团体领导职务的权利。

1. 剥夺政治权利刑期的计算

根据《刑法》和其他有关法律的规定,剥夺政治权利刑期的计算有以下四种情况。

(1) 独立适用剥夺政治权利的,其刑期从判决确定之日起计算并执行。

(2) 判处管制附加剥夺政治权利的,剥夺政治权利的期限与管制的期限相等,同时起算,同时执行。管制期满解除管制,政治权利也同时恢复。

(3) 判处有期徒刑、拘役附加剥夺政治权利的,剥夺政治权利的刑期从有期徒刑、拘役执行完毕之日或者从假释之日起计算。但是,剥夺政治权利的效力当然施用于主刑执行期间。也就是说,主刑的执行期间虽然不计入剥夺政治权利的刑期,但犯罪分子不享有政治权利。如果被判有期徒刑、拘役未附加剥夺政治权利,犯罪分子在服主刑期间享有政治权利。准予其行使选举权,但其他政治权利的行使受到限制。

(4) 判处死刑(包括死缓)、无期徒刑附加剥夺政治权利终身的,刑期从判决发生法律效力之日起计算。

2. 剥夺政治权利的执行机关

(1) 由监狱管理机关执行。

《刑法》规定剥夺政治权利的效力,当然施用于主刑执行期间。犯罪分子被判处有期徒刑、无期徒刑、死刑缓期2年执行,在判决生效后,即送往监狱接受教育改造和强制劳动改造,在主刑执行期间,监狱管理机关依照《刑法》的规定,施行对其剥夺政治权利的处罚,如果罪犯在主刑还未执行之时,其剥夺政治权利的判决已执行完毕,就失去了对罪犯剥夺政治权利的惩罚、教育、警戒作用。

(2) 由公安机关执行。

被判处管制、拘役的罪犯,是交由公安机关执行其主刑的,其附加剥夺政治权利也应由公安机关执行。《刑法》规定附加剥夺政治权利的,从主刑执行完毕或者假释之日起执行附加政治权利。《刑事诉讼法》规定,对于被判处剥夺政治权利的罪犯,由公安机关执行。监狱在主刑执行完毕或者罪犯假释时,应将其剥夺政治权利的起止期限在释放证或者假释证上注明连同人民法院的判决书一并转交其居住地公安机关,公安机关应当在其居住地公布,待其执行完毕时应当宣布,恢复其应享有的政治权利。

三、主刑的执行

(一) 管制的执行

管制是由人民法院判决,对犯罪分子不予关押,在一定期限内限制其一定自由,交由公安机关管束和监督的一种刑罚方法。管制是我国刑法规定的五种主刑之一,是主刑中最轻的刑罚。管制的执行主要包含以下内容。

1. 管制的期限

根据《刑法》的有关规定,管制的期限为3个月以上2年以下,数罪并罚时最高不能超过3年。

2. 管制的执行机关

根据《刑事诉讼法》第218条的规定,管制的执行机关是公安机关,具体来说,就是县或县级市的公安局以及大中城市所辖区、县的公安分局。在司法实践中,负责执行的公安机关可以指派所属的公安派出所或者是公安特派员以及有关单位的保卫组织,依靠治安保卫委员会执行。

3. 管制刑的内容

根据《刑法》第39条的规定,管制犯在刑罚执行期间必须遵守以下规定:(1)遵守法律、行政法规,服从监督;(2)未经执行机关批准,不得行使言论、出版、集会、结社、游行、示威自由的权利;(3)按照执行机关规定报告自己的活动情况;(4)遵守执行机关关于会客的规定;(5)离开所居住的市、县或迁居,应当报经执行机关批准。

4. 管制刑期的计算

管制的刑期从判决执行之日起计算,即判决开始执行的当日起计算,当日包括在刑期之内。同时规定,判决执行以前先行羁押的,羁押一日折抵管制刑期二日,即判决执行之前犯罪分子被采取刑事拘留、逮捕等剥夺人身自由措施的,应当羁押一日折抵管制刑期二日。

5. 管制的解除

对于被判处管制的犯罪分子,管制期满,执行机关应向本人和其所在单位或者居住地的群众宣布解除管制,同时发给本人解除管制通知书。管制又附加剥夺政治权利的,还应当同时宣布恢复行使政治权利。对于在管制执行期间又犯新罪或者发现犯罪人有漏罪未判的,执行机关应按照《刑事诉讼法》的有关规定,将案件移送人民检察院处理。

(二)拘役的执行

拘役是对犯罪分子短期剥夺人身自由,并由公安机关实行就近关押改造的刑罚方法。拘役是我国《刑法》规定的五种主刑之一,是介于管制与有期徒刑间的一种较轻的刑罚。

1. 拘役的期限

拘役的期限为1个月以上6个月以下,数罪并罚最高不能超过1年。

2. 拘役的执行机关

被判处拘役的犯罪分子,由公安机关就近执行。所谓的"就近执行",是指由犯罪分子所在地的县、市或市辖区的公安机关设置的拘役所执行,没有建立拘役所的,可放在公安机关的看守所执行。

3. 拘役期间的待遇

在执行期间,被判处拘役的犯罪分子每月可以回家一天至两天;参加劳动的,可以酌量发给报酬。犯罪分子在拘役执行期间,执行机关应注意对犯罪分子进行认罪伏法、政治时事和社会主义道德品质等教育,并因地制宜地组织他们参加生产劳动,并根据他们的劳动表现、技术水平等情况,可以酌量发给劳动报酬。这与被判处管制的犯罪分子在劳动中"同工同酬"的规定是有差别的。此外,被判处拘役的犯罪分子每月可回家一至两天,每月回家的天数,应当计算在刑期之内。

4. 拘役刑期的计算

拘役的刑期从判决执行之日起计算,即从犯罪分子实际执行拘役开始计算。对于虽已做出拘役判决,但犯罪分子尚未交付公安机关执行的,还不能算判决执行之日,不能开始计算刑期。另外,判决执行以前先行羁押的,羁押一日折抵刑期一日,即判决执行之前犯罪分子被采取刑事拘留、逮捕等剥夺人身自由措施的,应当羁押一日折抵拘役刑期一日。

(三)有期徒刑的执行

有期徒刑是对犯罪分子剥夺一定时期人身自由,并实行强制劳动改造的刑罚方法。有期徒刑是我国《刑法》规定的五种主刑之一,是我国《刑法》中适用最广泛的刑罚方法。

1. 有期徒刑的刑期

有期徒刑的期限为6个月以上15年以下。但是有两种情形除外:一是被判处死刑缓期执行的罪犯,在死缓执行期间,如果确有重大立功表现,二年期满后可以减为15年以上20年以下有期徒刑;二是犯罪分子一人犯数罪的,实行数罪并罚的有期徒刑可以超过15年,但不能超过20年。

有期徒刑的刑期从判决执行之日起计算,即从犯罪分子实际执行有期徒刑开始计算。对于虽已做出有期徒刑判决,但犯罪分子尚未交付公安机关执行的,还不能算判决执行之日,不能开始计算刑期。另外,判决执行以前先行羁押的,羁押一日折抵刑期一日,即判决执行之前犯罪分子被采取刑事拘留、逮捕等剥夺人身自由措施的,应当羁押一日折抵有期徒刑刑期一日。

2. 有期徒刑的内容

被判处有期徒刑的犯罪分子,凡有劳动能力的,都应当参加劳动,接受教育和改造。劳动改造具有强制性,除丧失劳动能力的以外,都必须参加劳动,接受教育和改造。通过劳动可以使罪犯认识自己的罪行,改掉好逸恶劳的习性,并学会和掌握基本的生产知识和职业技能,养成良好的生活习惯,从而将其改造成自食其力、遵纪守法的公民。对于年老体迈、有严重疾病,不具有劳动能力的不应再安排其进行劳动。

3. 有期徒刑的执行机关

被判处有期徒刑的犯罪分子,在监狱或者其他执行场所执行。这里所说的"监狱",是指被判处有期徒刑的罪犯服刑的场所,是国家的刑罚执行机关。"其他执行场所",是指根据《监狱法》的有关规定,罪犯在被交付执行刑罚前,剩余刑期在一年以下的,由看守所代为执行;对未成年犯在未成年犯管教所执行刑罚。

四、缓刑的执行

(一) 缓刑的适用条件

缓刑是指对社会危害性较小的罪犯,有条件地暂缓执行所判处的刑罚,在一定的期限内予以考验,并保留执行的可能性,以达到刑罚执行目的的一种执行制度。缓刑不是刑种,而是刑罚的一种特殊执行方式。

缓刑的适用有严格的条件,只有对罪行较轻不致危害社会的罪犯或因判刑而使家人抚养照顾发生困难、犯罪人可能失学等罪犯才可能适用缓刑。根据《刑法》第72条的规定,人民法院对于被判处拘役、3年以下有期徒刑的犯罪分子,根据犯罪分子的犯罪情节和悔罪表现,认为犯罪分子确实不致再危害社会的,可以宣告适用缓刑。根据《刑法》第74条的规定,对于累犯,不适用缓刑。

(二) 缓刑的执行

1. 缓刑的执行机关

缓刑由公安机关执行。根据《刑事诉讼法》第217条第1款和最高人民法院的有关规定,宣告缓刑的判决发生法律效力后,人民法院应将判决书和执行通知书交罪犯所在地的公安机关,由公安机关将罪犯交由所在单位或者基层组织予以考察。

2. 缓刑的考验期限

对于判处缓刑的罪犯,在宣告缓刑的同时,应宣告缓刑考验期。根据《刑法》的有关规定,拘役的缓刑考验期限为原判刑期以上1年以下,但是不能少于2个月;有期徒刑的缓刑考验期限为原判刑期以上5年以下,但是不能少于1年;缓刑考验期限,从判决确定之日起计算。所谓"判决确定之日",是指判决发生法律效力之日。在判决发生法律效力之前,即使对罪犯先行羁押,羁押的时间不能计算在缓刑考验期内,也不能将先行羁押的时间折抵缓刑考验的时间。

3. 被宣告缓刑的犯罪分子应当遵守的规定

被宣告缓刑的犯罪分子,在缓刑考验期内应当:(1)遵守法律、行政法规,服从监督;(2)按照考察机关的规定报告自己的活动情况;(3)遵守考察机关关于会客的规定;(4)离开所居住的市、县或者迁居,应当报经考察机关批准。缓刑的罪犯参加劳动的,应同工同酬。如果缓刑的罪犯同时被判处附加刑的,附加刑仍须执行。

4. 缓刑的执行有两种结果

罪犯在缓刑考验期内遵纪守法表现良好,可以缩短缓刑考验期或者在缓刑考验期满后不再执行原判刑罚;罪犯在缓刑考验期内又犯新罪或者不遵守缓刑期内的规定,情节严重,则由人民法院撤销缓刑,与新罪数罪并罚后执行判处的刑罚或者执行原判刑罚。

5. 特殊缓刑

根据《刑法》第449条的规定,在战时,对被判处3年以下有期徒刑没有现实危险宣告缓刑的犯罪军人,允许其戴罪立功,确有立功表现时,可以撤销原判刑罚,不以犯罪论处。这是一种特殊的缓刑规定,是在特定情况下对特定对象的缓刑,有特别严格的条件。

第三节 执行变更

一、监外执行

监外执行是对本应在监狱或者其他执行机关内执行的罪犯,由于有某种法定的特殊情形,而将其暂时放在监外,由其居住地的公安机关负责执行判处的刑罚的一种执行制度。监外执行不仅变更了执行的场所,也变更了执行方式。

（一）监外执行适用的对象

根据《刑事诉讼法》第214条第1款和第4款的规定,监外执行的适用对象是被判处有期徒刑或者拘役的罪犯。对被处死刑缓期2年执行和无期徒刑的罪犯,不能适用监外执行。但是,当他们经过减刑处理,裁定减为有期徒刑后,就可以适用监外执行。

(二)监外执行适用的条件
可以暂予监外执行的条件如下。

1. 有严重疾病需要保外就医的,《刑事诉讼法》第214条第2款对保外就医作了限制性规定,即"适用保外就医可能有社会危险性的罪犯,或者自伤自残的罪犯,不得保外就医"。

2. 对于罪犯确有严重疾病,必须保外就医的,由省级人民政府指定的医院开具证明文件,依照法律规定的程序审批。发现被保外就医的罪犯不符合保外就医条件的,或者严重违反有关保外就医的规定的,应当及时收监。

3. 怀孕或者正在哺乳自己婴儿的妇女。哺乳自己婴儿的妇女其哺乳期为1年,从分娩之日起计算。

4. 其他。根据《刑事诉讼法》第214条第4款的规定,对于生活不能自理,适用暂予监外执行不致危害社会的罪犯,也可以暂予监外执行。

(三)监外执行的执行机关
有权决定暂予监外执行的机关一般是执行机关的主管机关。

(四)监外执行的程序
批准监外执行的机关应当将批准的决定通知公安机关和原判人民法院,并抄送人民检察院。人民检察院认为对罪犯暂予监外执行不当的,应当自接到通知之日起1个月以内将书面意见送交批准暂予监外执行的机关或者决定暂予监外执行的人民法院。

对罪犯决定监外执行,只是执行的场所和方式有所改变,其罪犯身份并未变,因此,公安机关应当向罪犯明确宣布:在监外执行期间,不允许离开所在地域外出经商;未经执行机关或执行单位批准,不得组织、发动和参加公民组织的集会、游行、示威活动;确因医病等特殊情况需要离开所在地域到本县、市以外地方的,必须经县级公安机关批准,离开居住地到本县、市内其他地方的,由具体执行单位批准。

监外执行后,刑期未满而可暂予监外执行的情形已消失的,负责执行的公安机关应当及时通知或送交监狱收监。对于余刑不足1年的罪犯,则交看守所执行。

二、减刑

《刑事诉讼法》第221条第2款规定:"被判处管制、拘役、有期徒刑或者无期徒刑的罪犯,在执行期间确有悔改或者立功表现,应当依法予以减刑、假释的时候,由执行机关提出建议,报请人民法院审核裁定。"

(一)减刑的条件
被判处管制、拘役、有期徒刑、无期徒刑的犯罪分子在执行期间如果认真遵守监规,接受教育改造确有悔改表现的或者有立功表现的可以减刑;有下列重大立功表现之一的应当减刑:(1)阻止他人重大犯罪活动的;(2)检举监狱内外重大犯罪活动,经查证属实的;(3)有发明创造或者重大技术革新的;(4)在日常生产、生活中舍己救人的;(5)在抗御自然灾害或者排除重大事故中,有突出表现的;(6)对国家和社会有其他重大贡献的。减刑以后实际执行的刑期判处管制、拘役、有期徒刑的,不能少于原判刑期的 1/2;判处无期徒刑的,不能少于 10 年。

(二)减刑的程序

根据《刑法》第 79 条的规定,对于犯罪分子的减刑,由执行机关向中级以上人民法院提出减刑建议书。据此,减刑案件应由中级以上人民法院审理。在诉讼实践中,对被判处无期徒刑罪犯的减刑,由罪犯所在地的高级人民法院管辖。对被判处有期徒刑(包括原判死缓、无期徒刑已减为有期徒刑的,以及宣告缓刑的)、拘役、管制的罪犯的减刑,由罪犯所在地的中级人民法院管辖。

执行机关认为罪犯依法应予减刑的,应当提出建议书。对被判处无期徒刑、有期徒刑的罪犯,减刑建议由监狱向人民法院提出。对被判处拘役罪犯的减刑,由拘役所提出建议书。对被判处管制罪犯的减刑,由执行管制的公安派出所提出建议书。

人民法院对减刑案件,应当组成合议庭进行审理。人民法院应当自收到建议书之日起 1 个月以内予以审理并做出裁定。

人民法院的减刑裁定书,除了发给罪犯,并交付执行机关执行外,还应将其副本同时送达原判法院和对该执行机关担负检察任务的人民检察院。

人民检察院应当对减刑裁定书进行审查,以履行监督职责。根据《刑事诉讼法》第 222 条的规定,人民检察院认为人民法院减刑裁定不当的,应当在收到裁定书副本后 20 日以内,向人民法院提出书面纠正意见。人民法院在收到纠正意见后,应当在 1 个月以内重新组成合议庭进行审理,做出最终裁定。

罪犯对减刑裁定不能上诉。

三、假释

(一)假释的条件

假释是指被判处有期徒刑或者无期徒刑的罪犯,实际执行一定刑期以后,确有悔改表现,不致再危害社会,将其附条件地予以提前释放。根据《刑法》第 81 条的规定,假释必须具备的条件是:

1. 客观方面,已执行原判刑期的 1/2 以上;被判处无期徒刑的,实际执行 10 年以上;

2. 主观方面,必须是确有悔改表现,不致再危害社会。

(二)假释案件的管辖与处理程序

假释案件的管辖与处理程序与减刑案件相同,即被判处无期徒刑的罪犯的假释案件,由罪犯所在地高级人民法院管辖;被判处有期徒刑罪犯的假释案件,由罪犯所在地中级人民法院管辖;对于被判处有期徒刑 1 年以下,或者余刑在 1 年以下,由看守所监管的罪犯的假释案件,也由罪犯所在地的中级人民法院管辖。

人民法院审核假释案件,也应组成合议庭进行。人民法院裁定假释的,应依照《刑法》第 83 条规定确定假释考验期限,并在裁定书中写明该期限的起止日期。人民检察院对假释裁定书副本进行审查后,认为假释裁定不当的,根据《刑事诉讼法》第 222 条的规定,向人民法院提出书面纠正意见。人民法院应当在收到纠正意见后1个月以内重新组成合议庭进行审理,做出最终裁定。对于被假释的罪犯,在假释考验期内,由公安机关予以监督。

(三)假释的执行与撤销

被假释的罪犯,在假释考验期内,如果没有重新犯罪等情形,假释考验期满,就认为原判刑罚已经执行完毕,并公开予以宣告。根据《刑法》第86条的规定,被假释的罪犯如有下列情形之一,就应当撤销假释:(1)被假释的罪犯,在假释考验期限内犯新罪;(2)在假释考验期限内,发现罪犯在判决宣告以前还有其他罪没有判决的;(3)被假释的罪犯,在假释考验期限内,有违反法律、行政法规或者国务院公安部门有关假释的监督管理规定的行为,尚未构成新的犯罪的,由公安机关向原做出假释裁定的人民法院提出撤销假释的建议书,人民法院裁定撤销假释的,由公安机关将罪犯送交监狱收监。

第四节 对新罪和申诉的处理

一、对新罪的处理

《刑事诉讼法》第221条第1款规定:"罪犯在服刑期间又犯罪的,或者发现了判决的时候所没有发现的罪行,由执行机关移送人民检察院处理。"

罪犯在监狱内犯罪的,由监狱进行侦查。侦查终结后,监狱写出起诉意见书,连同案卷材料、证据一并移送该监狱所在地的人民检察院审查决定是否提起公诉。

罪犯在看守所服刑又犯新罪的,由主管该看守所的县级公安机关侦查终结后,写出起诉意见书,连同案卷材料、证据一并移送当地的人民检察院审查决定。

被判处管制、剥夺政治权利,以及监外执行、宣告缓刑和假释的罪犯,在服刑或者考验期间又犯新罪的,由负责执行或者监督的公安机关侦查终结后,认为需要起诉的,应写出起诉意见书,移送当地人民检察院审查决定。

罪犯在监狱、看守所服刑时逃脱后重新犯罪,在犯罪地即被查获的,则由犯罪地的公、检、法机关依照刑事诉讼法规定的管辖范围立案处理。人民法院对这种罪犯的新罪做出处刑的判决后,原则上仍送罪犯服刑的机关执行。

监外执行的罪犯又犯新罪,由当地公、检、法机关依法处理后,对其判处的刑罚应当由犯罪地有关机关执行的,县以上公安机关要将罪犯新的犯罪事实和处理结果,及时通知原所在监狱等执行机关。

二、认为判决有错误和对罪犯申诉的处理

罪犯对生效判决不服的,可以提出申诉。监狱等执行机关对罪犯的申诉材料,应

当及时转递,不得扣压。

监狱等执行机关在刑罚执行过程中,根据罪犯的申诉或者其他信息,认为判决有错误,包括无罪判有罪、定性不当、量刑畸重畸轻的,应当提请人民检察院或者人民法院处理。

人民检察院应当对执行机关执行刑罚的活动是否合法实行监督。如果发现有违法情况,应当通知执行机关纠正。

重点内容图解

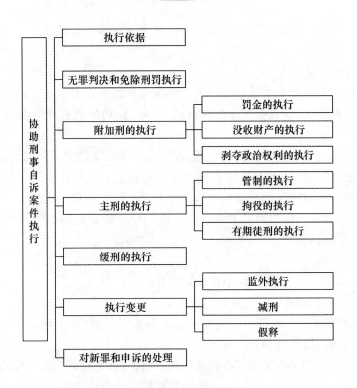

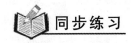

一、单项选择题

1. 有四名罪犯杨某、谢某、张某、李某,他们分别被判处无期徒刑、拘役、有期徒刑5年和死刑缓期2年执行。根据法律的有关规定,这四人中可依法暂予监外执行的有(　　)。

   A. 杨某和谢某　　　　　　　　B. 谢某和张某
   C. 张某和李某　　　　　　　　D. 杨某和张某

2. 根据我国《刑事诉讼法》规定的暂予监外执行制度的性质,暂予监外执行的期间(　　)。

A. 不应计入刑期内　　　　　　　B. 应当计入刑期内
C. 是否计入刑期,由监狱机关决定　D. 是否计入刑期,由人民法院决定

二、多项选择题

在下述四个选项中,可以暂予监外执行的犯罪有(　　)。

A. 被判无期徒刑的妇女甲,服刑时怀有身孕的
B. 被判处拘役的盗窃犯乙,为表示悔改而自断手指,致使生活不能自理的
C. 被判处有期徒刑的罪犯丙经省级政府指定的医院可证明患有严重疾病需要保外就医的
D. 妇女丁被判处 5 年有期徒刑,服刑之时有一刚满月的婴儿

三、案例分析题

某高校同宿舍两学生张某、王某,因琐事发生争吵继而发生殴打,王某情急之下抓起一玻璃杯打向张某,造成张某左眼球破裂、失明,脑功能遭到严重损害。后经鉴定,属重伤。

张某的父亲向该校所在地的公安机关控告,要求立案追究王某的刑事责任。公安机关认为本案事实清楚,不需采用特别的侦查手段,遂让张父直接去人民法院起诉。而张父认为这是一起明显的故意伤害致人重伤案,不属人民法院直接受理案件范围,法院不会受理,就向人民检察院申诉。检察机关要求公安机关说明理由后,认为其理由不能成立,依法通知其立案。

请问:

1. 依法律规定,本案应由哪个机关管辖?
2. 张父能否向人民法院直接起诉?
3. 张父能否在请求人民法院追究王某的刑事责任的同时,请求人民法院判决王某赔偿张家的经济损失和精神损害?
4. 若人民法院受理了此案,能否进行调解,张父能否在判决宣告前撤诉?
5. 若人民法院受理了此案,能否适用简易程序进行审理?

第三编

情境教学——刑事公诉案件的诉讼

诉讼任务一　立案、侦查阶段提供法律服务

任务描述

公诉案件是刑事案件中最重要的一类案件,立案侦查阶段为公诉案件提供法律服务是基层法律工作者必备的法律服务技能,通过本诉讼任务的学习,学生通过案件受理、情况了解等诉讼任务,具备以下专业能力:
1. 能够掌握刑事公诉案件的范围、诉讼时效等专业理论知识;
2. 会具体判断公诉案件的诉讼管辖;
3. 会收集和运用证据分析具体案情;
4. 能够帮助当事人解除强制措施。

知识储备

第一节　刑事公诉案件的接收与接受

一、公诉案件的范围

(一) 概述

所谓公诉案件,亦即刑事公诉案件,是指由各级检察机关依照法律相关规定,代表国家追究被告人的刑事责任而提起诉讼的案件。根据《刑事诉讼法》的有关规定,除自诉案件之外的其他案件一律采用公诉的形式。

(二) 公诉案件立案的条件

公安机关或者人民检察院发现的犯罪事实或者犯罪嫌疑人,有关单位和个人的报案或者举报,犯罪人的自首都有可能引起公诉案件的立案。公诉案件的立案必须同时具备以下两个条件:(1) 认为有犯罪事实;(2) 需要追究刑事责任。

(三) 公诉案件立案的程序

立案的程序是立案活动的顺序和方式、方法等的总称。立案的程序具体包括对立案材料的接受、对立案材料的审查以及审查后的处理和对不立案的监督等。

1. 对立案材料的接受

公安机关、人民检察院或者人民法院,对于报案、控告、举报或者犯罪分子自首的

材料都应当接受。对于不属于自己管辖的,应当接受后移送主管机关处理,并通知报案人、控告人、举报人。对于不属于自己管辖而又必须采取紧急措施的,应当先采取紧急措施,然后移送主管机关。

2. 对立案材料的审查

对立案材料的审查是指对报案、控告、举报、自首的材料进行审查核实的活动。对立案材料的审查通常采取以下步骤和方法:对材料反映的事实进行审查;对犯罪事实所依据的证据或证据线索进行核对和调查;对取得的证据进行分析、判断。

3. 对立案材料审查后的处理

对立案材料审查后的处理是指公安机关、人民检察院或人民法院对立案料审查后,根据事实和法律,依法做出的处置决定。

(1) 决定立案。

公安机关、人民检察院或者人民法院对报案、控告、举报、自首的材料进行审查后,认为有犯罪事实需要追究刑事责任,并属于自己管辖的案件,应当做出立案决定。对于需要立案的案件,应当由承办人员填写《立案报告表》,同时要制作《立案请示报告》,报经主管领导审批。主管批导批准后,还要制作《立案决定书》,并由主管负责人签名或盖章。

人民检察院决定立案的案件,要报上一级人民检察院备案。上级人民检察院认为不应当立案的,以书面的形式通知下级人民检察院撤销案件。

(2) 决定不立案。

不具备立案条件的,应当做出不立案决定并制作《不立案决定书》。决定不立案后,应当用《不立案通知书》的形式,将不立案的理因及法律依据、决定不立案的机关等通知控告人,控告人如果不服,依法可以申请复议。

4. 对不立案的监督

对不立案的监督是指人民检察院对公安机关应当立案而不立案的案件,通知或要求其立案的诉讼活动。

二、公诉案件的立案管辖

立案管辖是指公安机关、人民检察院和人民法院在直接受理刑事案件范围上的分工。立案管辖是专门机关依法行使职权原则和公、检、法机关分工负责、互相配合、互相制约原则在直接受理案件问题上的具体体现。

(一) 公安机关直接受理的刑事案件

根据《刑事诉讼法》第18条第1款的规定,刑事案件的侦查由公安机关进行,法律另有规定的除外。也就是说除了由人民法院直接受理和人民检察院自行侦查的刑事案件,其他的绝大多数的刑事案件由公安机关立案侦查,即由公安机关受理。

法律的除外规定是指:

1. 《刑事诉讼法》第4条规定的国家安全机关依照法律规定,办理危害国家安全的刑事案件,行使与公安机关相同的职权;

2.《刑事诉讼法》第 18 条第 2 款规定的人民检察院直接受理立案侦查的刑事案件；

3.《刑事诉讼法》第 225 条规定的军队保卫部门对军队内部发生的刑事案件行使侦查权，以及监狱对罪犯在监狱内犯罪的案件行使侦查权。

由此可见，除"法律另有规定"的这些案件由其他特定的机关行使侦查权外，绝大多数的刑事案件由公安机关负责立案侦查。公安机关是国家的治安保卫机关，肩负维护社会秩序，保障公民安全的职责，并具有同犯罪作斗争的丰富经验和必要的专门侦查手段。

（二）检察机关直接受理的刑事案件

根据《刑事诉讼法》第 18 条第 2 款的规定，贪污贿赂犯罪，国家工作人员的渎职犯罪，国家机关工作人员利用职权实施的非法拘禁、刑讯逼供、报复陷害、非法搜查的侵犯公民人身权利的犯罪以及侵犯公民民主权利的犯罪，由人民检察院立案侦查。对于国家机关工作人员利用职权实施的其他重大犯罪案件，需要由人民检察院直接受理的时候，经省级以上人民检察院决定，可以由人民检察院立案侦查。

从这个法律规定可以看出，人民检察院直接受理自行侦查的案件主要有以下三类犯罪案件。

1. 贪污贿赂犯罪

贪污贿赂犯罪是指《刑法》分则第八章规定的国家工作人员贪污案，挪用公款案，受贿案，行贿案，以及单位受贿案，对单位行贿案，介绍贿赂案，单位行贿案，巨额财产来源不明案，隐瞒境外存款案，私分国有资产案，私分罚没财物案。

2. 国家工作人员的渎职犯罪

根据《刑法》分则第九章的有关规定，包括国家工作人员玩忽职守案，故意泄露国家秘密案，徇私枉法案，私放在押人员案，以及《刑法》分则第四章第 248 条规定的虐待被监管人员案等。

3. 国家机关工作人员利用职权实施的侵犯公民人身权利和民主权利的犯罪

国家机关工作人员利用职权实施的侵犯公民人身权利和民主权利的犯罪主要是指国家机关工作人员利用职权实施的非法拘禁案、刑讯逼供案、报复陷害案、非法搜查案以及破坏选举案、非法剥夺宗教信仰自由案、侵犯公民通信自由案等。

三、公诉案件的追诉时效

追诉时效是刑法规定的对犯罪人追究刑事责任的有效期限。犯罪已过法定追诉时效期限的，不再追究犯罪分子的刑事责任；已经追究的，应当撤销案件，或者不予起诉，或者宣告无罪。

根据《刑法》第 87 条的规定，犯罪经过下列期限不再追诉：

1. 法定最高刑为不满 5 年有期徒刑的，经过 5 年；
2. 法定最高刑为 5 年以上不满 10 年有期徒刑的，经过 10 年；
3. 法定最高刑为 10 年以上有期徒刑的，经过 15 年；

4. 法定最高刑为无期徒刑、死刑的,经过 20 年。如果 20 年以后认为必须追诉的,须报请最高人民检察院核准。

在人民检察院、公安机关、国家安全机关立案侦查或者人民法院受理案件以后,逃避侦查或审判的,不受追诉期限的限制。被害人在追诉期限内提出控告,人民法院、人民检察院、公安机关应当立案而不予立案的,不受追诉期限的限制。

追诉期限从犯罪之日起计算;犯罪行为有连续或继续状态的,从犯罪行为终了之日起计算。

犯罪分子在追诉期限内又犯罪的,前罪追诉的期限从犯后罪之日起计算。

对于"法定最高刑"的确定,应根据《刑法》规定的条款和量刑幅度,按法定最高刑来计算追诉期限。如果所犯罪行的刑罚分别规定有几条或几款时,按其罪应适用的条款的法定最高刑确定追诉时效期限。

第二节 提供法律服务

一、侦查手段与程序

(一) 侦查概述

侦查是指刑事诉讼中的侦查机关为了查明犯罪事实、抓获犯罪嫌疑人,依法进行的专门调查工作和采用有关强制性措施的活动。一般从立案开始,到案件做出是否移送起诉的决定时止。所谓"专门调查工作",是指为完成侦查任务依法进行的讯问、询问、勘验、检查、搜查、扣押物证或书证、鉴定、通缉等。所谓"有关强制性措施"包括两类:一是许多专门调查工作如讯问、搜查、扣押、通缉等本身所含有的强制性;二是专门针对犯罪嫌疑人适用的拘传、取保候审、监视居住、拘留和逮捕等强制措施。

(二) 侦查权的行使

在我国,侦查权只能由依法具有侦查权的机关即法定侦查机关行使,法定侦查机关主要是指公安机关(包括国家安全机关)和人民检察院等。依法不具有侦查权的其他任何机关、团体和个人都被禁止行使侦查权。

侦查机关行使侦查权有明确的分工。公安机关是最主要的侦查机关,承担大部分刑事案件的侦查工作,因此我国《刑事诉讼法》第 18 条规定:"刑事案件的侦查由公安机关进行,法律另有规定的除外。"同时该条还就人民检察院依法负责侦查的刑事案件做出了明确规定:"贪污贿赂犯罪,国家工作人员的渎职犯罪,国家机关工作人员利用职权实施的非法拘禁、刑讯逼供、报复陷害、非法搜查的侵犯公民人身权利的犯罪以及侵犯公民民主权利的犯罪,由人民检察院立案侦查。对于国家机关工作人员利用职权实施的其他重大的犯罪案件,需要由人民检察院直接受理的时候,经省级以上人民检察院决定,可以由人民检察院立案侦查。"

侦查人员在侦查活动中必须遵守专门机关与群众相结合原则,迅速、及时的原则,客观公正、全面细致和实事求是的原则和保守秘密的原则。

(三)讯问犯罪嫌疑人

讯问犯罪嫌疑人是指侦查人员依照法定程序以言词方式向犯罪嫌疑人查问案件事实和其他与案件有关情况的一种侦查行为。

讯问犯罪嫌疑人有利于侦查人员收集、核实证据,查明案件事实;有利于发现新的犯罪线索和其他应当追究刑事责任的犯罪分子;有利于犯罪嫌疑人如实供述罪行或行使辩护权。

1. 讯问犯罪嫌疑人的方法

讯问犯罪嫌疑人必须由公安机关或者人民检察院的侦查人员负责进行。为了提高讯问效率,保证讯问质量,防止违法乱纪,确保讯问安全,讯问的时候侦查人员不得少于2人。对于不需要逮捕、拘留的犯罪嫌疑人,可以传唤到犯罪嫌疑人所在市、县内的指定地点或者到他的住处进行讯问,但是应当出示公安机关或者人民检察院的证明文件。传唤、拘传持续的时间最长不得超过12小时。不得以连续传唤、拘传的形式变相拘禁犯罪嫌疑人。

指定地点,既可以指定在公安机关、人民检察院的工作场所,也可以指定在公安机关、人民检察院工作场所以外的其他地方。

所谓住处,是指犯罪嫌疑人被讯问时所居住的地方,包括长期居住的居所,也包括暂时居住的居所。

对于已经被拘留或者逮捕的犯罪嫌疑人,应当在拘留或者逮捕后的24小时以内讯问,在发现不应当拘留或者逮捕的时候,必须立即释放。

2. 讯问犯罪嫌疑人的程序

侦查人员在讯问犯罪嫌疑人的时候,应当首先讯问犯罪嫌疑人是否有犯罪行为。如果犯罪嫌疑人承认有犯罪行为,即让其陈述有罪的情节;如果犯罪嫌疑人否认有犯罪事实,则让其作无罪的辩解,然后根据其陈述,向犯罪嫌疑人提出问题。犯罪嫌疑人对侦查人员的提问应当如实回答。但是对与本案无关的问题,有权拒绝回答。讯问犯罪嫌疑人应当制作讯问笔录。讯问笔录应当如实记载提问、回答和其他在场人的情况。讯问犯罪嫌疑人,严禁刑讯逼供,也不准诱供、骗供、指名问供。对于实行刑讯逼供的人,犯罪嫌疑人有权提出控告;构成犯罪的,应当依法追究其刑事责任。讯问笔录应当交犯罪嫌疑人核对,如果犯罪嫌疑人没有阅读能力,应当向他宣读。犯罪嫌疑人如果认为记载有遗漏或者有错误,应当允许他补充或更正,并在更正的地方签名或者盖章。犯罪嫌疑人认为无误后,应当签名或者盖章。讯问的侦查人员也应当在讯问笔录上签名。记录人员和翻译人员也应在讯问笔录上签名。

讯问聋、哑的犯罪嫌疑人,应当有通晓聋、哑手势的人参加,并且将这种情况记入笔录。讯问未成年的犯罪嫌疑人,可以通知其法定代理人到场;如果犯罪嫌疑人不通晓当地通用的语言文字,应当为其翻译。

犯罪嫌疑人在被侦查机关第一次讯问后或者采取强制措施之日起,可以聘请律师为其提供法律咨询,代理申诉、控告。犯罪嫌疑人被捕的,聘请的律师可以为其申请取保候审。涉及国家秘密的案件,犯罪嫌疑人聘请律师,应当经侦查机关的批准。

(四) 询问证人

询问证人是指侦查人员依照法定程序以言词方式向证人调查了解案件情况的一种侦查行为。询问证人有助于侦查人员发现、收集证据和核实证据,查明案件事实真相、查获犯罪嫌疑人,揭露、证实犯罪,保障无罪的人不受刑事追究。

1. 询问证人的方法

询问证人必须由公安机关或者人民检察院的侦查人员负责进行。为了提高讯问效率,保证讯问质量,防止违法乱纪,确保讯问安全,询问的时候,侦查人员不得少于2人。侦查人员询问证人,可以到证人的所在单位或者住处进行,但是必须出示公安机关或者人民检察院的证明文件。必要的时候也可以通知证人到人民检察院或者公安机关提供证言。

一案有多个证人的应当分别进行询问,不能把几个证人集中在一起,采用座谈或讨论会的方式进行询问,以避免证人之间互相影响,不能客观真实地反映自己所了解的情况。

2. 询问证人的程序

询问证人时,首先,应当先问明证人的身份,并告知他应当如实提供证据、证言和有意作伪证或者隐匿证据应负的法律责任。其次,询问时,应当先让证人连续地详细叙述他所了解的案件情况,一般让证人完整地、全面地回忆起他所看或者所听到过的事实情节,并按照原来事实的自然发展顺序,通过陈述再现他所经历的事实经过。当证人陈述的内容与案件无关时,侦查人员可以进行适当的引导。然后,再就证人陈述中不清楚或者有矛盾的地方,以及其他需要通过询问查明的事实情节向他提出问题,让证人作进一步的陈述。对证人陈述的事实,应当问明其来源和根据,并注意查明证人得知案件情况时的主观条件和客观条件。对证人只能就与案件有关的问题进行询问。最后,要制作询问笔录,询问结束应将询问笔录交被询问人核对,对没有阅读能力的证人应当向他宣读。如笔录有差错、遗漏,应当允许被询问人更正或补充,经核对无误后,由被询问人签名。询问的侦查人员也应当签名。证人如果要求自行书写证言时应当允许。必要时,侦查人员也可以要求证人亲笔书写证言。

3. 询问证人时的特别注意事项

询问聋、哑证人,应当有通晓聋、哑手势的人作翻译。询问少数民族的证人应有翻译人员。询问不满18周岁的证人,可以通知其法定代理人到场,询问的地点也可以选择未成年证人所熟悉和习惯的场所。

(五) 询问被害人

询问被害人是指侦查人员依照法定程序,以言词方式向直接遭受犯罪行为侵害的人就其所受侵害及犯罪嫌疑人的有关情况进行调查的侦查活动。根据《刑事诉讼法》的有关规定,询问被害人适用询问证人的规定。需要特别注意的是,询问被害人时,在认真听取被害人陈述的同时,又要特别注意其陈述的内容是否符合实际情况,是否合乎情理,前后是否一致等。对涉及被害人隐私的内容,应严格为其保守秘密。

(六) 勘验、检查

勘验、检查是侦查人员对与犯罪有关的场所、物品、尸体或人身等亲临查看、了解与检验,以发现和固定犯罪活动所遗留下来的各种痕迹和物品的一种诉讼活动。勘验与检查二者的性质相同,只是对象不同。勘验的对象是现场、物品和尸体,而检查的对象则是对人的身体。

1. 勘验、检查的基本特征

(1)勘验、检查应由侦查人员进行,在必要时,可以指派或者聘请具有专门知识的人参加。根据《刑事诉讼法》第101条的规定,侦查人员对于与犯罪有关的场所、物品、人身、尸体应当进行勘验或者检查。在必要的时候,可以指派或者聘请具有专门知识的人,在侦查人员的主持下进行勘验、检查。

(2)勘验、检查应当有见证人参加。进行现场勘验时,要邀请见证人在场。见证人应当是与案件无利害关系、为人公正的公民。这有利于保证现场勘验的客观性、公正性。现场勘验的情况应制成笔录,参加勘验的人和见证人应当签名或盖章。

(3)勘验、检查的情况,应当制成笔录。勘验、检查笔录是刑事诉讼的法定证据之一,要求全面、客观地反映勘验、检查的情况。根据《刑事诉讼法》第106条的规定,勘验、检查的情况应当制成笔录,由参加勘验、检查的人和见证人签名或者盖章。

2. 现场勘验

现场勘验是侦查人员对刑事案件的犯罪现场进行勘查和检验的一种侦查活动。犯罪现场是指犯罪人实施犯罪的地点和其他遗留有与犯罪有关的痕迹和物证的场所。

侦查人员进行现场勘验,必须持有公安机关的证明文件。勘验现场在必要时可以指派或聘请具有专门知识的人在侦查人员的主持下进行。为了保护勘验的客观性,还应邀请2名与案件无关、为人公正的公民到现场作见证人。

在勘验现场时,侦查人员还应当及时向被害人、目睹人、报案人和其他的群众调查访问,以便了解发案前和发案当时的状况,发现和收集同案件有关的各种情况,并及时采取紧急措施收集证据。

勘验现场和现场访问,均应制作笔录,如实反映勘验和访问情况。并应按有关规定要求拍摄现场照片,制作现场图。侦查人员、其他参加勘验的人员和见证人均应在笔录上签名或者盖章。对于重大案件、特别重大案件的现场,应当录像。

3. 物证检验

物证检验是指对在侦查活动中收集到的物品或者痕迹进行检查、验证,以确定该物证与案件事实之间的关系的一种侦查活动。侦查人员应当及时地收集物证。侦查人员对于收集到的物证应当认真细致地检验,以便确定物证与案件事实的关系。需要经专门技术人员进行检验和鉴定的,应指派或聘请鉴定人进行。检验物证应制作检验笔录,详细记载物证的特征。参加检验物证的人员和见证人,应当在笔录上签名或者盖章。

4. 尸体检验

尸体检验是指由侦查机关指派或聘请的法医或医师对非正常死亡的尸体进行尸表检验或者尸体解剖的一种侦查活动。尸体检验的目的在于确定死亡的时间和原因、致死的工具和手段、方法,为查明案情和查获犯罪嫌疑人提供根据。

在尸体检验过程中,应严格遵守国家的法律和有关规定,注意尊重群众的风俗习惯,不允许任意破坏尸体外貌的完整性。根据《刑事诉讼法》第104条以及公安部《规定》的规定,对于死因不明的尸体,为了确定死因,经县级以上公安机关负责人批准,可以解剖尸体或者开棺检验,并通知死者家属到场。

检验尸体,应当在侦查人员主持下,由法医或者医师进行。尸体检验的情况,应当详细写成笔录,并由侦查人员和法医或医师签名或者盖章。

5. 人身检查

人身检查是指为了确定被害人、犯罪嫌疑人的某些特征、伤害情况或者生理状态,依法对其身体进行检验、查看的侦查行为。人身检查是对活人身体进行的一种特殊检验。

人身检查必须严格遵守党和国家的政策、法律,不能任意扩大检查范围。人身检查应区别对象。人身检查应当由侦查人员进行,必要时应邀请法医或医师进行。犯罪嫌疑人如果拒绝检查,必要时,可以强制检查。对于被害人不能强制进行检查,确需要检查而又拒绝检查时,应当通过说服教育去解决。检查妇女的身体,应当由女工作人员或者医师进行。人身检查不得侮辱被检查人的人格,不得随意扩大范围。

人身检查应作笔录,详细记载检查情况和结果,并由参加检查的人员和见证人签名或者盖章。

6. 侦查实验

侦查实验是指侦查人员为了确定与案件有关的某一事实在某种情况下能否发生或者是怎样发生的,而按当时的情况和条件进行试验的一种侦查活动。根据《刑事诉讼法》以及公安部《规定》的有关规定,为了查明案情,在必要的时候,经公安局长批准,可以进行侦查实验。进行侦查实验时,禁止一切足以造成危险、侮辱人格或者有伤风化的行为。在侦查过程中,遇有下列情况,可以进行侦查实验:(1)确定在一定条件下能否听到或者看见;(2)确定在一定时间内能否完成某一行为;(3)确定在什么条件下能够发生某种现象;(4)确定在某种条件下某种行为和某种痕迹是否吻合一致;(5)确定在某种条件下使用某种工具可能或者不可能留下来某种痕迹;(6)确定某种痕迹在什么条件下会发生变异;(7)确定某种事件是怎样发生的。侦查实验,在必要的时候可以聘请有关人员参加,也可以要求犯罪嫌疑人、被害人、证人参加。侦查实验,应当制作笔录,记明侦查实验的条件、经过和结果,由参加侦查实验的人员签名或者盖章。实验所拍摄的照片、绘图等,应当附入侦查实验的笔录。

7. 复验、复查

根据《刑事诉讼法》第107条的规定,人民检察院审查案件的时候,对公安机关的勘验、检查,认为需要复验、复查时,可以要求公安机关复验、复查,并且可以派检察人员参加。这一程序的规定,其目的在于保证和提高勘验、检查的质量,防止和纠正可能出现的差错。同时也是检察机关依法实施侦查监督的形式。复验、复查可以退回公安机关进行,也可以由人民检察院自己进行。对于退回公安机关的,人民检察院也可以派员参加。复验、复查的情况应制作笔录,并由参加复验、复查的人员签名或者盖章。

(七) 搜查

搜查是侦查人员在侦查过程中,为了收集犯罪证据,查获犯罪人,依法对有关的人身、处所、物品等进行的搜索和检查。

1. 搜查同检查的区别

(1) 目的不同。

搜查的目的是为了收集证据,查获犯罪人。检查的目的是为了确定被害人、犯罪嫌疑人的某些特征、伤害情况和生理状况,是为了了解案件情况,核实证据。

(2) 适用的对象不完全相同。

搜查可以对一切可能隐藏罪犯和犯罪证据的人、物品或有关处所进行。而检查依法只对能对被害人、犯罪嫌疑人进行。对其他的人不能进行检查。

(3) 方法不同。

对一切拒绝合法搜查的人,都可以依法强制搜查。而检查除对犯罪嫌疑人之外,都不能强制进行。

2. 搜查的程序

搜查必须由公安机关、检察机关等侦查机关的侦查人员进行,执行搜查的侦查人员不得少于2人,并要向被搜查人出示搜查证,否则被搜查人有权拒绝搜查。在执行逮捕、拘留时,遇有下列紧急情况之一时,不用搜查证也可以进行搜查:(1) 可能随身携带凶器的;(2) 可能隐藏爆炸、剧毒等危险物品的;(3) 可能隐匿、毁弃、转移犯罪证据的;(4) 可能隐匿其他犯罪嫌疑人的;(5) 其他突然发生的紧急情况。除上述不另用搜查证也可以进行搜查外,其他无证搜查,被搜查人可以拒绝,并有权向人民检察院提出控告。

搜查的时候,应当有被搜查人或者他的家属、邻居或其他见证人在场。搜查到的与案件有关的物品,应当让见证人过目,搜查妇女的身体,应当由女侦查人员进行,注意的是医师、医生不是侦查人员,所以不可以搜查妇女的身体。需要对外国驻我国的外交机构或住宅进行搜查,必须经该外交机构的同意。

搜查的情况应当写成笔录,由侦查人员、被搜查人或者他的家属、邻居及其他见证人签名或盖章。如果被搜查人或者他的家属在逃,或者拒绝签名、盖章,应当在笔录上注明。

(八) 扣押物证、书证

扣押物证、书证是侦查人员在勘验、搜查中,对发现的可用以证明犯罪嫌疑人有罪或无罪的物品、文件,依法予以扣留的一种侦查措施。

1. 执行人员

扣押物证、书证只能由侦查人员进行。需要注意的是,侦查人员如果是在勘验、检查和搜查中发现需要扣押的物品、文件时,凭勘查证和搜查证即可予以扣押;如果是单独进行扣押,则应持有侦查机关的证明文件。

2. 扣押范围

扣押的范围仅限于查明与案件有关的具有证据意义的各种物品和文件。侦查人员认为需要扣押犯罪嫌疑人的邮件、电报时,经公安机关或人民检察院批准,即可通知邮电机关将有关的邮件、电报检交扣押。不需要继续扣押时,应当立即通知邮电机关。人民检察院、公安机关根据侦查犯罪的需要,可以依法查询、冻结犯罪嫌疑人的存款、汇款。

扣押的物品和文件,应当会同在场见证人和被扣押物品持有人查点清楚,当场开列清单一式三份,写明扣押物品的名称、编号、规格、数量、重量、质量、特征以及扣押的时间、地点等,由侦查人员、见证人和持有人签名或者盖章,一份交给持有人,一份交给公安机关保管人员,另一份附卷备查。物品持有人或者他的家属在逃或拒绝签字的,应在扣押清单上注明。

扣押的物品、文件,多数都是案件中的证据,因此必须妥善保管,不得丢失、损坏、使用或调换,以免影响它的证据作用。扣押的物品、文件如果有危害国家安全的内容,或者是淫秽图片、黄色书刊等,应当有专人保管,不得传抄、扩散。扣押的文件如果涉及国家秘密,应注意保密。如果扣押的是易溶、易腐,不便保管,不便提取的物品,应当当场拍照、记录、绘图、录像或者制成复制品。扣押的武器、弹药和易燃、易爆物品,应当在拍照、记录后,由公安或其他有关部门保管,以免发生危险。

3. 扣押的解除

对于扣押的物品、文件、邮件、电报或者冻结的存款、汇款,经查明确实与案件无关的,应当在3日以内解除扣押、冻结,退还原主或者原邮电机关。对于在侦查、审查起诉中犯罪嫌疑人死亡,对犯罪嫌疑人的存款、汇款应当依法予以没收或者返还被害人的,可以申请人民法院裁定通知冻结犯罪嫌疑人存款、汇款的金融机构上缴国库或者返还被害人。

(九) 鉴定

鉴定是侦查机关为了解决案件中的某些专业问题,指派或聘请有专门知识的人进行科学鉴别的一种方法。

1. 鉴定人的资格限制

由于涉及专业性知识,为了保证鉴定结论的科学性、准确性和客观性,鉴定人应当具有以下三个条件。

(1) 必须是具有专门知识或者技能的人。其中"专门知识"是指具有中级以上技术职称,"具有专门技能"是指具有中级以上技师职称。

(2) 必须是获得侦查机关指派或者聘请的人。

(3) 必须是与案件无利害关系,能够客观公正地做出鉴定结论的人。刑事技术鉴定,由县级以上公安机关指派其刑事技术部门专职人员或者其他专职人员负责进行。其他专门性问题需要聘请有专门知识或技能的人进行的,应当经县级以上侦查机关负责人批准。

2. 鉴定的对象

根据《刑事诉讼法》的有关规定,鉴定的对象是案件中的某些专门性问题。在侦查实验中,通常指法医鉴定、司法精神鉴定、毒品问题、刑事技术问题等。

3. 鉴定的程序

交付鉴定的时候,只能要求鉴定人就某专门性问题做出科学结论。鉴定人应当按照鉴定规则,运用科学方法鉴定,出具鉴定结论并签名或者盖章。鉴定结论应当对提出鉴定的问题做出明确的回答。其中几个鉴定人对某一专门性问题进行鉴定的,可以互相讨论,共同提出鉴定结论并签名,若意见不一致的,则可以分别鉴定结论并签名。

侦查机关应当将用作证据的鉴定结论告知犯罪嫌疑人、被害人。如果犯罪嫌疑人、被害人提出申请,可以补充鉴定或重新鉴定。

4. 人身伤害的医学鉴定

根据《刑事诉讼法》的有关规定,对人身伤害的医学鉴定有争议需要重新鉴定或者对精神病的医学鉴定,由省级人民政府指定的医院进行。鉴定人进行鉴定后,应当写出鉴定结论,不仅要有鉴定人本人的签名,而且要加盖医院公章。

5. 补充鉴定与重新鉴定

侦查人员或者侦查部门认为鉴定结论不确切或者有错误的,经县级以上侦查机关负责人批准,可以补充鉴定或者重新鉴定;侦查人员应当将用作证据的鉴定结论告知犯罪嫌疑人、被害人,如果犯罪嫌疑人、被害人对鉴定结论有异议提出申请,经县级以上侦查机关负责人批准,可以补充鉴定或者重新鉴定。其中,重新鉴定的,侦查机关应当另行指派或者聘请鉴定人。

(十) 通缉

通缉是指公安机关通令缉拿应当逮捕而在逃的犯罪嫌疑人归案的一种侦查行为。

1. 有权发布通缉令的机关

只有县级以上的公安机关有权发布通缉令,其他任何机关、团体、单位、组织和个人都无权发布。人民检察院在办理自侦案件过程中,需要追捕在逃的犯罪嫌疑人时,经检察长批准,有权做出通缉决定后,但仍需由公安机关发布通缉令。

各级公安机关发布通缉令时有范围的限制,在自己管辖的地区以内,可以直接发布通缉令,如果超出自己管辖的地区,应当报请有权决定的上级机关发布。

2. 通缉的对象

被通缉的对象仅限于依法应当逮捕而在逃的犯罪嫌疑人,包括依法应当逮捕而在逃的和已被逮捕但在羁押期间逃跑的犯罪嫌疑人。

3. 通缉令

通缉令的内容应当明确、具体,要写明案件的性质,被通缉人的姓名、性别、年龄、籍贯、特征,并应附有犯罪嫌疑人的近期照片。没有照片的,应详细描写其外貌特征,如身高、胖瘦、衣着、发型、走路特征、所操口音以及其他特殊记号等。通缉令发出后,如果发现新的重要情况,可以补发通报。通报必须注明通缉令的编号和日期。有关公安机关接到通缉令以后,应当及时部署,积极查缉。对于通缉在案的犯罪嫌疑人,任何公民都有权扭送公安机关、人民检察院或人民法院处理。

4. 通缉的撤销

被通缉的人已经归案,或者已经死亡,发布通缉令的公安机关应当在原发布通缉令的范围内,及时通知撤销通缉令。

二、侦查终结

侦查终结是指公安机关或者人民检察院对刑事案件进行一系列的侦查活动以后,根据已经查明的事实、证据和有关的法律规定,足以做出犯罪嫌疑人是否犯罪、犯什罪、犯罪情节轻重以及是否应当追究刑事责任的结论时,决定结束侦查并对案件做出处理决定的诉讼活动。

(一)侦查终结的条件

案件的侦查终结必须同时具备下列条件。

1. 案件事实和情节全部查清

犯罪事实已经查清,这是侦查终结的首要条件。犯罪事实已经查清是指对于犯罪人、犯罪时间和地点、犯罪动机和目的、犯罪手段、犯罪后果以及其他有关犯罪的具体情节都已查清,并且没有遗漏犯罪罪行,没有遗漏其他应当追究刑事责任的同案人。犯罪事实没有查清,侦查不能终结。

2. 证明案件事实的证据确实、充分

案件的证据确实、充分,这是侦查终结的中心环节。案件的证据确实、充分是指案件的证据材料来源可靠,经核对无误,证据与案件事实之间的联系清楚,案内各种证据之间能够互相印证,足以确实证明犯罪嫌疑人的行为已构成某种犯罪。

3. 各种法律手续完备

侦查终结时,各种法律手续必须齐全、完备。法律手续是侦查机关依法办案的根据,也是对侦查机关工作的一种监督,是侦查工作质量的保证,所以,只有法律手续完备时,才可终结侦查。

侦查终结的案件,负责侦查的人员应写出侦查终结报告。公安机关侦查的案件,在侦查终结后,对于犯罪事实清楚,证据确实、充分,依法需要追究被告人刑事责任的,应写出《起诉意见书》;对于依法可以免除刑罚的被告人,应写出《免予起诉意见书》,连同案卷材料、证据一并移送同级人民检察院审查决定;对于不应该追究刑事责任的,应撤销案件,并制作《撤销案件决定书》,报主管负责人批准后执行,如果被告人在羁押中,应立即予以释放,发给释放证明,并通知原批准逮捕的人民检察院。由检察机关自行侦查的案件,在侦查终结时,亦应根据案件具体情况,分别做出提起公诉、免诉或撤销案件的决定。公安机关、人民检察院对案件侦查终结时应告知犯罪嫌疑人,如果犯罪嫌疑人是未成年人的,还可以同时告知其法定代理人。

(二)羁押与羁押期限

在我国,羁押基本上是一种逮捕、拘留决定以后的,依附于拘留、逮捕的剥夺公民人身自由的当然状态,不是一种独立的强制措施。羁押的场所包括监狱、看守所、拘留所、留置室。留置室不是专门的羁押场所,它可以是派出所的一个屋子,也可以是刑警队的一个屋子,是随意的一个屋子,也就是侦查、盘问阶段完全由侦查人员自行来控制。

侦查羁押期限是指犯罪嫌疑人在侦查中被逮捕以后到侦查终结的期限。根据《刑事诉讼法》和公安部《规定》的有关规定,侦查中的羁押期限可以分为一般羁押期限、特殊羁押期限和重新计算的羁押期限三种。

1. 一般羁押期限

根据《刑事诉讼法》第124条的规定,对犯罪嫌疑人逮捕后的侦查羁押期限不得超过2个月。如果犯罪嫌疑人在逮捕以前已被拘留的,拘留的期限不包括在侦查羁押期限之内。一般情况下,侦查机关应当在法律规定的侦查羁押期限内侦查终结案件。

2. 特殊羁押期限

特殊羁押期限意指侦查羁押期限的延长,但必须符合法定条件并履行相应的审批手续和程序。

(1) 根据《刑事诉讼法》第124条的规定,案情复杂、期限届满不能终结的案件,可以经上一级人民检察院批准延长1个月。

(2) 根据《刑事诉讼法》第125条的规定,因为特殊原因,在较长时间内不宜交付审判的特别重大复杂的案件,由最高人民检察院报请全国人民代表大会常务委员会批准延期审理。

(3) 根据《刑事诉讼法》第126条的规定,下列案件在《刑事诉讼法》第124条的规定的期限届满仍不能侦查终结的,经省、自治区、直辖市人民检察院批准或者决定,可以延长2个月:① 交通十分不便的边远地区的重大复杂案件;② 重大的犯罪集团案件;③ 流窜作案的重大复杂案件;④ 犯罪涉及面广,取证困难的重大复杂案件。

(4) 根据《刑事诉讼法》第127条的规定,对犯罪嫌疑人可能判处10年有期徒刑以上刑罚,依照《刑事诉讼法》第126条规定延长期限届满,仍不能侦查终结的,经省、自治区、直辖市人民检察院批准或者决定,可以再延长2个月。

根据六机关《规定》第30条、第31条的规定,公安机关对案件提请延长羁押期限时,应当在羁押期限届满7日前提出,并书面呈报延长羁押期限案件的主要案情和延长羁押期限的具体理由,人民检察院应当在羁押期限届满前做出决定。最高人民检察院直接立案侦查的案件,符合《刑事诉讼法》第124条、第126条和第127条规定的条件,需要延长犯罪嫌疑人侦查羁押期限的,由最高人民检察院依法决定。

(三) 羁押期限的计算

1. 在侦查期间,发现犯罪嫌疑人另有重要罪行的,自发现之日起依照《刑事诉讼法》第124条的规定重新计算侦查羁押期限。

2. 公安机关在侦查期间,发现犯罪嫌疑人另有重要罪行,重新计算侦查羁押期限的,由公安机关决定,不再经人民检察院批准。但须报人民检察院备案,人民检察院可以进行监督。

3. 犯罪嫌疑人不讲真实姓名、住址,身份不明的,侦查羁押期限自查清其身份之日起计算,但是不得停止对其犯罪行为的侦查取证。对于犯罪事实清楚,证据确实、充分的,也可以按其自报的姓名移送人民检察院审查起诉。

4. 对犯罪嫌疑人作精神病鉴定的期间不计入办案期限。

5. 因为特殊原因,在较长时间内不宜交付审判的特别重大复杂的案件,由最高人民检察院报请全国人民代表大会常务委员会批准延期审理。

三、强制措施

(一) 强制措施概述

1. 强制措施的概念与种类

强制措施是指在刑事诉讼的过程中,公安机关、人民法院或人民检察院在刑事案件的办理过程中为了保障刑事诉讼的顺利进行,而依法对刑事案件的犯罪嫌疑人、被告人以及重大嫌疑分子的人身自由采取限制或者剥夺的一种强制性方法。我国的刑事强制措施包括拘传、取保候审、监视居住、拘留、逮捕五种。

刑事诉讼的强制措施具有以下特征。

(1) 主体的特定性。

强制措施是公安机关、人民检察院和人民法院行使职权,强行剥夺或者限制犯罪嫌疑人等人身自由的方法。

(2) 强制措施是公安机关、人民检察院和人民法院在刑事诉讼过程中采用的。

(3) 对象的唯一性。

强制措施适用对象只能是已被追究刑事责任的人,以及有重大犯罪嫌疑很可能即将对其追究刑事责任的人。对其他诉讼参与人,如自诉人,公诉案件被害人、法定代理人、辩护人等,不能采用强制措施。

(4) 目的的预防性。

强制措施的使用以保障侦查和审判的顺利进行为主要目的。

(5) 适用上的法定性。

强制措施适用必须严格依法采用。

(6) 剥夺的权利具有人身性。

强制措施主要依靠对犯罪嫌疑人、被告人以及重大嫌疑分子的人身自由采取限制或者剥夺来保障诉讼的顺利进行。

2. 公民的扭送

扭送是公民将具有法定情形的人立即送交公、检、法机关处理的行为。扭送不是刑事诉讼的一种强制措施,是法律赋予公民同刑事犯罪作斗争的手段。根据《刑事诉讼法》第63条的规定,对于具有下列情形的人,任何公民都可以立即扭送公安机关、人民检察院或者人民法院处理:(1) 正在实行犯罪或者在犯罪后立即被发觉的;(2) 通缉在案的;(3) 越狱逃跑的;(4) 正在被追捕的。公、检、法机关对于公民扭送来的人都应当接受,且应当立即依据管辖分工决定由谁处理。对于不属于自己管辖的,应当依法移送。

(二) 拘传

1. 拘传适用的条件

拘传是指公安机关、人民检察院和人民法院强制未被羁押的犯罪嫌疑人、被告人到指定地点接受讯问的强制方法。拘传是法定五种刑事强制措施中最轻微的一种,公、检、法机关均有权采用。根据《刑事诉讼法》第50条、第92条以及有关的司法解释,拘传具有以下特征。

(1) 拘传是强制犯罪嫌疑人、被告人到案接受讯问的强制方法。

(2) 拘传的适用对象是未被羁押的犯罪嫌疑人、被告人,对已经在押的犯罪嫌疑人、被告人进行讯问,可随时进行,不需要拘传。

(3) 经过合法传唤,无正当理由拒不到案并不是拘传的必要条件。

2. 拘传与传唤

拘传与传唤都是公安司法机关采用的方法,其内容都是告知被拘传和被传唤的人在什么时间到什么地点接受讯问。但是拘传具有强制性,对于不愿意接受讯问的犯罪嫌疑人、被告人,可以强制其到场。传唤则是要求被传唤人接到传票后自行到指定地点接受讯问,无强制性。拘传仅适用于犯罪嫌疑人、被告人,传唤除用于犯罪嫌疑人、被告人外,还用于其他当事人。

3. 拘传的程序

根据法律的有关规定,公安机关、人民检察院和人民法院都有权对犯罪嫌疑人、被告人实施拘传。拘传的主要程序如下。

(1) 填写《拘传证》,并报负责人审批。办案人员根据办案情况,认为需要采用拘传措施的,应首先填写《拘传证》,然后报公安机关、人民检察院和人民法院的负责人审批。

(2) 拘传的执行。拘传应当由侦查人员或者司法警察执行。执行拘传的人员不得少于2人。拘传时,应当向被拘传人出示拘传证,对抗拒拘传的,可以使用械具,强制到案。

4. 拘传的次数与时间

对犯罪嫌疑人、被告人的拘传次数,法律没有明确规定,但不得以连续拘传的方式变相拘禁被拘传人。拘传持续的期间最长不得超过12小时。如果在12小时内讯问不能结束,要立即放回。如果需要,可再次拘传。两次拘传之间的间隔时间法律没有明文规定,但要保证被拘传人有充分的休息时间。

5. 拘传的地点

根据公安部《规定》第60条和最高人民检察院《规则》第35条的规定,拘传的地点,应在犯罪嫌疑人、被告人所在的市、县以内。如果犯罪嫌疑人的工作单位、户籍地与居住地不在同一市、县的,拘传应当在犯罪嫌疑人的工作单位所在地的市、县进行;特殊情况下,也可以在犯罪嫌疑人户籍地或者居住地所在的市、县内进行。

6. 拘传的效力

公、检、法机关将犯罪嫌疑人、被告人拘传到案后,应当立即讯问。讯问结束后,应根据案件的情况做出不同的处理:认为依法应当限制或剥夺其人身自由的,可以采用其他相应的强制措施;认为不宜适用其他强制措施的,应立即释放,不得变相扣押。

(三) 取保候审

1. 取保候审的适用条件

取保候审是公安机关、人民检察院和人民法院责令犯罪嫌疑人、被告人提出保证人或者交纳保证金,以保证其在取保候审期间不逃避和妨碍侦查、起诉和审判,并随传随到的一种强制方法。取保候审是一种限制人身自由的强制措施,其适用对象是符合一定条件的犯罪嫌疑人、被告人。根据《刑事诉讼法》第50条、第51条、第60条及其他有关规定,下列犯罪嫌疑人、被告人可以取保候审。

(1) 可能判处管制、拘役或者独立适用附加刑的。

(2) 可能判处有期徒刑以上刑罚,采取取保候审不致发生社会危险性的。

(3) 依法应当逮捕,但患有严重疾病、正在怀孕或者哺乳自己婴儿的。有此类情形的,在逮捕前发现的,就不能决定逮捕;在逮捕后发现的,则应变更强制措施,改用取保候审方法。

（4）对已被依法拘留的犯罪嫌疑人，经过讯问、审查，认为需要逮捕但证据不足的。

（5）已被逮捕羁押的犯罪嫌疑人、被告人，在法定的侦查、起诉、一审、二审的办案期限内不能结案，采用取保候审方法没有社会危险性的。

（6）对持有有效护照或者其他有效出境证件，可能出境逃避侦查，但不需要逮捕的犯罪嫌疑人，可以取保候审。

对累犯、犯罪集团的主犯，以自伤、自残办法逃避侦查的犯罪嫌疑人，危害国家安全的犯罪、暴力犯罪，以及严重危害社会治安的犯罪嫌疑人，其他犯罪性质恶劣、情节严重的犯罪嫌疑人，不得取保候审。

2. 取保候审的申请

被羁押的犯罪嫌疑人、被告人及其法定代理人、近亲属均有权申请取保候审。犯罪嫌疑人被逮捕的，他聘请的律师可以为其申请取保候审。对于取保候审的申请，有权决定的机关应当在7日内做出是否同意的答复。同意取保候审的，依法办理取保候审手续；不同意取保候审的，应当告知申请人，并说明不同意的理由。

3. 取保候审的决定与执行

对犯罪嫌疑人、被告人取保候审的，由公安机关、国家安全机关、人民检察院、人民法院根据案件的具体情况依法做出决定。公、检、法机关可以主动采取取保候审，也可以根据犯罪嫌疑人等的申请采取取保候审。

公安机关、人民检察院、人民法院决定取保候审的，由公安机关执行。国家安全机关决定取保候审的，以及人民检察院、人民法院在办理国家安全机关移送的犯罪案件时决定取保候审的，由国家安全机关执行。

根据公安部《规定》第87条、第88条的规定，公安机关决定取保候审的，应当及时通知犯罪嫌疑人居住地派出所执行。人民法院、人民检察院决定取保候审的，应当区别情形办理：负责执行的县级公安机关接到有关材料后，对采取保证人担保的，及时指定犯罪嫌疑人、被告人居住地的派出所执行；对采取保证金保证的，及时通知被取保候审人交纳保证金，并指定犯罪嫌疑人、被告人居住地的派出所执行。

4. 取保候审的方式

《刑事诉讼法》第53条规定："人民法院、人民检察院和公安机关决定对犯罪嫌疑人、被告人取保候审，应当责令犯罪嫌疑人、被告人提出保证人或者交纳保证金。"可见，取保候审的方式有人保和财产保两种。

根据《刑事诉讼法》第53条关于"提出保证人或者交纳保证金"的规定，两种取保方法只能选择其一，不能同时并用。至于选择哪种保证方式，由做出取保候审的公、检、法机关根据案件的具体情况决定。

（1）人保。

人保又称保证人制度，是指公安机关、人民检察院和人民法院责令犯罪嫌疑人、被告人提出保证人并出具保证书，由其以个人身份保证被保证人在取保候审期间不逃避和妨碍侦查、起诉和审判,并随传随到的保证方式。

根据《刑事诉讼法》第54条的规定,保证人必须符合下列条件:(1)与本案无牵连;(2)有能力履行保证义务;(3)享有政治权利,人身自由未受到限制;(4)有固定的住处和收入。不符合这些法定条件的不能成为保证人。另外,最高人民检察院《规则》第48条规定:采取保证人保证方式的,如果保证人在取保候审期间不愿继续担保或者丧失担保条件的,应当责令犯罪嫌疑人重新提出保证人或者变更为保证金担保方式。根据《刑事诉讼法》第55条的规定,保证人在担保期间,应当履行下列义务:(1)监督被保证人遵守《刑事诉讼法》第56条的规定;(2)发现被保证人可能违反或者已经违反《刑事诉讼法》第56条规定的,应当及时向执行机关报告。被保证人有违反《刑事诉讼法》第56条规定的行为,保证人未及时报告的,对保证人处以罚款;构成犯罪的,依法追究刑事责任。

(2)财产保。

财产保又称保证金制度,是指公安机关、人民检察院和人民法院责令犯罪嫌疑人、被告人交纳保证金并出具保证书,保证在取保候审期间,不逃避和妨碍侦查、起诉和审判,并随传随到的保证方式。财产保是以交纳保证金的形式担保。保证金的形式只能是货币,包括中国货币和可以在中国金融机构兑换的外国货币。保证金数额的多少,由决定机关根据犯罪嫌疑人、被告人所涉案件的性质和情节、人身危险性、经济状况、涉嫌犯罪的数额、可能判处刑罚的轻重及认罪、悔罪表现等确定,最低为1000元。无论是人民法院、人民检察院,还是公安机关决定采用保证金取保候审的,保证金由公安机关统一收取和保管。

5. 取保候审的期限

人民法院、人民检察院和公安机关对犯罪嫌疑人、被告人取保候审最长不得超过12个月。

6. 取保候审的程序

决定取保候审后,由办案人员填写取保候审决定书和取保候审通知书,经部门负责人审核,由领导签发。再由承办人员向犯罪嫌疑人、被告人及保证人宣读取保候审决定书,告知其各自应当遵守的规定及承担的义务,违反规定和义务所应承担的法律后果等,并要求其出具保证书并签名或者盖章。

7. 取保候审期间应遵守的规定

根据《刑事诉讼法》第56条的规定,被取保候审的犯罪嫌疑人、被告人,在取保候审期间,应当遵守以下规定。

(1)未经执行机关批准不得离开所居住的市、县。

这是对被取保候审人在取保候审期间活动地域的限制。如果有正当理由需要离开,必须经过负责执行的公安机关批准。负责执行的机关在批准被取保候审人离开所居住的市、县前,应当得到决定取保候审机关的同意。

(2)在传讯的时候及时到案。

取保候审的目的是为了保证侦查、起诉和审判的顺利进行,作为犯罪嫌疑人、被告人必须做到随传随到。

（3）不得以任何形式干扰证人作证。

被取保候审的犯罪嫌疑人、被告人，在取保候审期间，不能利用自身仍有的一定自由实施干扰证人作证的行为，诸如对有关证人进行威胁、殴打、报复或者引诱证人作伪证。

（4）不得伪造、毁灭证据或者串供。

即被取保候审人不得利用未被羁押的便利条件与其他同案人订立攻守同盟，统一口径，隐藏、销毁、伪造与案件有关的证据材料。

被取保候审的犯罪嫌疑人、被告人如果违反上述规定，根据《刑事诉讼法》第56条第2款的规定，已交纳保证金的，没收保证金，并区别情形，责令犯罪嫌疑人、被告人具结悔过，重新交纳保证金、提出保证人或者监视居住、予以逮捕。

8. 取保候审的特别程序

根据《中华人民共和国全国人民代表大会和地方各级人民代表大会代表法》第30条第2款、第3款的规定，对县级以上各级人民代表取保候审的，应当经人大代表所在的人民代表大会主席团或者其常务委员会许可；对乡、民族乡、镇人民代表大会代表取保候审的，执行机关应当立即向该人大代表所在的该级人民代表大会报告。

9. 取保候审的解除、撤销或变更

对于发现不应当追究刑事责任或者取保候审期限届满的，应当及时解除取保候审。公、检、法机关对于被采取强制措施超过法定期限的犯罪嫌疑人、被告人应当予以释放、解除取保候审、监视居住或者依法变更强制措施。

公安机关、人民检察院和人民法院决定解除、撤销取保候审的，应当制作解除、撤销取保候审决定书。决定书应送达被取保候审人，通知执行机关，退还保证金。有保证人的，还应通知保证人。公、检、法机关决定变更取保候审的，应制作变更取保候审决定书，写明变更理由及变更后的强制措施，原取保候审自然失去效力。变更决定应通知保证人、执行机关。

（四）监视居住

1. 监视居住的适用条件

监视居住是指公安机关、人民检察院和人民法院责令犯罪嫌疑人、被告人在刑事诉讼过程中，未经批准不得离开住处或指定居所，并对其行动加以监视的方法。监视居住的特点是被监视居住的犯罪嫌疑人、被告人只能在居住的区域内活动，并受到执行机关的监视，是限制人身自由的一种强制方法，是比取保候审更严厉地限制被监视居住人的人身自由的一种强制措施。

根据《刑事诉讼法》的有关规定，监视居住的适用对象、范围与取保候审相同。对符合法定条件的犯罪嫌疑人、被告人，公、检、法机关既可以取保候审，也可以监视居住，具体由公、检、法机关根据案件情况决定，但不得对同一个人同时适用。

2. 监视居住的决定与执行

根据《刑事诉讼法》第50条的规定，公安机关、人民检察院和人民法院都有权决定对犯罪嫌疑人、被告人采取监视居住措施。具体操作程序为：承办案件的司法工作人员提出意见，报部门负责人审核，经领导批准后，制作监视居住决定书，监视居住决定书应写明犯罪嫌疑人、被告人的姓名、住址等身份状况，被监视居住人应遵守的事项和违反规定的法律后果，执行机关的名称等内容，并向被监视居住人宣布。人民检察院、人民法院决定取保候审的，还应当将监视居住决定书和监视居住通知书送达执行机关。

公安机关、人民检察院、人民法院决定监视居住的，由公安机关执行。国家安全机关决定监视居住的，以及人民检察院、人民法院在办理国家安全机关移送的犯罪案件时决定监视居住的，由国家安全机关执行。

3. 监视居住的执行

根据《刑事诉讼法》第51条第2款的规定，监视居住由公安机关执行。如果发现有违反应遵守的规定的，应及时报告监视居住决定机关，以便考虑是否变更强制措施。

监视居住与取保候审相比较，虽然其适用的范围和条件相同，但监视居住的严厉程度比取保候审更强一些。在司法实践中不能因此而将被监视居住人加以拘禁或者变相拘禁。不得建立专门的监视居住场所，对被监视居住人实施变相羁押。不得在看守所、行政拘留所留置室或者其他的工作场所执行监视居住，也不得在监视居住期间将该犯罪嫌疑人、被告人置于房间内派人看守，或者在其有住处的情况下另行指定居所，非法剥夺其人身自由。

4. 监视居住的内容

根据《刑事诉讼法》第57条的规定，被监视居住的犯罪嫌疑人、被告人应当遵守以下规定。

（1）未经执行机关批准不得离开住处，没有固定住处的，未经批准不得离开被指定的居所。

所谓固定住处，是指犯罪嫌疑人、被告人在办案机关所在的市、县内生活的合法住处。所谓指定的居所，是指办案机关在其所在的市、县内给被监视居住人指定的生活居所。如果被监视居住人有正当理由要求离开住处或指定的居所，须经过公安机关批准。人民法院、人民检察院决定监视居住的，公安机关在做出批准决定前，应当征得决定机关同意。

（2）未经执行机关批准不得会见他人。

这里的他人是指与被监视居住人共同居住的家庭成员和聘请的律师以外的人。被监视居住人如果要会见他人，必须经过执行机关批准方能会见。

（3）在传讯的时候及时到案。

被监视居住的犯罪嫌疑人、被告人在被公、检、法机关传讯时，必须及时到案，接受讯问。

（4）不得以任何形式干扰证人作证。

（5）不得毁灭、伪造证据或者串供。

被监视居住的犯罪嫌疑人、被告人在监视居住期间，违反上述规定，情节严重的，予以逮捕。根据公安部《规定》第99条的规定,情节严重是指具有下列情形之一:(1)在监视居住期间逃跑的;(2)以暴力、威胁方法干扰证人作证的;(3)毁灭、伪造证据或者串供的;(4)在监视居住期间又进行犯罪活动的;(5)实施其他严重违反《刑事诉讼法》第57条规定的行为,情节严重的。

5. 监视居住的期限

根据《刑事诉讼法》第58条的规定,公、检、法三机关采取监视居住的期限最长不得超过6个月。此外对各级人大代表实施监视居住时与取保候审的要求相同,也要注意遵守有关规定。

6. 监视居住的解除、撤销和变更

监视居住的解除、撤销和变更的情形,其原因与取保候审相同,监视居住通常变更为逮捕。对监视居住解除、撤销和变更时,也要制作有关文书,向有关个人和单位宣布和送达。

(五) 拘留

1. 拘留适用的条件

刑事诉讼中的拘留又称刑事拘留,是指公安机关、人民检察院对直接受理的案件,在侦查过程中遇到法定的紧急情况,对现行犯或者重大嫌疑分子依法暂时剥夺其人身自由的强制方法。《刑事诉讼法》第61条规定:"公安机关对于现行犯或者重大嫌疑分子,如果有下列情形之一的,可以先行拘留:

(1) 正在预备犯罪、实行犯罪或者在犯罪后即时被发觉的;

(2) 被害人或者在场亲眼看见的人指认他犯罪的;

(3) 在身边或者住处发现有犯罪证据的;

(4) 犯罪后企图自杀、逃跑或者在逃的;

(5) 有毁灭、伪造证据或者串供可能的;

(6) 不讲真实姓名、住址,身份不明的;

(7) 有流窜作案、多次作案、结伙作案重大嫌疑的。"

另外,《刑事诉讼法》第132条规定:"人民检察院直接受理的案件中符合第61条第4、5项规定的情形,需要拘留犯罪嫌疑人的,人民检察院有权做出拘留决定。"

可见,拘留必须符合两个条件:(1)拘留的对象是现行犯或者是重大嫌疑分子;(2)具有法定的紧急情形之一,即《刑事诉讼法》第61条规定的7种情形之一。两者应当同时具备。

2. 拘留的决定与执行

有权决定采用拘留的机关是公安机关或者人民检察院、国家安全机关。人民检察院在自侦案件中,对于犯罪后企图自杀、逃跑或者在逃的以及有毁灭、伪造证据或者串供可能的犯罪嫌疑人也有权决定拘留,人民法院拥有司法拘留的决定权。不论何种拘留,均由公安机关执行。

3. 拘留的羁押期限

《刑事诉讼法》对被拘留的犯罪嫌疑人员的羁押期限作了严格的规定。公安机关和人民检察院如果没有按照法律规定办理,被拘留的人及其法定代理人、近亲属或其委托的律师等有权要求释放。公安机关、人民检察院应当立即释放。

对于公安机关依法决定和执行的刑事拘留,拘留的期限是法律分别规定的公安机关提请人民检察院批准逮捕的时间和人民检察院审查批准逮捕的时间的总和。

公安机关对被拘留的人认为需要逮捕的,应当在拘留后的3日以内,提请人民检察院审查批准。在特殊情况下,经县级以上公安机关负责人批准,提请审查批准的时间可以延长1日至4日。对于流窜作案、多次作案、结伙作案的重大嫌疑分子,经县级以上公安机关负责人批准,提请审查批准的时间可以延长至30日。其中流窜作案是指跨市、县范围连续作案,或者在居住地作案后逃跑到外市、县继续作案;多次作案是指3次以上作案;结伙作案是指2人以上共同作案。根据公安部《规定》第112条的规定:犯罪嫌疑人不讲真实姓名、住址、身份不明,在30日内不能查清提请批准逮捕的,经县级以上公安机关负责人批准,拘留期限自查清其身份之日起计算,但不得停止对其犯罪行为的侦查。

人民检察院应当自接到公安机关提请批准逮捕书后的7日以内,做出批准逮捕或者不批准逮捕的决定。人民检察院不批准逮捕的,公安机关应当在接到通知后立即释放犯罪嫌疑人,并且将执行情况及时通知人民检察院。对于需要继续侦查,并且符合取保候审、监视居住条件的,依法取保候审或者监视居住。

人民检察院对直接受理的案件中被拘留的人,认为需要逮捕的,应当在10日内做出决定。在特殊情况下,决定逮捕的时间可以延长1日至4日。对于不需要逮捕的,应当立即释放。对于需要继续侦查,并且符合取保候审、监视居住条件的,依法取保候审或者监视居住。

4. 拘留的程序

公安机关依法需要拘留犯罪嫌疑人的,由承办单位填写《呈请拘留报告书》,由县级以上公安机关负责人批准,签发《拘留证》,然后由提请批准拘留的单位负责执行。人民检察院决定拘留的案件,应当由办案人员提出意见,经办案部门负责人审核后,由检察长决定。决定拘留的案件,人民检察院应当将拘留的决定书送交公安机关,由公安机关负责执行。公安机关应当立即执行,人民检察院可以协助公安机关执行。

根据《中华人民共和国全国人民代表大会组织法》和《中华人民共和国地方各级人民代表大会和地方各级人民政府组织法》以及有关司法解释的规定,公安机关、人民检察院在决定拘留下列有特殊身份的人员时,需要报请有关部门批准或者备案:(1)县级以上各级人民代表大会的代表如果是因现行犯被拘留,决定拘留的机关应当立即向其所在的人民代表大会主席团或者常务委员会报告;因为其他原因需要拘留的,决定拘留的机关应当报请该代表所属的人民代表大会主席团或者常务委员会许可;(2)决定对不享有外交特权和豁免权的外国人、无国籍人采用刑事拘留时,要报有关部门审批。西藏、云南及其他边远地区来不及报告的,可以边执行边报告,同时要征求省、自治区、直辖市外事办公室和外国人主管部门的意见;(3)对外国留学生采用刑事拘留时,在征求地方外事办公室和高教厅、局的意见后,报公安部或国家安全部审批。

公安机关执行拘留时,必须出示《拘留证》,并责令被拘留人在《拘留证》上签名(盖章)、按手印。拒绝签名(盖章)或者按手印的,执行拘留的人员应当予以注明。被拘留人如果抗拒拘留,执行人员有权使用强制方法,包括使用戒具。拘留后,除有碍侦查或者无法通知的情形以外,决定拘留的机关应当把拘留的原因和羁押的处所,在24小时以内,通知被拘留人的家属或者他的所在单位。所谓有碍侦查的情形,是指同案的犯罪嫌疑人可能逃跑、隐匿、毁灭或者伪造证据;有可能互相串供、订立攻守同盟;或者其他同案犯有待查证的。所谓无法通知的情形,是指被拘留人不讲真实姓名、住址,身份不明的;被拘留人无家属或者工作单位的。影响通知的原因消失后,办案人员应当立即通知被拘留人的家属或者他的所在单位。对没有在24小时内通知的,应当在拘留通知书中注明原因。

决定拘留的机关对于被拘留的人,应当在拘留后的24小时以内进行讯问。讯问的目的是查清事实,防止错拘。同时也可以及时收集证据,查明其他同案犯,不贻误战机。发现不应当拘留时,必须立即释放,发给释放证明。所谓不应当拘留,主要指犯罪行为没有发生或者被拘留的人的行为不构成犯罪的;虽然有犯罪行为,但依法不应追究刑事责任的;虽有犯罪行为,但不是被拘留人所为的;犯罪行为虽然是被拘留人所为,但该人并不具备法定的适用拘留的情形,不需要拘留的。遇有上述情况的,应当立即将被拘留人予以释放,并发给释放证明。

对需要逮捕而证据还不充足的,可以取保候审或者监视居住。即经过讯问,认为被拘留人犯有罪行,依法需要逮捕,但在拘留期限内没能收集到足够的证据证明其犯罪事实的,如果出于办案的需要,应采取一定的强制措施以限制其人身自由的,可以对其依法改用取保候审或者监视居住。

对被拘留的犯罪嫌疑人需要逮捕的,应当办理逮捕手续。

公安机关在异地执行拘留的时候,应当通知被拘留人所在地的公安机关,被拘留人所在地的公安机关应当予以配合。

5. 错误拘留的赔偿

根据《中华人民共和国国家赔偿法》(以下简称《国家赔偿法》)第15条第1项的规定,因错误拘留而取得赔偿权利的受害人,只限于没有犯罪事实或者没有事实证明有犯罪重大嫌疑的人。在下列情形下国家不承担赔偿责任:(1)公民自己作虚伪供述,或者伪造其他有罪证据而被拘留;(2)依照《刑法》第17条、第18条规定不负刑事责任的人被拘留;(3)依照《刑法》第15条不追究刑事责任的人被拘留;(4)公安、检察机关工作人员与行使职权无关的个人行为等。

对错误拘留的赔偿义务机关,法律明确规定为做出拘留决定的机关。

(六)逮捕

1. 逮捕的适用条件

逮捕是指公安机关、人民检察院和人民法院在一定期限内依法剥夺犯罪嫌疑人、被告人的人身自由并进行审查的强制措施。

逮捕是刑事诉讼强制措施中最严厉的一种,它不仅剥夺了犯罪嫌疑人、被告人的人身自由,而且逮捕后除发现不应当追究刑事责任和符合变更强制措施条件的以外,对被逮捕人的羁押期间一般要到人民法院判决生效为止。为了防止逮捕的过量适用,《刑事诉讼法》第60条规定:"对有证据证明有犯罪事实,可能判处徒刑以上刑罚的犯罪嫌疑人、被告人,采取取保候审、监视居住等方法,尚不足以防止发生社会危险性,而有逮捕必要的,应即依法逮捕。"这一规定要求逮捕必须同时具备以下三个条件。

(1) 有证据证明有犯罪事实。

根据有关的规定,有证据证明有犯罪事实是指同时具备下列情形。

① 有证据证明发生了犯罪事实。犯罪事实既可以是单一犯罪行为的事实,也可以是数个犯罪行为中任何一个犯罪行为的事实。对实施多个犯罪行为或者共同犯罪案件的犯罪嫌疑人,具有下列情形之一即可:有证据证明犯有数罪中的一罪的;有证据证明有多次犯罪中的一次犯罪的;共同犯罪中已有证据证明有犯罪行为的。

② 有证据证明犯罪事实是犯罪嫌疑人实施的。

③ 证明犯罪嫌疑人实施犯罪行为的证据已有查证属实的。逮捕不同于定罪,逮捕的标准低于定罪的标准,不要求证明犯罪嫌疑人实施犯罪行为的所有证据都已查证属实,只要求有证据已被查证属实即可。

(2) 可能判处徒刑以上刑罚。

这是关于犯罪严重程度的规定。基于已有证据证明的犯罪事实,根据《刑法》的有关规定,初步判定犯罪嫌疑人、被告人可能被判处有期徒刑以上的刑罚,而不是可能被判处管制、拘役、独立适用附加刑等轻刑或者可能被免除刑罚的,才符合逮捕条件。

(3) 采取取保候审、监视居住等方法,尚不足以防止发生社会危险性,而有逮捕必要的。

由于逮捕是最严厉的强制措施,只有在确有必要时才可以适用。即使犯罪嫌疑人、被告人符合上述两项条件,但采取取保候审或者监视居住足以防止其危害社会的,即无逮捕必要,不应逮捕。2001年8月6日最高人民检察院和公安部联合发布的《关于依法适用逮捕措施有关问题的规定》第1条第2项规定,具有下列情形之一的,即为"有逮捕必要":① 可能继续实施犯罪行为,危害社会的;② 可能毁灭、伪造证据、干扰证人作证或者串供的;③ 可能自杀或者逃跑的;④ 可能实施打击报复行为的;⑤ 可能有碍其他案件侦查的;⑥ 其他可能发生社会危险性的情形。本条还规定,对有组织犯罪、黑社会性质组织犯罪、暴力犯罪和多发性犯罪等严重危害社会治安和社会秩序以及可能有碍侦查的犯罪嫌疑人,一般应予逮捕。

逮捕的上述三个条件相互联系、缺一不可。犯罪嫌疑人、被告人只有同时具备这三个条件才能对其逮捕。只有严格掌握逮捕的适用条件,才能够防止错捕和滥捕现象的发生。

依据法律规定,对应当逮捕的犯罪嫌疑人、被告人,如果患有严重疾病,或者是正在怀孕、哺乳自己婴儿的妇女,可以采用取保候审或者监视居住的方法。所谓严重疾病,一般指不治之症、濒临死亡、严重传染病等。所谓婴儿,是指未满1周岁的儿童。这一规定体现了人道主义精神。但是,应注意立法上规定的是"可以"而非"必须"。

2. 逮捕的决定与执行

根据《宪法》第37条的规定,任何公民,非经人民检察院批准或者决定或者人民法院决定,并由公安机关执行,不受逮捕。根据《刑事诉讼法》第59条的规定,逮捕犯罪嫌疑人、被告人,必须经过人民检察院批准或者人民法院决定,由公安机关执行。

据此,逮捕犯罪嫌疑人、被告人的批准权或者决定权属于人民检察院和人民法院。对于公安机关移送要求审查批准逮捕的案件,人民检察院有批准权。人民检察院在侦查及审查起诉中,认为犯罪嫌疑人符合法律规定的逮捕条件,应予逮捕的,依法有权自行决定逮捕。人民法院直接受理的自诉案件中,对被告人需要逮捕的,人民法院有决定权。对于人民检察院提起公诉的案件,人民法院在审判阶段发现需要逮捕被告人的,有权决定逮捕。公安机关无权自行决定逮捕。逮捕的执行权属于公安机关,人民检察院和人民法院决定逮捕的都必须交付公安机关执行。

3. 逮捕的批准和决定程序

(1) 人民检察院对公安机关提请逮捕的批准程序。

公安机关要求逮捕犯罪嫌疑人的时候,应当经县级以上公安机关负责人批准,制作《提请批准逮捕书》一式三份,连同案卷材料、证据,一并移送同级人民检察院审查。检察机关在接到公安机关的报捕材料后,由审查逮捕部门指定办案人员进行审查提出批准或者不批准逮捕的意见,经部门负责人审核后,报请检察长批准或者决定;重大案件应当经检察委员会讨论决定。必要的时候,人民检察院可以派人参加公安机关对于重大案件的讨论。

对公安机关提请批准逮捕的犯罪嫌疑人已被拘留的,人民检察院应当在7日内做出是否批准逮捕的决定;未被拘留的,应当在接到《提请批准逮捕书》后的15日以内做出是否批准逮捕的决定,重大、复杂的案件不得超过20日。

检察机关经审查应当分别做出以下决定:(1) 对于符合逮捕条件的,做出批准逮捕的决定,制作批准逮捕决定书;(2) 对于不符合逮捕条件的,做出不批准逮捕的决定,制作不批准逮捕决定书,说明不批准逮捕的理由,需要补充侦查的,应当同时通知公安机关。

人民检察院办理审查逮捕案件,发现应当逮捕而公安机关未提请批准逮捕的犯罪嫌疑人的,应当建议公安机关提请批准逮捕。公安机关认为建议正确的,应当立即提请批准逮捕;认为建议不正确的,应当将不提请批准逮捕的理由通知人民检察院。如果公安机关不提请批准逮捕的理由不能成立的,人民检察院也可以直接做出逮捕决定,送达公安机关执行。

对于人民检察院批准逮捕的决定,公安机关应当立即执行,并且将执行回执在3日以内送达做出批准决定的人民检察院。如果未能执行,也应当将执行回执送达人民检察院,并写明未能执行的原因。如果公安机关发现逮捕不当,应当及时予以变更,并将变更的情况及原因在做出变更决定后3日内通知原批准逮捕的人民检察院。人民检察院认为变更不当的,应当通知做出变更决定的公安机关纠正。

对于不批准逮捕的,人民检察院应当说明理由,需要补充侦查的,应当同时通知公安机关。对于人民检察院决定不批准逮捕的,公安机关在收到不批准逮捕决定书后,应当立即释放在押的犯罪嫌疑人或者变更强制措施,并将执行回执在收到不批准逮捕决定书后的3日以内送达做出不批准逮捕决定的人民检察院。对于需要继续侦查,并且符合取保候审、监视居住条件的,依法取保候审或者监视居住。

公安机关对人民检察院不批准逮捕的决定,认为有错误的时候,可以向同级人民检察院要求复议,但是必须将被拘留的人立即释放。如果意见不被接受,可以向上一级人民检察院提请复核。上级人民检察院应当立即复核,做出是否变更的决定,通知下级人民检察院和公安机关执行。

(2) 人民检察院决定逮捕的程序。

人民检察院决定逮捕犯罪嫌疑人有以下两种情况。① 对于人民检察院自己立案侦查的案件,侦查与逮捕应该分别由不同的部门负责,以加强人民检察院的内部制约。人民检察院对于自己立案侦查的案件,需要采取逮捕措施时,先由侦查部门填写《逮捕犯罪嫌疑人审批表》,连同案卷材料和证据一起移送审查批捕部门审查,由检察长决定。对重大、疑难、复杂案件的犯罪嫌疑人的逮捕,提交检察委员会讨论决定。② 人民检察院对于公安机关移送起诉的案件认为需要逮捕的,由审查起诉部门填写《逮捕犯罪嫌疑人审批表》,连同案卷材料和证据,移送审查批捕部门审查后,报检察长或者检察委员会决定。

人民检察院决定逮捕的,由检察长签发决定逮捕通知书,通知公安机关执行。

(3) 人民法院决定逮捕的程序。

人民法院决定逮捕被告人也有两种情况:① 对于直接受理的自诉案件,认为需要逮捕被告人时,由办案人员提交法院院长决定,对于重大、疑难、复杂案件的被告人的逮捕,提交审判委员会讨论决定;② 对于检察机关提起公诉时未予逮捕的被告人,人民法院认为符合逮捕条件应予逮捕的,也可以决定逮捕。

人民法院决定逮捕的,由法院院长签发决定逮捕通知书,通知公安机关执行。如果是公诉案件,还应当通知人民检察院。

(4) 对几种特殊犯罪嫌疑人进行逮捕的审批程序。

根据最高人民检察院《规则》第93条、第94条和第95条的规定,对几种特殊犯罪嫌疑人进行逮捕时,要经过有关部门批准或报请有关部门备案。

① 人民检察院对担任本级人民代表大会代表的犯罪嫌疑人批准或者决定逮捕,应当报请本级人民代表大会主席团或者常务委员会许可。对担任上级人民代表大会代表的犯罪嫌疑人批准或者决定逮捕,应当层报该代表所属的人民代表大会同级的人民检察院报请许可。对担任下级人民代表大会代表的犯罪嫌疑人批准或者决定逮捕,可以直接报请该代表所属的人民代表大会主席团或者常务委员会许可,也可以委托该代表所属的人民代表大会同级的人民检察院报请许可;对担任乡、民族乡、镇的人民代表大会代表的犯罪嫌疑人批准或者决定逮捕,由县级人民检察院报告乡、民族乡、镇的人民代表大会。对担任办案单位所在省、市、县(区)以外的其他地区人民代表大会代表的犯罪嫌疑人批准或者决定逮捕,应当委托该代表所属的人民代表大会同级的人民

检察院报请许可;担任两级以上人民代表大会代表的,应当分别委托该代表所属的人民代表大会同级的人民检察院报请许可。对担任本单位所在省、市、县(区)以外的其他地区人民代表大会代表的犯罪嫌疑人批准或者决定逮捕,应当委托该代表所属的人民代表大会同级的人民检察院报请许可。

② 外国人、无国籍人涉嫌危害国家安全犯罪的案件或者涉及国与国之间政治、外交关系的案件以及在适用法律上确有疑难的案件,需要逮捕犯罪嫌疑人的,由分、州、市人民检察院审查并提出意见,层报最高人民检察院审查。最高人民检察院经征求外交部意见后,决定批准逮捕。经审查认为不需要逮捕的,可以直接做出不批准逮捕的决定。外国人、无国籍人涉嫌以上犯罪以外的案件,由分、州、市人民检察院审查并提出意见,报省级人民检察院审查。省级人民检察院征求同级政府外事部门的意见后,决定批准逮捕,同时报最高人民法院备案。经审查认为不需要逮捕的,可以直接做出不批准逮捕的决定。

③ 人民检察院审查逮捕危害国家安全的案件、涉外案件以及检察机关直接立案侦查的案件,在批准逮捕后,应当报上一级人民检察院备案。上级人民检察院对报送的备案材料应当进行审查,发现错误的,应当在10日以内将审查意见通知报请备案的下级人民检察院或者直接予以纠正。

4. 逮捕的执行程序

逮捕犯罪嫌疑人、被告人,一律由公安机关执行。公安机关在接到执行逮捕的通知后,必须立即执行,并将执行的情况通知人民检察院。公安机关执行逮捕的程序如下。

(1) 对于人民检察院批准或者决定,人民法院决定逮捕的犯罪嫌疑人、被告人,应当由县级以上公安机关负责人签发逮捕证,立即执行。

(2) 执行逮捕的人员不得少于2人。执行逮捕时,必须向被逮捕人出示《逮捕证》,并责令被逮捕人在《逮捕证》上签名(盖章)或按手印。被逮捕人拒绝在《逮捕证》上签字或按手印的,应在《逮捕证》上注明。

(3) 逮捕犯罪嫌疑人、被告人后,提请批准逮捕的公安机关、批准或决定逮捕的人民检察院或者做出逮捕决定的人民法院,应当在24小时之内进行讯问。对于发现不应当逮捕的,应当变更强制措施或者立即释放。立即释放的,应当发给释放证明。除有碍侦查或者无法通知的情形外,应在24小时以内将逮捕的原因和羁押的处所,通知被逮捕人的家属或所在单位。不便通知的,应将不通知的原因在案卷中注明。

(4) 到异地逮捕的,公安机关应当通知被逮捕人所在地的公安机关。公安机关到异地执行逮捕时,应携带《批准逮捕决定书》及其副本、《逮捕证》、介绍信以及被逮捕人犯罪的主要材料等,被逮捕地的公安机关应当协助执行。

(5) 公安机关释放被逮捕的人,或者将逮捕变更为取保候审或监视居住的,应当通知人民检察院。

5. 逮捕的变更、撤销或解除

(1) 可以变更或解除逮捕的情形。

根据有关司法解释的规定,对于已经被逮捕的犯罪嫌疑人、被告人,符合下列情形之一的,公安司法机关可以将逮捕予以变更或解除:① 患有严重疾病的;② 正在怀孕或哺乳自己不满1周岁婴儿的妇女的;③ 案件不能在法律规定的期限内办结的。根据《刑事诉讼法》第74条的规定,犯罪嫌疑人、被告人被羁押的案件,不能在法律规定的侦查羁押、审查起诉、一审、二审期限内办结,需要继续查证、审理的,对犯罪嫌疑人、被告人可以取保候审或者监视居住。

对逮捕超过法定期限的,下列人员依法有权要求解除:① 犯罪嫌疑人、被告人;② 犯罪嫌疑人、被告人的法定代理人或者近亲属;③ 犯罪嫌疑人、被告人委托的律师及其他辩护人。

对逮捕超过法定期限而要求解除的,依法应向原批准、决定的人民法院、人民检察院提出申请,原批准、决定的机关经过审查,对于查明逮捕确实超过法定期限的,有义务尽快纠正,予以变更或者解除。

(2) 应当变更、撤销或解除逮捕的情形。

根据有关司法解释的规定,对于已经被逮捕的犯罪嫌疑人、被告人,符合下列情形之一的,公安司法机关应当将逮捕予以变更、撤销或解除:① 第一审人民法院判处管制或者宣告缓刑以及单独适用附加刑,判决尚未发生法律效力的;② 第二审人民法院审理期间,被告人被羁押的时间已到第一审人民法院对其判处的刑期期限的;③ 不符合逮捕的适用条件。《刑事诉讼法》第73条规定:"人民法院、人民检察院和公安机关如果发现对犯罪嫌疑人、被告人采取强制措施不当的,应当及时撤销或者变更公安机关释放被逮捕的人或者变更逮捕措施的,应当通知原批准的人民检察院。"

被羁押的犯罪嫌疑人、被告人及其法定代理人、近亲属和委托的律师有权申请取保候审。

对被羁押的犯罪嫌疑人、被告人需要变更强制措施或者释放的,决定机关应当将变更强制措施决定书或者释放通知书送交公安机关执行。

(3) 应当变更为逮捕的情形。

根据有关司法解释的规定,对于具有下列情形之一的被告人,应当变更强制措施,改为逮捕:① 已取保候审或者监视居住的犯罪嫌疑人、被告人,违反《刑事诉讼法》第56条和第57条规定的被取保候审人或者被监视居住人在取保候审或者监视居住期间的义务,不逮捕可能发生社会危险的;② 应当逮捕但因为患有严重疾病,或者是正在怀孕、哺乳自己婴儿的妇女而未予逮捕的犯罪嫌疑人、被告人,疾病痊愈或者哺乳期已满的。

公安司法机关决定变更强制措施,予以逮捕的,应当通知负责执行取保候审或者监视居住的公安机关。

6. 错误逮捕的赔偿

因错误逮捕而取得赔偿权利的受害人,仅限于没有犯罪事实的人。赔偿请求人要求赔偿,应当先向赔偿义务机关,即做出逮捕决定的机关递交申请书。赔偿义务机关应当依法确认是否属于没有犯罪事实而被错误逮捕的。被要求的机关不予确认的,赔偿请求人有权申诉。确认有此情形的,应当自收到申请之日起两个月内依法给予赔偿。人民法院赔偿委员会在中级以上的人民法院设立,由3名至7名审判员组成。赔偿委员会做出的赔偿决定,是发生法律效力的决定,必须执行。

侵犯公民人身自由的,每日的赔偿金按照国家上年度职工日平均工资计算。

四、侦查阶段律师的法律帮助

辩护人与代理人都是自案件移送审查起诉之日起才能够以辩护人与代理人的身份参加刑事诉讼的。根据《刑事诉讼法》第96条的规定,犯罪嫌疑人在被侦查机关第一次讯问后或者采取强制措施之日起,可以聘请律师为其提供法律咨询、代理申诉、控告。这也被看做是律师在侦查阶段为犯罪嫌疑人提供法律帮助的法律依据。

犯罪嫌疑人在被侦查机关第一次讯问后或者采取强制措施之日起,可以聘请律师为其提供法律咨询、代理申诉、控告。涉及国家秘密的案件,犯罪嫌疑人聘请律师,应当经侦查机关批准。侦查人员第一次讯问犯罪嫌疑人后或者对其采取强制措施之日起,应当告知犯罪嫌疑人这一权利,并将告知情况记明笔录。

侦查阶段律师提供法律帮助的内容仅限制在以下几种情况。

1. 受委托的律师有权向侦查机关了解犯罪嫌疑人涉嫌的罪名,可以会见在押的犯罪嫌疑人,向犯罪嫌疑人了解有关案件情况。律师会见在押的犯罪嫌疑人,侦查机关根据案件情况和需要可以派员在场。涉及国家秘密的案件,律师会见在押的犯罪嫌疑人,应当经侦查机关批准。对于不涉及国家秘密的案件,律师会见犯罪嫌疑人不需要经过批准。所谓"涉及国家秘密的案件",是指案情或者案件性质涉及国家秘密的案件,不能因刑事案件侦查过程中的有关材料和处理意见需保守秘密而作为涉及国家秘密的案件。

律师提出会见犯罪嫌疑人的,应当在48小时内安排会见,对于组织、领导、参加黑社会性质组织罪,组织、领导、参加恐怖活动组织罪或者走私犯罪、毒品犯罪、贪污贿赂犯罪等重大复杂的两人以上的共同犯罪案件,律师提出会见犯罪嫌疑人的,应当在5日内安排会见。

2. 帮助犯罪嫌疑人对于在立案、侦查阶段中侵犯犯罪嫌疑人合法权益的事项提出申诉和控告。

3. 帮助当事人变更强制措施。犯罪嫌疑人被逮捕的,聘请的律师可以为其申请取保候审。但是法律并未规定犯罪嫌疑人被拘留的,聘请的律师可以为其申请取保候审。

侦查阶段犯罪嫌疑人聘请律师的,可以自己聘请,也可以由其亲属代为聘请。在押的犯罪嫌疑人提出聘请律师的,看守机关应当及时将其请求转达办理案件的有关侦查机关,侦查机关应当及时向犯罪嫌疑人所委托的律师或者其所在的律师事务所转达该项请求。犯罪嫌疑人仅有聘请律师的要求,但提不出具体对象的,侦查机关应当及时通知当地律师协会或者司法行政机关为其推荐律师。

第三节 法律文书写作

本章涉及的法律文书基本上围绕着采用、变更、解除某种强制措施进行,写法大致相同,基本上包括首部、正文、尾部三部分。

(一)制作要点

1. 首部

首部主要写明申请人的姓名、联系方式以及与被申请人的关系等。

2. 正文

正文包括两部分:第一部分为申请事项,简明扼要的写清请求;第二部分为申请的事实与理由部分,主要围绕对犯罪嫌疑人采取、变更、解除某种强制措施的法律理由进行写作。

3. 尾部

尾部主要包括文书致送的机关以及申请人的签名和年月日等。

(二)文书范本

取保候审申请书

申请人:××律师事务所××律师。

通讯地址或联系方法:××市××街××号。

申请事项:

申请对犯罪嫌疑人××取保候审。

事实与理由:

犯罪嫌疑人××因涉嫌故意伤害一案,于××年××月××日经××人民检察院批准(或决定)逮捕羁押,根据××案的犯罪嫌疑人××(或其法定代理人近亲属)的要求,本人提出为犯罪嫌疑人××申请取保候审。其保证人为××(或保证金为××元)。根据中华人民共和国刑事诉讼法第51条、第96条的规定,特为其提出申请,请予批准。

此致
××公安局
××人民检察院
××人民法院

申请人:××(签名)
××律师事务所(章)
××年××月××日

重点内容图解

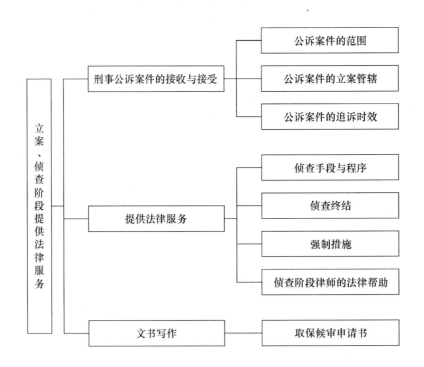

同步练习

一、单项选择题

1. 下列案件不应由人民检察院直接立案侦查的是（　　）。
   A. 骗取出口退税案　　　　　　B. 受贿案
   C. 私分国有资产案　　　　　　D. 徇私舞弊不征、少征税款案

2. 下列关于司法拘留、行政拘留与刑事拘留的表述正确的是（　　）。
   A. 司法拘留是对妨害诉讼的强制措施，行政拘留是行政制裁方法，被司法拘留和行政拘留的人均羁押在行政拘留所；刑事拘留是一种强制措施，被刑事拘留的人羁押在看守所
   B. 司法拘留、行政拘留、刑事拘留都是一种处罚手段
   C. 司法拘留、行政拘留、刑事拘留都是一种强制措施
   D. 司法拘留、行政拘留、刑事拘留均可由公安机关决定

3. 常某涉嫌投毒杀人被立案侦查，考虑到常某怀孕已近分娩，县公安机关决定对其取保候审，责令其交纳保证金3000元。婴儿出生1个月后，常某写下遗书，两次自杀未果，家人遂轮流看护常某及其婴儿，以防意外。在此情况下，对常某应当采取什么强制措施（　　）。

A. 维持原取保候审决定

B. 将取保候审变更为监视居住

C. 增加取保候审保证金或者改为保证人担保

D. 依法提请人民检察院批准逮捕

4. 甲因涉嫌盗窃罪被逮捕。经其辩护人申请,公安机关同意对甲取保候审。公安机关应当如何办理变更手续(　　)。

A. 报请原批准机关审批

B. 报请原批准机关备案

C. 自主决定并通知原批准机关

D. 要求原批准机关撤销逮捕决定

5. 在审判阶段,法院认为被告人某甲有毁灭证据的可能,遂决定逮捕某甲。关于该案逮捕程序,下列哪一选项是正确的(　　)。

A. 法院可以自行执行逮捕

B. 异地执行逮捕的,可以由当地公安机关负责执行

C. 执行逮捕后,应当由法院负责对某甲进行讯问

D. 执行逮捕后,应当由公安机关负责通知被逮捕人的家属或所在单位

二、多项选择题

1. 高某因涉嫌偷税被公安机关刑事拘留,拘留期间,下列哪些人有权为高某申请取保候审(　　)。

   A. 高某本人   B. 高某的妻子
   C. 高某的叔叔   D. 高某聘请的律师

2. 公安机关在侦查林某贩毒案时,对林某的住处进行了搜查,并对搜查过程中所获取的毒品及其他有关物品进行扣押。有关本案的扣押,下列说法哪些是正确的(　　)。

   A. 进行扣押时,应当出示扣押证

   B. 进行扣押时,不必出示扣押证

   C. 扣押物品时应当制作扣押物品清单

   D. 公安机关在侦查过程中,如果发现其中被扣押的某些物品与本案无关时,应当在5日以内返还物品持有人

3. 黄某和刘某是夫妻,其中刘某是哑巴,他们日常生活中用哑语进行交流。一天晚上,他们夫妻二人目睹了犯罪嫌疑人抢劫邻居的全过程。公安机关对他们进行询问,下列有关询问方式的说法中错误的是(　　)。

   A. 应当单独询问黄某

   B. 应当单独询问刘某,但可以请黄某在现场对其哑语进行翻译

   C. 应当单独询问刘某,但应当另请懂哑语的人在现场对其哑语进行翻译

   D. 可以将黄某和刘某传唤到指定的某宾馆进行询问

4. 某公安机关对涉嫌盗窃罪的钱某及其妻子范某执行拘留时搜查了他们的住

处。在搜查时,因情况紧急未用搜查证,但钱某夫妇一直在场。由于没有女侦查人员在场,所以由男侦查人员对钱某、范某的身体进行了搜查。搜查结束时,侦查人员要求被搜查人在搜查笔录上签名时遭到拒绝,侦查人员就此结束搜查活动。该案搜查活动违反法律规定的是(　　)。

  A. 在搜查时因情况紧急未用搜查证
  B. 在搜查时钱某夫妇一直在场
  C. 由男侦查人员对范某的身体进行了搜查
  D. 侦查人员要求被搜查人在搜查笔录上签名遭拒绝后就此结束了搜查活动

5. 下列关于侦查阶段犯罪嫌疑人聘请律师的表述错误的是(　　)。

  A. 李某抢劫案,因在押的犯罪嫌疑人李某没有提出具体人选,侦查机关对其聘请律师的要求不予转交
  B. 高某伤害案,因案件事实尚未查清,侦查机关拒绝告诉受聘请的律师犯罪嫌疑人涉嫌的罪名
  C. 石某贪污案,因侦查过程需要保密,侦查机关拒绝批准律师会见在押的石某
  D. 陈某刑讯逼供案,为防止串供,会见时在场的侦查人员禁止陈某向律师讲述案件事实和情节

三、不定项选择题

甲、乙、丙三人实施信用证诈骗。侦查过程中,某地级市公安机关向该市检察院提请批准逮捕甲、乙、丙三人。其中,甲系省、市两级人民代表大会代表,乙系自由职业者,丙系无国籍人士。在审查批捕过程中,检察院查明:乙已怀有2个月身孕,请回答下列问题。

1. 在人民代表大会闭会期间,检察机关决定对甲批准逮捕,下列选项正确的是(　　)。

  A. 只需报请省人民代表大会常务委员会许可
  B. 应当在市人大常委会许可后,再报省人大常委会许可
  C. 应当分别报请省市两级人民代表大会常务委员会许可
  D. 等待人大常委会许可期间,应当先取保候审

2. 关于检察院对乙审查批捕,下列选项正确的是(　　)。

  A. 可以对乙做出批准逮捕的决定
  B. 可以直接建议公安机关对乙取保候审
  C. 对证据有疑问的,可以决定另行侦查
  D. 认为需要补充侦查的,应当做出不批准逮捕的决定,同时通知公安机关

3. 关于检察院对丙审查批捕,下列选项正确的是(　　)。

  A. 市检察院认为不需要逮捕的,可以自行做出决定
  B. 市检察院认为需要逮捕的,报省检察院审查
  C. 省检察院征求同级政府外事部门的意见后,决定批准逮捕

D. 省检察院批准逮捕的,应同时报最高人民检察院备案

四、案例分析题

李某,系某市人大代表。2002年1月李某经人介绍和某服装厂会计、女青年孙某认识,并开始谈恋爱。但后来由于女方家长反对,孙某也对李某的一些情况不满,因此也就不太愿意。两人谈了大概有半年时间,孙某又开始和另一男青年谈恋爱,不再理睬李某。李某多次找孙某及其父母表明心意,均遭冷遇,一时极度沮丧,遂起同归于尽的念头。2002年9月4日晚,李某将孙某约到公园里一处僻静的草坪上,又一次向孙某提出恢复恋爱关系的要求。在遭到孙某的坚决拒绝后,李某突然卡住孙某的脖子将其摔倒在地,强行脱掉孙某的衣服,将其强奸。然后从衣服里掏出早已准备好的水果刀,将孙某当场刺死;之后向自己胸部猛刺一刀,昏迷在地,后被公园值班人员发现送往医院抢救脱险。公安机关接到报案后,认为李某伤好后仍然有自杀企图,而且已有大量证据证明李某的强奸、杀人行为,故此决定对其先行拘留。对此侦查人员王某认为,李某系市人大代表,应该先征得市人大常委会的同意,方可拘留。但公安局的负责同志说:"法律面前人人平等,有什么不能拘留的?"遂将李某拘留。恰在此时,本市又发生了一起重大爆炸案,上级指示尽快破案。公安机关将全部精力放在爆炸案的侦破上,一时未顾得上李某,近一个月时间未对李某进行讯问。后李某的家人向公安机关提出意见,要求立即释放李某。公安机关认为,《刑事诉讼法》规定的刑事拘留时间最长为37天,对李某的羁押尚未超期,因此不同意释放。

请问:本案中,公安机关的做法有哪些不妥?

诉讼任务二　提起公诉阶段的法律服务

任务描述

律师自案件移送起诉之日起可以为当事人提供辩护与代理服务,通过本诉讼任务的学习,学生通过完成调查取证、撰写文书等诉讼任务,具备以下专业能力:
1. 能够按照《刑事诉讼法》、《律师法》的要求在移送起诉阶段参与诉讼;
2. 能够熟练掌握辩护人的权利和义务,特别是律师的阅卷权;
3. 能够通过对文书材料的审查,了解侦查的手段及方法。

知识储备

第一节　公诉案件的审查起诉

一、提起公诉概述

作为起诉的一种类型,提起公诉是指人民检察院对公安机关侦查终结移送起诉的案件以及自行侦查终结的案件,经过全面审查,认为犯罪事实已经查清,证据确实、充分,依法应当追究刑事责任时,向人民法院提起诉讼并要求给被告人以刑事处罚的活动。提起公诉是人民检察院的一项专门权力,其他任何机关、团体和个人都不得行使。人民检察院作为国家的控诉机关,应当谨慎地行使控诉权,保证犯罪行为得到应受的惩罚,无罪的人不受刑事追究,以保护人权。

根据《刑事诉讼法》第136条的规定,凡需要提起诉讼的案件,一律由人民检察院审查决定。这一规定表明,人民检察院要对公安机关侦查终结、移送起诉的案件进行全面审查,做出起诉或不起诉决定。对于需要起诉的案件才能向人民法院提起诉。

二、审查起诉

审查起诉是指人民检察院在公诉阶段,为了正确确定经侦查终结的刑事案件是否应当提起公诉,而对侦查机关确认的犯罪事实和证据进行全面审查核实,并做出处理决定的一项具有诉讼意义的活动。

我国《刑事诉讼法》第136条规定:"凡需要提起公诉的案件,一律由人民检察院审查决定。"在侦查活动与审查活动相分离并相对独立的情况下,审查起诉在公诉程序中是一个重要的环节。我国的《刑事诉讼法》十分重视这一环节,对审查起诉的内容、方法、时限等都作了具体规定。

(一) 审查起诉的案件来源

一是由公安机关、国家安全机关侦查终结并移送提起公诉的案件;二是由检察机关的侦查部门侦查终结并移送起诉部门审查决定是否提起公诉的案件。

(二) 审查起诉的基本任务

在我国的《刑事诉讼法》中,审查起诉的基本任务有三点:一是审查侦查活动的过程和结果,纠正侦查活动中的违法行为,对侦查活动中的偏差和遗漏问题予以补救;二是通过审查案件的事实问题和法律适用问题,合理斟酌影响案件处理的各种因素,做出正确的起诉或不起诉的决定;三是掌握案件的全面情况,为支持公诉做好准备。

(三) 审查起诉的对象

审查起诉的对象是案件事实、证据和适用法律等问题,人民检察院办理移送审查起诉的案件,必须查明:(1)犯罪事实是否清楚,证据是否确定、充分,犯罪性质和罪名的认定是否正确;(2)是否有遗漏罪行和其他应当追究刑事责任的人;(3)是否属于不应追究刑事责任的案件;(4)有无附带民事诉讼;(5)侦查活动是否合法。

(四) 审查起诉的方法

人民检察院的审查起诉主要采取程序性审查和事实审查两种,主要遵循以下方法。

1. 人民检察院审查案件,应当讯问犯罪嫌疑人,听取被害人和犯罪嫌疑人、被害人委托的人的意见,根据需要可以询问证人,并应当分别告知其在审查起诉阶段的权利义务。讯(询)问、听取意见应由2名以上办案人员进行,并制作笔录。告知可以采取口头方式或者书面方式。口头告知的,应当记明笔录,由被告知人签名;书面告知的,应当将送达回执入卷。讯问聋、哑的犯罪嫌疑人,应当有通晓聋、哑手势的人在场。

严禁以非法方法收集证据。以刑讯逼供或者威胁、引诱、欺骗等非法的方法收集的犯罪嫌疑人供述、被害人陈述、证人证言,不能作为指控犯罪的根据。

2. 公安机关移送审查起诉的案件,人民检察院依法重新对犯罪嫌疑人办理取保候审、监视居住的,人民检察院应当告知犯罪嫌疑人取保候审、监视居住的期限重新计算。

3. 对于公安机关移送审查起诉的案件,发现犯罪嫌疑人没有违法犯罪行为的,应当书面说明理由将案卷退回公安机关处理;发现犯罪事实并非犯罪嫌疑人所为的,应当书面说明理由将案卷退回公安机关并建议公安机关重新侦查。如果犯罪嫌疑人已经被逮捕,应当撤销逮捕决定,通知公安机关立即释放。

对于本院侦查部门移送审查起诉的案件,发现具有上述规定情形之一的,应当退回本院侦查部门建议做出撤销案件的处理。

4. 专人审查,集体讨论,检察长决定。专人审查,就是首先确定专人承办,由承办人负责先行审查起诉。集体讨论,就是承办人员在透彻了解案情和法律规定的情况下,由承办人报告案情和初步意见,经过有关人员集体讨论,综合出正确意见,再报检察长审批。检察长决定,就是经承办人员审查或集体讨论后,将处理意见连同案卷一起,报请检察长决定,重大、复杂的案件还应经过检察委员会讨论决定,然后再制作有关法律文书。

5. 做出处理决定。人民检察院对于需要提起公诉的案件进行审查后,应当根据案件情况,分别做出起诉或不起诉的决定。对于补充侦查的案件,人民检察院审查起诉时仍然认为证据不足,不符合起诉条件的,可以做出不起诉决定。另外,人民检察院受理同级公安机关移送审查起诉的案件,依据管辖的规定,认为应当由上级人民检察院或者同级其他人民检察院起诉的,由人民检察院将案件移送有管辖权的人民检察院审查起诉。

(五)审查起诉的期限

人民检察院对于公安机关移送起诉的案件,应当在1个月以内做出决定,重大、复杂的案件,可以延长半个月。人民检察院审查起诉的案件,改变管辖的,从改变后的人民检察院收到案件之日起计算审查起诉期限。对于补充侦查的案件,补充侦查完毕移送人民检察院后,人民检察院重新计算审查起诉的期限。对于补充侦查的案件,应当在1个月以内补充侦查完毕,补充侦查以2次为限。

三、提起公诉

提起公诉是指人民检察院对公安机关移送起诉的案件以及自己侦查终结的案件,经过全面审查,认为犯罪事实已经查清,证据确实、充分,依法应当追究刑事责任时,向人民法院提起诉讼并要求给被告人以刑事处罚的活动。

(一)提起公诉的条件

根据《刑事诉讼法法》第141条的规定,提公诉须必须具备下列条件。

1. 犯罪嫌疑人的犯罪事实已经查清,原则上,起诉时应当尽量将全部案件事实一一查清。但是,在缺乏条件的情况下,可以只将已查清的部分犯罪嫌疑人起诉或起诉他已查清的部分事实。具有下列情形之一的,可以确认犯罪事实已经查清:

(1)属于单一罪行的案件,查清的事实足以定罪量刑或者与定罪量刑有关的事实已经查清,不影响定罪量刑的事实无法查清的;

(2)属于数个罪行的案件。部分罪行已经查清并符合起诉条件,其他罪行无法查清的;

(3)无法查清作案工具、财物去向,但有其他证据足以对被告人定罪量刑的;

(4)证人证言、犯罪嫌疑人供述和辩解、被害人陈述的内容中主要情节一致;

(5)只有个别情节不一致且不影响定罪的。

对于符合第2项情形的,应以已经查清的罪行起诉。犯罪事实已经查清是根本依据。

2. 证据确实、充分。即已经查清的犯罪事实有确实、充分的证据予以证明。

3. 依法应当追究刑事责任。公诉机关将犯罪嫌疑人交付审判的目的是追究其刑事责任并使之受到应有的刑罚制裁。如果在提起公诉时发现犯罪嫌疑人虽然构成犯罪,但属于法律明确规定不应追究刑事责任的情形的,就没有交付审判的必要。

4. 人民检察院对此案具有公诉权,案件属于受诉人民法院管辖。人民检察院对此案具有公诉权,首先要求案件属于公诉范围,这包括法律明确划分的公诉案件,也包括法律规定在一定条件下可由人民检察院提起公诉的自诉案件。其次,人民检察院对某一案件具体的公诉权还取决于案件的审判管辖范围。人民检察院只能对相应人民法院提起公诉,如依审判管辖的规定,该案不属于相应人民法院管辖,该人民检察院就不具有对这一案件的具体的公诉权。因此,我国的《刑事诉讼法》明确要求,人民检察院按照审判管辖的规定,向人民法院提起公诉。

以上四个条件必须同时具备,缺一不可。

(二) 提起公诉的程序性规定

人民检察院在审查起诉后,要根据案件的性质、情节和可能判处的刑罚考虑应向哪一级哪一个人民法院提起公诉。人民检察院应当按照审判管辖的规定向同级人民法院提起公诉。如果案件属于上级人民法院管辖,人民检察院应当把案件报送上级人民检察院,由上级人民检察院审查后向其同级人民法院提起公诉、支持公诉;如果案件属于下级人民法院管辖,应将案件移送下级人民检察院向其同级人民法院提起公诉。

(三) 起诉决定与起诉书

检察机关起诉决定的法律体现是起诉书。起诉书是人民检察院代表国家控诉犯罪嫌疑人并将其交付审判的标志,也是根据事实,说明追究刑事被告人刑事责任的理由和根据的一种结论性的请求书。对起诉书制作的主要要求可以表述为"有明确的指控犯罪事实"。这是为了人民法院明确审判对象并限制人民法院的审判范围,也是为了使被告及其辩护人能够有针对性地进行防御。起诉书通常应包含以下内容。

1. 被告人的基本情况。如姓名、性别、年龄、职业、住所及原籍等,以确定起诉对象。被告人为法人时,须记载其单位及代表人或管理人的姓名和住址。被告人已被逮捕或采取其他强制措施的,应记明。

2. 公诉事实。必须具体地记载符合特定犯罪构成要件的一切事实以及影响量刑的情节。即写明实施犯罪的时间、地点、手段、过程和后果等足以影响定罪量刑的事实。

3. 罪名和适用的法律条款。

(四) 提起公诉材料的移送

人民检察院提起公诉的案件,应向人民法院移送起诉书、证据目录、证人名单和主要证据复印件或者照片。主要证据是对认定犯罪构成要件的事实起主要作用,对案件定罪量刑有重要影响的证据。主要证据包括:

1. 起诉书中涉及的各种证据种类中的主要证据;

2. 多个同种类证据中被确定为"主要证据"的;

3. 作为法定量刑情节的自首、立功、累犯、中止、未遂、正当防卫的证据。对于主要证据为书证、证人证言笔录、被害人陈述笔录、被告人供述与辩解笔录或者勘验、检查笔录的,可以只复印其中与证明被告人构成犯罪有关的部分,鉴定书可以只复印鉴定结论部分。

人民法院认为人民检察院起诉移送的有关材料不符合《刑事诉讼法》第150条规定的条件,向人民检察院提出书面意见要求补充提供的,人民检察院应当自收到通知之日起3日内补送。对于人民法院要求补充提供的材料超越《刑事诉讼法》第150条规定的范围或者要求补充提供材料的意见有其他不当情况的,人民检察院应当向人民法院说明理由,要求人民法院开庭审判,必要时人民检察院应当根据《刑事诉讼法》第

169 条的规定向人民法院提出纠正意见。对提起公诉后,在人民法院开庭审判前,人民检察院自行补充收集的证据材料,应当根据《刑事诉讼法》第 150 条的规定向人民法院移送有关的证人名单、证据目录和主要证据复印件或者照片。

(五)适用简易程序案件的移送

对依法可能判处 3 年以下有期徒刑、拘役、管制、单处罚金的公诉案件,事实清楚、证据充分,经检察长决定,适用简易程序的,人民检察院向人民法院提起公诉时,应提出适用简易程序的书面建议。

人民检察院按照普通程序提起公诉后,人民法院认为案件需要适用简易程序向人民检察院提出书面建议的,人民检察院应在 10 日内答复是否同意。

人民检察院对于建议或者同意适用简易程序的公诉案件,应当向人民法院送全部案卷和证据。

根据最高人民检察院《规则》的规定,对下列案件,人民检察院应当不建议或不同意适用简易程序:

1. 依法可能判处 3 年以上有期徒刑的;
2. 对于案件事实、证据存在较大争议的;
3. 比较复杂的共同犯罪案件;
4. 被告人是否犯罪、犯有何罪存在争议的;
5. 被告人要求适用普通程序的;
6. 被告人是盲、聋、哑人的;
7. 辩护人作无罪辩护的;
8. 其他不宜适用简易程序的。

四、不起诉

(一)不起诉的概念

不起诉是指人民检察院对公安机关侦查终结移送起诉的案件或自行侦查终结的案件,经审查认为犯罪嫌疑人具有法定不追究刑事责任的情形,或者犯罪情节轻微依法不需要判处刑罚或可免除刑罚的,以及证据不足不符合起诉条件的,做出不向人民法院提起公诉一种决定。

对不起诉制度应把握四个要素:(1)不起诉是检察机关对刑事案件进行起诉审查后所采取的一种法律处置方式;(2)不起诉的根据在于案件不具备起诉条件或根据案件的实际情况不适宜提起诉讼;(3)不起诉决定的法律效力在于不将案件交付人民法院审判而终止刑事诉讼;(4)检察机关的不起诉决定具有确定效力,如不具备法律要求的条件,不得改变已发生效力的不起诉决定再行提起公诉。

(二)不起诉的类别

1. 法定不起诉

法定不起诉又称绝对不起诉或应当不起诉,是指具有《刑事诉讼法》第 15 条规定的不追究刑事责任情形之一时的处理。

根据《刑事诉讼法》第142条第1款的规定,犯罪嫌疑人有《刑事诉讼法》第15条规定的情形之一的,人民检察院应当做出不起诉的决定。依照法律规定,人民检察院审查起诉,发现具有《刑事诉讼法》第15条规定的情形之一时,必须做出不起诉决定,没有裁量的余地,所以称为法定不起诉。具体说来,法定不起诉适用的情形是:

（1）情节显著轻微、危害不大,不认为是犯罪的；
（2）犯罪已过追诉时效期限的；
（3）经特赦令免除刑罚的；
（4）依照刑法告诉才处理的犯罪,没有告诉或者撤回告诉的；
（5）犯罪嫌疑人、被告人死亡的；
（6）其他法律规定免予追究刑事责任的。

有《刑事诉讼法》第15条规定的情形之一时做出不起诉处理,须由检察长决定。

2. 酌定不起诉

酌定不起诉又称相对不起诉或可以不起诉,主要指《刑事诉讼法》第142条第2款规定的对于犯罪情节轻微,依照《刑法》规定不需要判处刑罚或者免除刑罚的,人民检察院可以做出不起诉决定。据此,人民检察院做出酌定不起诉必须同时具备两个条件：一是犯罪嫌疑人的行为已经构成犯罪；二是犯罪嫌疑人的犯罪情节轻微,依照《刑法》规定不需要判处刑罚或者免除刑罚。

酌定不起诉适用的一般斟酌要素包括：（1）犯罪人的个人情况,包括性格、年龄和境遇等,考虑个人的恶性、改造的难易、身体对刑罚的承受能力,提起公诉对犯罪人的职业、工作单位和家庭可能带来的影响等,重点是衡量其人身危险性,着眼于特殊预防；（2）犯罪事实方面的情况,即犯罪的轻重与情节。这是决定是否起诉的主要酌定因素。从一般预防考虑,对较重犯罪的行为人通常应提起公诉；（3）犯罪后的情况,如作案后是否有逃跑、隐藏或者毁灭证据的行为、有无悔改表现、是否愿意赔偿损失及赔偿方面的努力程度、被害人的态度、犯罪后社会情况的变化等。

酌定不起诉在司法实践中应用时还要根据犯罪嫌疑人的年龄、动机和目的、手段、危害后果、认罪态度、一贯表现、社会和被害人的反应等因素综合考虑,在确认没有追诉必要时才能适用不起诉决定,不能随意扩大不起诉范围,以防止执法不严的情况发生。

3. 证据不足不起诉

证据不足不起诉又称存疑不起诉,也是可以不起诉的一种,具体是指《刑事诉讼法》第140条4款规定的不起诉,即对于补充侦查的案件,人民检察院仍然认为证据不足,不符合起诉条件的,可以做出不起诉的决定。

根据最高人民检察院《规则》的规定,具有下列情形之一,不能确定犯罪嫌疑人构成犯罪和需要追究刑事责任的,属于证据不足,不符合起诉条件：（1）据以定罪的证据存在疑问,无法查证属实的；（2）犯罪构成要件事实缺乏必要的证予证明的；（3）据以定罪的证据之间的矛盾不能合理排除的；（4）根据证据得出的结论具有其他可能性的。做出证据不足的不起诉,应当经检察委员会讨论决定。

根据《刑事诉讼法》第140条的规定,人民检察院审查案件,对于需要补充侦查的,可以退回公安机关补充侦查,也可以自行侦查。补充侦查以2次为限。据此,人民检察院审查起诉时,对于证据不足不符合起诉条件的,可以退回侦查机关进行补充侦查;第一次补充侦查结束后,如果人民检察院仍认为证据不足不符合起诉条件的,可以做出不起诉决定,也可以第二次退回补充侦查,第二次补充侦查后仍不具备起诉条件的,应当作不起诉处理。

人民检察院根据《刑事诉讼法》第140条第4款规定决定不起诉的,如果发现了新的证据,证明案件符合起诉条件时,可以撤销不起诉决定,提起公诉。

(三) 不起诉的程序

1. 制作不起诉决定书

人民检察院决定不起诉的案件,应当制作《不起诉决定书》。《不起诉决定书》的主要内容包括:(1) 被不起诉人的基本情况,包括姓名、年龄、出生年月日、出生地、民族、文化程度、职业、住址、身份证号码,是否受过刑事处罚、拘留、逮捕的年月日和关押处所等;(2) 案由和案件来源;(3) 案件事实,包括否定或者指控被不起诉人构成犯罪的事实以及作为不起诉决定根据的事实;(4) 不起诉的根据和理由,写明做出不起诉决定适用的法律条款;(5) 有关告知事项。

人民检察院根据《刑事诉讼法》第140条第4款、第142条第2款对直接立案侦查的案件决定不起诉后,审查起诉部门应当将《不起诉决定书》副本以及案件审查报告报送上一级人民检察院备案。

2. 不起诉决定书的宣读和送达

对于不起诉决定书,人民检察院应当公开宣布。不起诉决定书一经宣布立即产生法律效力,人民检察院应当将不起诉决定书分别送达下列机关和人员:(1) 被不起诉人和他的所在单位,如果被不起诉人在押的,应当立即释放;(2) 对于公安机关移送起诉的案件,应当将不起诉决定书送达公安机关;(3) 对于有被害人的案件,应当将不起诉决定书送达被害人。

送达不起诉决定书时,人民检察院应当告知被害人或者其近亲属及其诉讼代理人,如果对不起诉决定不服,可以自收到不起诉决定书后7日以内向上一级人民检察院申诉,也可以不经申诉,直接向人民法院起诉。应告知因犯罪情节轻微,依照《刑法》规定不需要判处刑罚或免除刑罚的被不起诉的人,如果对不起诉决定不服,可以自收到不起诉决定书后7日以内向人民检察院申诉。

3. 做出其他附带处分或者移送主管机关处理

根据《刑事诉讼法》第142条和最高人民检察院《规则》第291条的规定,人民检察院决定不起诉的案件,可以根据案件的不同情况,对被不起诉人予以训诫或者责令具结悔过、赔礼道歉、赔偿损失。对被不起诉人需要给予行政处罚、行政处分或者需要没收其违法所得的,人民检察院应当提出检察意见,连同《不起诉决定书》一并移送有关主管机关处理。有关主管机关应当将处理结果及时通知人民检察院。

4. 解除扣押、冻结

如果被不起诉人的财物在侦查中被扣押、冻结的,人民检察院在宣布不起诉决定时,应解除扣押、冻结。对于公安机关做出的扣押、冻结,人民检察院应当以书面通知的形式通知公安机关或者执行机关解除扣押、冻结。

(四）对公安机关的意见进行复议、复核

公安机关认为人民检察院做出的不起诉决定有错误，要求复议的，人民检察院审查起诉部门应当另行指定检察人员进行审查并提出意见，经审查起诉部门负责人审核后，报请检察长或检察委员会决定。人民检察院应在收到要求复议意见书后的30日内做出复议决定，通知公安机关。如果公安机关认为复议决定有错误的，可以向上一级人民检察院提请复核。上级人民检察院应在收到提请复核意见书后的30日内做出复核决定，通知下级人民检察院和公安机关。改变下级人民检察院决定的，应当撤销下级人民检察院的不起诉决定，交由下级人民检察院执行。

（五）对被害人、被不起诉人的申诉进行复查

被害人如果不服人民检察院的不起诉决定，可以自收到决定书后7日以内向上一级人民检察院申诉，请求提起公诉。人民检察院应当将复查决定告知被害人。被害人在申诉期限内提出申诉的，由上一级人民检察院审查起诉部门受理。被害人在申诉期满后提出申诉的，由做出不起诉决定的人民检察院控告申诉部门受理，经审查后决定是否立案复查。上一级人民检察院复查后，应当在3个月内做出复查决定，案情复杂的，最长不得超过6个月。复查决定书应送达被害人和做出不起诉决定的人民检察院。如果上一级人民检察院经复查做出起诉决定的，应当撤销下级人民检察院的不起诉决定，交由下级人民检察院提起公诉，并将复查决定抄送移送审查起诉的公安机关。

对人民检察院维持不起诉决定的，被害人可以向人民法院起诉，被害也可以不经申诉，直接向人民法院起诉。人民检察院收到人民法院受理被害人对被不起诉人起诉的通知后，应当终止复查，并将做出不起诉决定所依据的有关案件材料移送人民法院。

对于人民检察院依照《刑事诉讼法》第142条第2款规定做出的不起诉决定，被不起诉人如果不服，可以自收到决定书后7日以内向人民检察院申诉；被不起诉人在申诉期限内提出申诉，由做出决定的人民检察院立案复查，由控告申诉部门办理。被不起诉人自收到不起诉决定后7日以后提出申诉的，由控告申诉部门审查是否立案复查。控告申诉部门复查后应当提出复查意见；认为应维持不起诉决定的，报请检察长做出复查决定；认为应撤销不起诉决定、提起公诉的，报请检察委员会做出复查决定。复查决定书应当送达被不起诉人，撤销不起诉决定或者变更不起诉事实或法律根据的，应同时抄送移送公安机关和本院有关部门。人民检察院做出撤销不起诉决定提起公诉的复查决定后，应将案件交审查起诉部门提起公诉。

第二节 审查起诉阶段的辩护与代理

一、刑事公诉案件的辩护

（一）公诉案件辩护的种类

根据《刑事诉讼法》的有关规定，公诉案件的辩护种类有自行辩护、委托辩护、指定

辩护三种。

1. 自行辩护

自行辩护是指犯罪嫌疑人、被告人自己针对指控进行反驳、申诉和辩解的行为。根据《刑事诉讼法》第32条的规定，犯罪嫌疑人在侦查阶段只能自行辩护；犯罪嫌疑人、被告人在刑事诉讼过程的在起诉、审判阶段也都有权自行辩护。

2. 委托辩护

委托辩护是指犯罪嫌疑人或被告人为维护其合法权益，依法委托律师或其他公民协助其进行辩护。公诉案件的委托变化分为两种情形：(1) 公诉案件，犯罪嫌疑人自案件移送到人民检察院审查起诉之日起，有权委托辩护人；(2) 人民检察院直接受理的案件，自人民检察院的刑事侦查部门将该案件移送审查起诉部门之日起，犯罪嫌疑人有权委托辩护人。根据《刑事诉讼法》第151条第3项的规定，人民法院开庭前10天被告人未委托辩护人的，人民法院应当告知被告人可以委托辩护人，被告人有权委托辩护人。

3. 指定辩护

指定辩护是指人民法院为因经济困难或者其他原因而无力聘请辩护人的被告人指定承担法律援助义务的律师进行辩护。我国《刑事诉讼法》关于指定辩护的规定如下：(1) 公诉人出庭公诉案件，被告人因经济困难或其他原因没有委托辩护人的，人民法院指定承担法律援助义务的律师为其提供法律帮助；在这一类案件中，法律不作强制性规定，即没有委托辩护人的，人民法院可以为其指定辩护人，也可以不为其指定辩护人。没有辩护人的，由被告人自行辩护；(2) 被告人是盲、聋、哑或者未成年人而没有委托辩护人的，人民法院应当指定承担法律援助义务的律师为其提供辩护；(3) 被告人可能被判处死刑而没有委托辩护人的，人民法院应当指定承担法律援助义务的律师为其提供辩护。

（二）辩护权产生的时间

根据《刑事诉讼法》的有关规定，公诉案件自案件移送审查起诉之日起，犯罪嫌疑人有权委托辩护人。自诉案件的被告人有权随时委托辩护人。

（三）公诉案件辩护人的权利与义务

1. 公诉案件辩护人的权利

公诉案件辩护人的权利与义务基本上与自诉案件辩护人的权利与义务相同。这里我们特别介绍一下律师作为公诉案件辩护人享有的诉讼权利与诉讼义务。律师接受委托后，发现人民法院管辖不当、侦查机关管辖不当等情形，可以以书面方式向人民法院提出，请求退案或移送；律师有权到人民法院查阅、摘抄、复制案件材料。案件材料应当包括起诉书、证据目录、证人名单和主要证据复印件或者照片，缺少上述材料的，律师可以申请人民法院通知人民检察院补充。审判阶段的律师认为必要时可向侦查及审查起诉阶段的承办律师了解案件有关情况，请求提供有关材料，侦查及审查起诉阶段的律师应予配合。律师有会见当事人的权利，律师会见在押的嫌疑人，案件涉及国家秘密的需要经侦查机关批准，案件不涉及国家秘密的不需要侦查机关批准。在审判阶段，律师可以根据实际情况依法调查、收集与案件有关的证据材料。律师向证人调查、收集证据,证人不同意作证的,律师可以申请人民法院通知其出庭作证。律师根据案件需要可以申请人民法院收集、调取证据。人民法院收集、调取证据时,律师可以参加。律师有在开庭3日以前接到人民法院出庭通知的权利,参加法庭调查和法庭辩论的权利。律师经被告人同意,可以帮助其提出上诉。律师可以接受当事人委托,为其申请变更强制措施。同时,律师在合法的执业活动中人身不受侵犯。

2. 公诉案件辩护人的主要义务

辩护律师或其他辩护人的主要义务是:(1)会见在押犯罪嫌疑人、被告人时,要遵守看管场所的规定;(2)参加法庭审判时要遵守法庭规则;(3)辩护律师未经人民检察院或者人民法院许可,不得向被害人及被害人提供的证人收集与本案有关的材料;(4)辩护律师和其他辩护人不得帮助其他犯罪嫌疑人、被告人串供、隐匿、毁灭、伪造证据,不得引诱威胁证人改变证言或者作伪证及其他干扰公安司法机关诉讼活动的行为,否则应当依法追究刑事责任;(5)由于审判方式的改革,吸取控辩式诉讼的一些做法,辩护人包括辩护律师应当向法庭出示物证,让当事人辨认,对未到庭的证人证言笔录、鉴定人的鉴定结论和其他作为证据的文书,应当当庭宣读。根据《律师法》第33条、第35条、第36条、第42条以及第29条第2款的规定,辩护律师还应:(1)不得私自接受委托,私自向委托人收取费用,收受委托人的财物,也不得利用提供法律服务的便利接受对方当事人的财物;(2)不得违反规定会见法官、检察官;(3)不得向法官、检察官和其他工作人员请客送礼或行贿,或者指使、诱导当事人行贿;(4)不得提供虚假证据,隐瞒事实或者威胁、引诱他人提供虚假证据,隐瞒事实以及妨碍对方当事人合法取得证据;(5)不得干扰法庭秩序,干扰诉讼的正常进行;(6)保守履行辩护人职责中知悉的国家秘密和当事人的商业秘密,不得泄露当事人的隐私;(7)曾担任法官、检察官的律师,从人民法院、人民检察院离任后2年内,不得担任辩护人;(8)必须按照国家规定承担法律援助义务,尽职尽责,为受援人提供法律服务;(9)无正当理由,不得拒绝辩护。

二、刑事公诉案件中的代理

(一) 代理权限的产生

公诉案件中的代理是指律师或其他公民接受公诉案件中被害人及其法定代理人或者近亲属的委托,担任诉讼代理人的活动。这里的诉讼,既包括人民检察院提起公诉阶段的活动,也包括人民法院的审判活动。

公诉案件的被害人作为诉讼当事人,与案件的处理结果有直接的利害关系。在实践中,有的被害人由于遭受犯罪行为的侵害,人身健康受到严重损伤或精神上受到强烈刺激而无法出庭,或者被害人因法律知识的欠缺,在诉讼中不能有效维护自己的合法权益。因此,需要诉讼代理人协助维护其合法权益。

根据《刑事诉讼法》第40条的规定,公诉案件的被害人及其法定代理人或者近亲属,自案件移送审查起诉之日起,有权委托诉讼代理人。人民检察院收到移送审查起诉的案件材料日起3日以内,应当告知被害人及其法定代理人或者其近亲属有权委托诉讼代理人。告知可以采取口头或者书面方式。口头告知的,应当记明笔录,由被告知人签名;书面告知的,应当将送达回执入卷;无法告知的,应当记明笔录。被害人有法定代理人的,应当告知其法定代理人;没有法定代理人的,应当告知其近亲属。

(二)公诉案件代理人的权利与义务

刑事诉讼法赋予了被害人广泛的诉讼权利,同时还直接规定了诉讼代理人享有的许多诉讼权利。律师担任诉讼代理人,还当然享有《律师法》所赋予律师的一些诉讼权利。另外,最高人民法院《解释》也规定了诉讼代理人的一些诉讼权利。因此,根据相关法律的规定和被害人的授权,诉讼代理人有以下诉讼权利。

1. 相关法律规定的诉讼代理人的诉讼权利

(1) 出庭权。

《刑事诉讼法》第151条也规定了人民法院决定开庭审判后,应通知诉讼代理人,通知书至迟在开庭3日以前送达。出庭权是诉讼代理人行使其他诉讼权利的基础。

(2) 阅卷权。

根据《律师法》第34条的规定,受委托的律师自案件被人民法院受理之日起,有权查阅、摘抄和复制与案件有关的所有材料。根据最高人民法院《解释》第49条的规定,律师担任诉讼代理人,可以查阅、摘抄、复制与本案有关的材料,了解案情。

(3) 调查取证权。

根据《律师法》第35条的规定,受委托的律师根据案情的需要,可以申请人民检察院、人民法院收集、调取证据或者申请人民法院通知证人出庭作证。律师自行调查取证的,凭律师执业证书和律师事务证明,可以向有关单位或者个人调查与承办法律事务有关的情况。根据最高人民法院《解释》第49条的规定,需要收集、调取与本案有关的材料的,可以参照本解释第44条、第45条的规定执行。因此,根据最高人民法院《解释》第44条的规定,诉讼代理人向证人或者其他有关单位和个人收集、调取与本案有关的材料,因证人、有关单位和个人不同意,申请人民法院收集、调取,人民法院认为有必要的,应当同意。根据最高人民法院《解释》第45条的规定,诉讼代理人直接申请人民法院收集、调取证据,人民法院认为诉讼代理人不宜或者不能向证人或者其他有关单位和个人收集、调取,并确有必要的,应当同意。事实上,在收集、调取证据方面,诉讼代理人有着比辩护人更大的权利,诉讼代理人在向被害人或者其近亲属、被害人提供的证人收集与本案有关的材料时,不像辩护人那样受到诸多限制。

(4) 在审查起诉和第二审决定是否开庭时的被听取意见的权利。

《刑事诉讼法》第139条规定:"人民检察院审查案件,应当讯问犯罪嫌疑人,听取被害人和犯罪嫌疑人、被害人委托的人的意见。"根据《刑事诉讼法》第187条的规定,第二审人民法院在决定是否开庭审理时,应听取诉讼代理人的意见。这表明第二审即使不开庭审理,诉讼代理人也有权发表意见。

(5) 法庭审理过程中诉讼代理人的诉讼权利。

在法庭审理阶段,诉讼代理人与辩护人的诉讼权利是大体相同的。在法庭调查时,诉讼代理人有对未到庭的证人的证言笔录、鉴定人的鉴定结论、勘验笔录和其他作为证据的文书发表意见的权利;经审判长许可,诉讼代理人有向被告人、证人、鉴定发问的权利;诉讼代理人有申请法庭通知新的证人到庭,调取新的物证,申请重新鉴定或者勘验的权利;在法庭辩论时,经审判长许可,诉讼代理人有对证据和案件情况发表意见并且与被告人、辩护人辩论的权利。

2. 诉讼代理人经授权代理被害人行使的诉讼权利

公诉案件中的被害人除在附带民事诉讼中享有实体权利外,只享有程序性的权利,即诉讼权利。公诉案件中被害人的诉讼代理人接受委托后代为参加诉讼,只是为了使被害人的诉讼权利得到充分行使,不可能代为处分任何实体权利。因此,诉讼代理人一旦接受委托即得到授权,便可代为行使此后阶段被害人所有的诉讼权利。

诉讼代理人经授权代理被害人行使的诉讼权利有:申请对审判人员、检察人员的回避的权利;对不起诉决定不服,有提出申诉和起诉的权利;对一审判决不服,有请求人民检察院提出抗诉的权利;对已经发生法律效力的判决、裁定,有提出申诉的权利等。

第三节　法律文书写作

一、法律意见书

(一) 制作要点

目前有关法律文书格式样本中尚未颁布法律意见书的写作格式,就当前各地的使用情况看,基本形成了以下一种写作模式。

1. 首部

(1) 标题:在文书顶端居中标明"法律意见书"字样。

(2) 致送单位的称谓。

(3) 说明发表法律意见的缘起和依据。

2. 正文

正文内容是整个法律意见书的主要部分,主要发表对于犯罪嫌疑人涉嫌犯罪行为的定性、犯罪情节等方面进行阐述。

3. 结尾

用几句话对所述问题进行总结,加以概括,起到归纳全文的作用。最后在文末右下角写出律师的工作单位、职务及姓名,并注明制作日期。

(二) 文书范本

法律意见书

××人民检察院:

北京市××律师事务所依法接受××诈骗一案中××的委托,指派我们作为辩护人参加××人民检察院的审查起诉的活动。在本案侦查阶段和审查起诉阶段,我们会见了犯罪嫌疑人、向承办本案的警官及检察官了解了案件的情况,根据本案的基本情

况,我们特提出以下意见,敬请贵院充分予以考虑,依法予以采纳:

1. 犯罪嫌疑××没有犯罪故意,其行为不构成犯罪。

《刑法》第 14 条规定明知自己的行为会发生危害社会的结果,并且希望或者放任这种结果发生,因而构成犯罪的,是故意犯罪。故意犯罪,应当负刑事责任。

在本案中,犯罪嫌疑人××在主观上没有犯罪的故意,即使在主观上有过失,因《刑法》及其他法律没有规定过失行为构成诈骗罪,根据法无明文规定不为罪的原则,犯罪嫌疑人××不构成犯罪。

2. 即使犯罪嫌疑人××实施了犯罪行为,其作为从犯,并根据其一贯表现,应当免除处罚。

《刑法》第 27 条在共同犯罪中起次要或者辅助作用的,是从犯。对于从犯,应当从轻、减轻处罚或者免除处罚。

犯罪嫌疑人××在该团伙中仅仅是开车,并不参与具体交易,其作用是次要的,最多起一个辅助的性质,其处于从犯的性质是毋庸置疑的。该案的侦办警官也认为犯罪嫌疑××是从犯。

另一方面,从犯罪嫌疑人××陈述得知,其没有从事具体的诈骗交易,而是按天计发工资,可见其老板也没有让××参与赃物赃款分配的意愿。犯罪嫌疑人××200×年×月××日来××的,第二天就被公安机关抓捕。并且从其户籍地公安机关等部门和单位了解到,其没有刑事犯罪案底和行政等违法犯罪行为的记录,其以前同事及街坊邻居也反映其表现良好。因此,我们认为对犯罪嫌疑人××可以免除处罚。

3. 即使犯罪嫌疑人××实施了犯罪行为,但因是从犯,犯罪情节轻微,可以不起诉。

《刑事诉讼法》第 142 条规定:犯罪嫌疑人有本法第 15 条规定的情形之一的,人民检察院应当做出不起诉决定。对于犯罪情节轻微,依照刑法规定不需要判处刑罚或者免除刑罚的,人民检察院可以做出不起诉决定……对于具有上述情况的,可以结合其犯罪情节,作不起诉处理。

本案中,犯罪嫌疑人××涉嫌诈骗的金额为××元,而××对诈骗案立案的标准为××元,也就是说,××案刚达到刑事立案标准线,其犯罪行为造成的后果是轻微的。××犯罪后,坦白交代自己和他人的犯罪事实,积极配合公安机关侦查案件等,悔罪态度较好。另外犯罪嫌疑人××在本案中仅起一个帮助的作用,是共同犯罪中的从犯。因此,人民检察院可以做出不起诉决定。

综上所述,犯罪嫌疑人××即使构成犯罪,但因其是从犯,且犯罪后果较轻,社会危害性较小,情节轻微,并且一贯表现良好,不致发生社会危险性。因此,根据《××人民检察机关关于适用刑事和解办理刑事案件的规定(试行)》的规定以及××的要求,我们请求贵院同意犯罪嫌疑人××与受害人达成刑事和解,并对犯罪嫌疑人××做出不予起诉的决定,给其一个悔过自新,感恩社会的机会。

以上意见,敬盼调查核实,并予采纳!

辩护人:北京市××律师事务所
杨××律师
2008 年 12 月 20 日

二、起诉书

(一) 制作要点

起诉书是人民检察院依照法定的诉讼程序,代表国家向人民法院对被告人提起公诉的法律文书。因为它是以公诉人的身份提出的,所以也叫公诉书。起诉书的主要制作要点如下。

1. 首部

(1) 标题。

标题主要包含文书制作机关及人民检察院名称以及文书名称。

(2) 文书编号。

2. 正文

(1) 被告人的基本情况,包括姓名、性别、出生年月日、出生地、身份证号码、民族、文化程度、职业、工作单位及职务、住址,是否受过刑事处罚,采取强制措施的情况及在押被告人的关押处所等;如果是单位犯罪,应写明犯罪单位的名称,所在地址,法定代表人或代表的姓名、职务。

(2) 案由和案件来源。

(3) 犯罪事实和证据,包括犯罪的时间、地点、经过、手段、动机、目的、危害后果等与定罪量刑有关的事实要素。被告人被控有多项犯罪事实的,应当逐一列举,对于犯罪手段相同的同一犯罪可以概括叙写。

(4) 起诉的根据和理由,包括被告人触犯的刑法条款、犯罪的性质、法定从轻、减轻或者从重处罚的条件,共同犯罪各被告人应负的罪责等。被告人真实姓名、住址无法查清的,应当按其绰号或者自报的姓名、自报的年龄制作起诉书,并在起诉书中注明。被告人自报的姓名可能造成损害他人名誉、败坏道德风俗等不良影响的,可以对被告人编号并按编号制作起诉书,并在起诉书中附具被告人的照片。

3. 尾部

尾部写明受文机关、文书制作机关及人民检察院署名并该院印,文书制作的时间以及附项。附项主要包括被告人羁押场所、卷宗册数、赃物证物等。

(二) 文书范本

××人民检察院
起诉书
××检刑诉〔××〕××号

被告人:××(写明被告人的姓名、性别、年龄、出生年月日、籍贯、民族、文化程度、单位、职务、住址、是否受过刑事处罚、被拘留、逮捕的年月日)

被害人:××(写明姓名、性别、年龄等)

本案由××(侦查机关)侦查终结,以被告人××涉嫌××罪,于×年×月×日向本院移送审查起诉;本院受理后,于×年×月×日已告知被告人有权委托辩护人,×年×月×日已告知被害人及其法定代理人(或者近亲属)、附带民事诉讼的当事人及其法定代理人有权委托诉讼代理人,依法讯问了被告人,听取了被害人的诉讼代理人和被告人的辩护人的意见,审查了全部案件材料(写明退回补充侦查、延长审查起诉期限等情况)。

经依法查明:……(写明经检察机关审查认定的犯罪事实,包括犯罪时间、地点、经过、手段、目的、动机、危害后果等与定罪有关的事实要素。应当根据具体案件情况,围绕刑法规定的该罪构成要件叙写)。

(对于只有一个犯罪嫌疑人的案件,犯罪嫌疑实施多次犯罪的犯罪事实应一一列举;同时触犯数个罪名的应该按照主次分类列举。对于共同犯罪的案件,写明犯罪嫌疑人的共同犯罪事实及各自在共同犯罪中的地位和作用后,按照主次顺序,分别叙明各个犯罪嫌疑人的单独犯罪事实。)

认定上述事实的证据如下:……(针对上述犯罪事实,分列相关证据)。

本院认为:……概括论述被告人的行为性质、危害程度、情节轻重,其行为触犯××,犯罪事实清楚,证据确实充分,应当以××罪追究刑事责任。根据刑法规定,提起公诉,请依法判处。

此致
××人民法院

检察员:××
×年×月×日

附:包括被告人现在处所、证据目录、证人名单、主要证据复印件或照片的清单。

重点内容图解

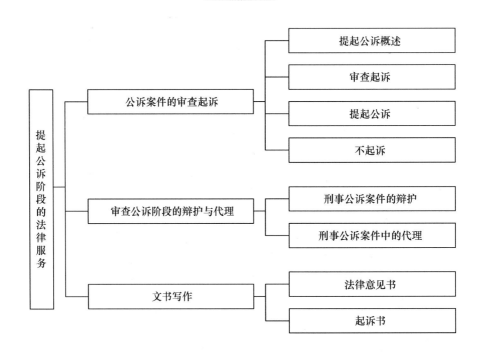

同步练习

一、单项选择题

1. 人民检察院审查起诉部门对于本院侦查部门移送审查起诉的案件,发现犯罪事实不是犯罪嫌疑人所为,应当如何处理(　　)。
   A. 应当书面说明理由将案卷退回侦查部门,并建议侦查部门重新侦查
   B. 应当退回侦查部门,建议撤销案件
   C. 应当书面说明理由,将案件退回侦查部门处理
   D. 应当退回侦查部门,建议补充侦查

2. 葛某因破坏交通设施而被公安机关移送人民检察院审查起诉,人民检察院经过审查后,如果决定要对葛某提起公诉,则人民检察院收集的证据对全部案件事实的证明至少要达到何种程度(　　)。
   A. 能够证明葛某实施了犯罪
   B. 犯罪事实清楚、证据确实充分
   C. 能够证明有犯罪事实发生
   D. 犯罪事实清楚、有足够证据

3. 张某故意伤害案由公安机关侦查终结后移送人民检察院审查起诉。人民检察院审查后认为张某犯罪情节轻微,可以免除刑罚,决定不起诉。公安机关如果认为人民检察院的决定有错误,依法可以做出什么处理(　　)。
   A. 请求人民法院审查人民检察院的决定
   B. 请求上一级公安机关移送人民检察院审查起诉
   C. 提请上一级人民检察院复议
   D. 要求做出决定的人民检察院复议,意见不被接受时向上一级人民检察院提请复核

4. 叶某涉嫌盗窃罪,甲市公安局侦查终结后移送该市检察院审查起诉。甲市检察院审查后,将该案交A区检察院审查起诉。A区检察院审查后认为需要退回公安机关补充侦查。A区检察院应当如何退回(　　)。
   A. 应当退回甲市检察院
   B. 应当退回甲市公安局
   C. 可以退回甲市公安局
   D. 应当通过甲市检察院退回甲市公安局

5. 某检察院对陈某、姚某共同诈骗一案审查起诉时,陈某潜逃。下列哪一选项是正确的(　　)。
   A. 应当中止对陈某、姚某的审查起诉
   B. 可以对陈某中止审查起诉,对姚某继续审查起诉
   C. 应当将案件中陈某的部分退回公安机关处理,对姚某继续审查起诉
   D. 应当将全案退回公安机关,待抓获陈某后再继续审查起诉

二、多项选择题

1. 人民检察院对公安机关移送审查起诉的下列案件,哪些可以做出酌定不起诉决定(　　)。

   A. 犯罪嫌疑人甲,为犯罪准备工具、制造条件,犯罪情节轻微
   B. 犯罪嫌疑人乙犯罪构成要件事实缺乏足够的证据予以证明
   C. 犯罪嫌疑人丙又聋又哑,且犯罪情节轻微
   D. 犯罪嫌疑人丁已死亡

2. 某市检察院在审查甲杀人案中,发现遗漏了依法应当移送审查起诉的同案犯罪嫌疑人乙,对此检察院应该如何处理(　　)。

   A. 应当建议公安机关对乙提请批准逮捕
   B. 应当建议公安机关对乙补充移送审查起诉
   C. 如果符合逮捕条件,可以直接决定逮捕乙
   D. 如果符合起诉条件,可以直接将甲与乙一并提起公诉

3. 甲涉嫌过失致人重伤。在审查起诉阶段,检察院认为证据不足,遂做出不起诉决定。如果被害人对不起诉决定不服,依法可以采取下列哪些诉讼行为(　　)。

   A. 可以向上一级检察院提起申诉
   B. 可以直接向法院起诉
   C. 向法院起诉后,可以与被告人自行和解
   D. 向法院起诉后,可以请求法院调解

4. 人民检察院对刑事案件进行审查起诉是有期限规定的,依据法律,下述关于人民检察院审查起诉期限的计算中,正确的有(　　)。

   A. 改变管辖的,从原受理的人民检察院发现应当改变管辖之日起计算
   B. 改变管辖的,从改变后的人民检察院收到案件之日起计算
   C. 补充侦查的,从补充侦查完毕移送人民检察院后重新计算
   D. 补充侦查的,从决定补充侦查之日起重新计算

5. 下列何种不起诉决定需要检察委员会讨论后做出(　　)。

   A. 符合刑事诉讼法 15 条规定的情形
   B. 经过补充侦查,仍然认为证据不足,不符合起诉条件的案件
   C. 犯罪情节轻微,依照刑法规定不需要判处刑罚的案件
   D. 犯罪情节轻微,依照刑法规定可免除刑罚的案件

三、不定项选择题

李某(女)与张某(男)均为 20 周岁,且是同班同学的一对恋人,后李某因张某不思上进而与其分手,不久李某又与某机关干部朱某相恋。对此张某十分恼火。他便散布谣言,侮辱李某,李某遂向所在地区的公安机关提起控告。此案经公安机关侦查终结认为张某的行为已构成侵犯公民名誉权,构成侮辱、诽谤罪,并移送该区人民检察院审

查起诉。检察院审查后认为,张某虽侮辱了他人,但并未造成严重后果,因此对张某做出了撤销案件的决定。根据上述案情,请回答下列题。

1. 假设检察院对张某作了不起诉决定,被害人李某如果不服,她(　　)。
   A. 可以申诉 　　B. 不可以申诉
   C. 不可以起诉　　D. 可以起诉

2. 检察院可以做出不起诉决定的是(　　)。
   A. 犯罪情节显著轻微,危害不大,不认为是犯罪的
   B. 犯罪情节轻微,依照刑法规定免除刑罚的
   C. 被告人认罪态度好的
   D. 被告人有重大立功表现的

3. 公安机关、检察机关、法院处理此案,在程序上应如何操作才符合刑事诉讼法的规定(　　)。
   A. 公安机关应先将此案接受下来,随后移交给法院,并通知控告人
   B. 法院接收控告后,应做出是否立案的决定
   C. 检察院立案后,认为被告人的行为构成犯罪的,应向人民法院提起公诉
   D. 公安机关可以直接立案

四、案例分析题

张某、王某、李某涉嫌绑架罪而被逮捕,该案经人民检察院审查。在侦查过程中发现不应对王某追究刑事责任,而在此时张某逃跑,于是检察院将该案退回公安机关补充侦查。

请问:本案中检察院的错误有哪些?

诉讼任务三　参与公诉案件一审审理

任务描述

参与公诉案件一审审理是基层法律工作者必备的法律服务技能,通过本诉讼任务的学习,学生通过开庭前的准备、参与法庭审理、撰写文书等诉讼任务,具备以下专业能力:
1. 加深理解审判公开、回避、合议等刑事诉讼的制度;
2. 能够熟练掌握公诉案件的第一审程序;
3. 能够针对一审判决中存在的问题为当事人提起上诉。

知识储备

第一节　公诉案件的第一审程序

一、公诉案件第一审程序概述

公诉案件第一审程序是指人民法院对人民检察院提起公诉的案件进行初次审判时应遵循的步骤和方式、方法。和自诉案件第一审程序一样,公诉案件第一审程序也可以分为普通程序和简易程序两种,都包括庭前审查、庭前准备、法庭审判等诉讼环节。

二、公诉案件一审的管辖

1. 级别管辖
(1) 基层人民法院管辖第一审普通刑事案件。

基层人民法院管辖第一审普通刑事案件,但是根据《刑事诉讼法》的规定由上级人民法院管辖的除外。

(2) 中级人民法院管辖的第一审刑事案件。

根据《刑事诉讼法》第20条的规定,中级人民法院管辖的第一审刑事案件具体包括:①《刑法》分则第一章规定的反革命案件、危害国家安全罪案件,这里仅有犯罪性质的要求而没有罪刑轻重的要求;② 可能判处无期徒刑、死刑的普通刑事案件,这里只有罪刑轻重的要求而没有犯罪性质的要求;③ 外国人犯罪的刑事案件,这里的"外国人"包括具有外国国籍的人、无国籍人和国籍不明的人。这里我们要特别注意的是"外国人犯罪的刑事案件"是指犯罪主体是外国人的案件,不包括外国人是被害人的案件,也不包括香港、澳门、台湾地区居民犯罪的案件(除非该外国人被害案件的被告人或者港澳台居民所犯罪行可能判处无期徒刑以上刑罚)。对于刑事自诉案件的自诉人、被告人一方或者双方是在港、澳、台居住的中国公民或者其住所地是在港、澳、台的单位,由基层人民法院管辖。

(3) 高级人民法院管辖的一审刑事案件。

根据《刑事诉讼法》第 21 条的规定,高级人民法院管辖的第一审刑事案件,是全省(自治区、直辖市)性的重大刑事案件。

(4) 最高人民法院管辖的第一审刑事案件。

根据《刑事诉讼法》第 22 条的规定,最高人民法院管辖的第一审刑事案件,是全国性的重大刑事案件。

2. 地区管辖

级别管辖是从纵向解决案件由哪一级人民法院作第一审管辖,而地区管辖则是在明确案件级别管辖的基础上,确定某一案件由该级人民法院中的哪一个人民法院管辖,是从横向解决案件的管辖问题。

(1) 以犯罪地人民法院管辖为主,被告人居住地人民法院管辖为辅的原则。

《刑事诉讼法》第 24 条规定:"刑事案件由犯罪地的人民法院管辖。如果由被告人居住地的人民法院审判更为适宜的,可以由被告人居住地的人民法院管辖。"

最高人民法院《解释》第 2 条规定:"犯罪地是指犯罪行为发生地。以非法占有为目的的财产犯罪,犯罪地包括犯罪行为发生地和犯罪分子实际取得财产的犯罪结果发生地。"

由被告人居住地人民法院管辖更为适宜的情况,目前《刑事诉讼法》并未做出具体规定,学理解释一般认为包括以下情形:① 被告人流窜作案,主要犯罪地难以确定,而其居住地的群众更了解案件的情况的;② 被告人在居住地民愤极大,当地群众要求在当地审判的;③ 可能对被告人适用缓刑、管制或者单独适用剥夺政治权利等刑罚,因而需要在其居住地执行的;④ 临时外出的组织成员之间相互进行侵犯的等。被告人居住地包括其户籍所在地、经常居住地、工作或学习的地点,实践中要根据具体情况确定。

(2) 以最初受理的人民法院审判为主,主要犯罪地人民法院审判为辅的原则。

《刑事诉讼法》第 25 条规定:"几个同级人民法院都有权管辖的案件,由最初受理的人民法院审判。在必要的时候,可以移送主要犯罪地的人民法院审判。"注意运用此条文的前提条件是"几个同级人民法院都有管辖权",即几个同级人民法院要么是犯罪地法院,要么是被告人居住地法院。最高人民法院《解释》第 17 条进一步明确规定,尚未开庭审判的,在必要的时候可以移送被告人主要犯罪地的人民法院审判。所谓主要犯罪地,包括案件涉及多个地点时对该犯罪的成立起主要作用的行为地,也包括一人犯数罪时主要罪行的实行地。所谓必要的时候,是指对查清主要犯罪事实以及及时处理案件更为有利等情况。该原则也可以解释成几个同级人民法院都有管辖权的案件,人民检察院向哪个人民法院起诉或者自诉人向哪个人民法院自诉,该人民法院就应当受理。

关于地区管辖的确定原则,刑事诉讼与民事诉讼以及行政诉讼有所不同。

在民事诉讼中:① 被告所在地人民法院管辖为一般原则,原告所在地人民法院管辖为例外规定;② 民事诉讼中有大量的特殊地区管辖的规定。

在行政诉讼中:① 由做出具体行政行为的行政机关所在地人民法院管辖为一般原则;② 对限制人身自由的行政强制措施提起的诉讼,也可以由原告所在地人民法院管辖;③ 因不动产提起的诉讼,由不动产所在地法院管辖。

3. 专门管辖

(1) 军事法院管辖的案件。

军事法院管辖的案件有:违反军人职责罪案件及现役军人、在军队编制内服务的无军职人员、普通公民危害与破坏国防军事的犯罪案件。根据最高人民法院《解释》第20条和第21条的规定,对军队与地方互涉案件,原则上实行分别管辖的制度,即现役军人(含军内在编职工)和非军人共同犯罪的,分别由军事法院和地方人民法院或者其他专门人民法院管辖;但涉及国家军事秘密的,全案由军事法院管辖。下列案件与军队有关但不属于军事法院管辖:① 非军人、随军家属在部队营区内犯罪的;② 军人在办理退役手续后犯罪的;③ 现役军人入伍前犯罪的(需与服役期内犯罪一并审判的除外);④ 退役军人在服役期内犯罪的(犯军人违反职责罪的除外),这些案件由地方人民法院或者军事法院以外的其他专门人民法院管辖。

(2) 铁路运输法院管辖的案件。

铁路运输法院管辖的案件是铁路系统公安机关负责侦破的刑事案件,主要是危害和破坏铁路运输和生产的案件,破坏铁路交通设施的案件,火车上发生的犯罪案件以及违反铁路运输法规、制度造成重大事故或严重后果的案件。铁路运输法院与地方人民法院因管辖不明而发生争议的,一般由地方人民法院管辖。

三、几种特殊案件的管辖

在刑事案件的审判管辖中,为确定管辖权,我国《刑事诉讼法》规定了级别管辖、地域管辖、移送管辖、指定管辖以及专门管辖等,但刑事案件错综复杂,最高人民法院对以下一些特殊情形的管辖专门做出了规定。

1. 对于中华人民共和国缔结或者参加的国际条约所规定的罪行,中华人民共和国在所承担条约义务的范围内,行使刑事管辖权。这类案件,由被告人被抓获地的中级人民法院管辖。

2. 在中华人民共和国领域外的中国船舶内的犯罪,由犯罪发生后该船舶最初停泊的中国口岸所在地的人民法院管辖。

3. 在中华人民共和国领域外的中国航空器内的犯罪,由犯罪发生后该航空器在中国最初降落地的人民法院管辖。

4. 在国际列车上的犯罪,按照我国与相关国家签订的有关管辖协定确定管辖。没有协定的,由犯罪发生后该列车最初停靠的中国车站所在地或者目的地的铁路运输法院管辖。

5. 中国公民在驻外的中国使领馆内的犯罪,由该公民主管单位所在地或者他的原户籍所在地的人民法院管辖。

6. 中国公民在中华人民共和国领域外的犯罪,由该公民离境前的居住地或者原户籍所在地的人民法院管辖。

7. 外国人在中华人民共和国领域外对中华人民共和国国家或者公民犯罪,依照刑法应受处罚的,由该外国人入境地的中级人民法院管辖。

8. 发现正在服刑的罪犯在判决宣告前还有其他犯罪没有受到审判的,由原审人民法院管辖;如果罪犯服刑地或者新发现罪的主要犯罪地的人民法院管辖更为适宜的,可以由服刑地或者新发现罪的主要犯罪地的人民法院管辖。

正在服刑的罪犯在服刑期间又犯罪的,由服刑地的人民法院管辖。

正在服刑的罪犯在脱逃期间的犯罪,如果是在犯罪地捕获并发现的,由犯罪地的人民法院管辖;如果是被缉捕押解回监狱后发现的,由罪犯服刑地的人民法院管辖。

9. 刑事自诉案件的自诉人、被告人一方或者双方是在港、澳、台居住的中国公民或者其住所地是在港、澳、台的单位的,由犯罪地的基层人民法院审判。

四、公诉案件普通程序

(一)庭前审查

1. 公诉案件庭前审查的概念

公诉案件庭前审查是指人民法院对人民检察院提起公诉的案件进行庭前审查,以决定是否开庭审判的活动。人民法院对人民检察院提起公诉的案件并非径直开庭审判,而是需要经过初步审查,然后才能决定是否开庭审判,对公诉案件的审查是公诉案件第一审程序中的一个必经阶段。

审查公诉案件主要是查明人民检察院提起公诉的案件是否具备开庭审判的条件,即起诉书是否符合《刑事诉讼法》第 150 条规定的要求。对公诉案件的审查是一种程序性审查,并不是对案件进行审理,它不解决对被告人的定罪量刑问题。

2. 审查的内容和方法

根据最高人民法院关于执行《解释》的规定,人民法院对人民检察院提起的公诉案件,应当在收到起诉书(应一式 8 份,每增加一名被告人,增加起诉书 5 份)后,指定审判员进行审查,审查的具体内容在自诉案件一审庭前审查的内容的基础上增加审查侦查、起诉程序的各种法律手续和诉讼文书复印件是否完备。审查的方法应为书面审查,即通过审阅起诉书及所附的证据目录、证人名单和主要证据复印件或者照片等材料,并围绕上述内容逐项予以审查。

3. 审查后的处理

人民法院对公诉案件审查后,对于起诉书有明确的指控犯罪事实并且附有证据目录、证人名单和主要证据复印件或者照片,所需材料齐备,并属于本院管辖的,应当决定开庭审判。

此外,还应根据下列情况分别处理:(1)对于不属于本院管辖或者被告人不在案的,应当决定退回人民检察院;(2)对于需要补送材料的,应当通知人民检察院在3日内补送;(3)对于根据《刑事诉讼法》第162条第3项规定宣告被告人无罪,人民检察院依据新的事实、证据材料重新起诉的,人民法院应当依法受理;(4)人民法院裁定准许人民检察院撤诉的案件,没有新的事实、证据,人民检察院重新起诉的,人民法院不予受理;(5)对于符合《刑事诉讼法》第15条第2项至第6项规定的情形的,应当裁定终止审理或者决定不予受理;(6)对于被告人真实身份不明,但符合《刑事诉讼法》第128条第2款规定的,人民法院应当依法受理。

4. 审查的期限

人民法院对于按照普通程序审理的公诉案件,决定是否受理,应当在7日内审查完毕。对于人民检察院建议按简易程序审理的公诉案件,决定是否受理,应当在3日内审查完毕。人民法院对提起公诉的案件进行审查的期限,计入人民法院的审理期限。

(二)开庭审判前的准备

开庭审判是人民法院在公诉人、被害人、被告人、辩护人、证人等的参加下,依照法律规定的审判制度和审判程序,当庭对案件进行全面审理,查清案件事实,并依法对案件做出判决的诉讼活动。为了保证法庭审判的顺利进行,开庭前必须做好必要的准备工作。公诉案件第一审程序开庭审判前的准备工作大致也与自诉案件一审开庭前的准备工作大致相同,以下几点稍有不同。

1. 将人民检察院的起诉书副本至迟在开庭10日以前送达被告人,对于被告人未委托辩护人的,告知被告人可以委托辩护人,或者在必要的时候为被告人指定承担法律援助义务的律师为其提供辩护。

2. 将开庭的时间、地点在开庭3日以前通知人民检察院。

3. 人民法院通知公诉机关或者辩护人提供的证人时,如果该证人表示拒绝出庭作证或者按照所提供的证人通讯地址未能通知该证人的,应当及时告知申请通知该证人的公诉机关或者辩护人。被害人、诉讼代理人、证人、鉴定人经人民法院传唤或者通知未到庭,不影响开庭审判的,人民法院可以开庭审理。

(三)法庭审判

运用普通程序进行公诉案件的第一审程序与运用普通程序审理自诉案件的第一审程序大致相同,只不过在公诉案件中由人民检察院履行控诉职能,按照顺序仍旧可以分为开庭、法庭调查、法庭辩论、被告人最后陈述,评议和宣判五个阶段。这里只就几个特殊方面加以解释。

1. 关于申请回避

开庭阶段审判长分别询问当事人、法定代理人是否申请回避,申请何人回避和申请回避的理由。当事人、法定代理人申请回避人员的范围包括出庭支持公诉的检察人员,申请回避的理由与程序参照自诉案件第一审程序。

2. 法庭调查

公诉案件的法庭调查是指在公诉人、当事人和其他诉讼参与人的参加下,由合议庭主持对案件事实和证据进行调查核对的诉讼活动。法庭调查应按下列顺序依次进行。

(1) 公诉人宣读起诉书。

(2) 被告人、被害人就起诉书指控的犯罪事实分别陈述。顺序是先被告人再被害人。

(3) 讯问、发问被告人、被害人。检察机关讯问被告人,一般应围绕下列事实进行:① 被告人的身份;② 指控的犯罪事实是否存在,是否为被告人所实施;③ 实施犯罪行为的时间、地点、方法、手段、结果,被告人犯罪后的表现等;④ 犯罪集团或者其他共同犯罪案件中参与犯罪人员的各自地位和应负的责任;⑤ 被告人有无责任能力,有无故意或者过失,行为的动机、目的;⑥ 有无依法不应当追究刑事责任的情况,有无法定的从重或者从轻、减轻以及免除处罚的情节;⑦ 犯罪对象、作案工具的主要特征,与犯罪有关的财物的来源、数量以及去向;⑧ 被告人全部或者部分否认起诉书指控的犯罪事实的,否认的根据和理由能否成立;⑨ 与定罪量刑有关的其他事实。

被害人、附带民事诉讼的原告人和辩护人、诉讼代理人,经审判长许可,可以向被告人发问。附带民事诉讼的原告人及其法定代理人或者诉讼代理人经审判长准许,就附带民事诉讼部分的事实向被告人发问,可以证实被告人的犯罪行为给自己造成的物质损失、精神损害和其应承担的赔偿责任。

控辩双方经审判长准许,可以向被害人、附带民事诉讼原告人发问。

审判人员讯问、发问被告人、被害人及附带民事诉讼原告人、被告人。

(4) 出示、核实证据。根据《刑事诉讼法》的有关规定。公诉案件审理,控方承担举证责任,公诉人对每一起指控的犯罪事实都应向法庭举证,因此,核查证据应从公诉方向法庭举证开始。具体程序和方法同自诉案件第一审程序。

(5) 合议庭在法庭调查过程中,发现被告人可能有自首、立功等法定量刑情节,而起诉和移送的证据材料中没有这方面的证据材料的,应当建议人民检察院补充侦查。在庭审过程中,公诉人发现案件需要补充侦查,提出延期审理建议的,合议庭应当同意。公诉人在法庭审理过程中建议延期审理不得超过 2 次,每次不得超过 1 个月。法庭宣布延期审理后,人民检察院在补充侦查的期限内没有提请人民法院恢复法庭审理的,人民法院应当决定按人民检察院撤诉处理。

人民法院可以向人民检察院调取需要调查核实的证据材料,也可以根据辩护人、被告人的申请,向人民检察院调取在侦查、审查起诉中收集的有关被告人无罪或者罪轻的证据材料。人民检察院应当自收到人民法院要求调取证据材料决定书后 3 日内移交。

3. 法庭辩论

合议庭认为本案事实已经调查清楚,应当由审判长宣布法庭调查结束,开始就全案事实、证据、适用法律等问题进行法庭辩论。法庭辩论应当在审判长的主持下,按照下列顺序进行:(1) 公诉人发言;(2) 被害人及其诉讼代理人发言;(3) 被告人自行辩护;(4)辩护人辩护;(5)控辩双方进行辩论。对附带民事诉讼部分的辩论应当在刑事诉讼部分的辩论结束后进行,其辩论顺序是:先由附带民事诉讼原告人及其诉讼代理人发言,然后由被告人及其诉讼代理人答辩。总之,法庭辩论的次序应是自控方发言始,至辩方发言止为一轮,反复进行。

其余法庭辩论的程序与注意事项与自诉案件第一审程序法庭辩论相同。

4. 被告人最后陈述

被告人最后陈述程序与规定同自诉案件的第一审被告人最后陈述。附带指出,附带民事诉讼部分可以在法庭辩论结束后当庭调解。不能达成协议的,可以同刑事部分一并判决。

5. 评议和宣判

在被告人最后陈述后,审判长宣布休庭,合议庭进行评议。除遵循自诉案件第一审程序中评议、宣判部分的规定外,在宣告判决前,人民检察院要求撤回起诉的,人民法院应当审查人民检察院撤回起诉的理由,并做出是否准许的裁定。根据最高人民检察院《规则》第351条的规定,在人民法院宣告判决前,人民检察院发现不存在犯罪事实、犯罪事实并非被告人所为或者不应当追究被告人刑事责任的,可以要求撤回起诉。

人民法院在审理中发现新的事实,可能影响定罪的,应当建议人民检察院补充材料或者变更起诉;人民检察院不同意的,人民法院应当就起诉指控的犯罪事实,依法做出裁判。对于根据《刑事诉讼法》第162条第3项规定宣告被告人无罪、人民检察院依照新的事实、证据材料重新起诉,人民法院受理的案件,依法做出判决时,人民法院对于前案依据《刑事诉讼法》第162条第3项规定做出的判决,不予撤销。但应当在判决中写明:"被告人××曾于××年××月××日被××人民检察院以××罪向××人民法院提起公诉。因证据不足,指控的犯罪不能成立。被××人民法院依法判决宣告无罪。"合议庭成员应当在评议笔录上签名,在法律文书上署名。

五、公诉案件简易程序

第一审人民法院对于案件事实清楚,证据充分的轻微刑事案件,可以不经第一审普通程序审判,而适用针对第一审普通程序简化了的简易程序进行审判。

(一)适用简易程序审理公诉案件的条件

可以适用简易程序审理的公诉案件应当同时具备以下三个条件:

1. 犯罪事实清楚、证据充分;
2. 依法可能判处3年以下有期徒刑、拘役、管制、单处罚金的;
3. 人民检察院建议或者同意适用简易程序的。

(二)适用简易程序审理的提起与决定

对于人民检察院建议适用简易程序的,人民法院在征得被告人、辩护人的同意后决定是否适用。对于人民检察院没有建议适用简易程序的公诉案件,人民法院经审查认为可以适用简易程序审理的,应当征求人民检察院与被告人、辩护人的意见。

(三)特殊规定

1. 除人民检察院监督公安机关立案侦查的案件,以及其他人民检察院认为有必要派员出庭的案件外,人民检察院可以不派员出庭。

2. 人民法院一般当庭宣判,并在 5 日内将判决书送达被告人和提起公诉的人民检察院。

3. 人民法院对自愿认罪的被告人,酌情予以从轻处罚。

(四)下列公诉案件不适用简易程序审理

1. 比较复杂的共同犯罪案件。
2. 被告人、辩护人作无罪辩护的。
3. 被告人系盲、聋、哑人的。
4. 其他不宜适用简易程序审理的情形。

六、关于适用普通程序审理"被告人认罪案件"的特别规定

最高人民法院、最高人民检察院和司法部发布并自 2003 年 3 月 14 日起试行的《最高人民法院、最高人民检察院、司法部关于适用普通程序审理"被告人认罪案件"的若干意见(试行)》(以下简称《普通程序若干意见》)对"被告人认罪案件"的审理程序做出了特别规定。

(一)适用范围

根据规定,被告人对被指控的基本犯罪事实无异议,并自愿认罪的第一审公诉案件,一般适用《普通程序若干意见》审理。对于指控被告人犯数罪的案件,对被告人认罪的部分,可以适用《普通程序若干意见》审理。但下列案件不适用《普通程序若干意见》审理:(1)被告人系盲、聋、哑人的;(2)可能判处死刑的;(3)外国人犯罪的;(4)有重大社会影响的;(5)被告人认罪但经审查认为可能不构成犯罪的;(6)共同犯罪案件中,有的被告人不认罪或者不同意适用《普通程序若干意见》审理的;(7)其他不宜适用《普通程序若干意见》审理的案件。

(二)决定程序

人民检察院认为符合适用《普通程序若干意见》审理的案件,可以在提起公诉时书面建议人民法院适用《普通程序若干意见》审理。对于人民检察院没有建议适用《普通程序若干意见》审理的公诉案件,人民法院经审查认为可以适用《普通程序若干意见》审理的,应当征求人民检察院、被告人及辩护人的意见。人民检察院、被告人及辩护人同意的,适用《普通程序若干意见》审理。人民法院在决定适用《普通程序若干意见》审理案件前,应当向被告人讲明有关法律规定、认罪和适用《普通程序若干意见》审理可能导致的法律后果,确认被告人自愿同意适用《普通程序若干意见》审理。

人民法院对决定适用《普通程序若干意见》审理的案件,应当书面通知人民检察院、被告人及辩护人。

(三)审判程序

对于决定适用《普通程序若干意见》审理的案件,应注意以下几点。

1. 人民法院在开庭前可以阅卷。
2. 开庭审理过程中,合议庭应当在公诉人宣读起诉书后,询问被告人对被指控的

犯罪事实及罪名的意见,核实其是否自愿认罪和同意适用《普通程序若干意见》进行审理,是否知悉认罪可能导致的法律后果。

3. 对于被告人自愿认罪并同意适用《普通程序若干意见》进行审理的,可以对具体审理方式作如下简化:(1)被告人可以不再就起诉书指控犯罪事实进行供述;(2)公诉人、辩护人、审判人员对被告人的讯问、发问可以简化或者省略;(3)控辩双方对无异议的证据,可以仅就证据的名称及所证明的事项做出说明。合议庭经确认公诉人、被告人、辩护人无异议的,可以当庭予以认证。对于合议庭认为有必要调查核实的证据,控辩双方有异议的证据,或者控方、辩方要求出示、宣读的证据,应当出示、宣读,并进行质证;(4)控辩双方主要围绕确定罪名、量刑及其他有争议的问题进行辩论。

4. 在审理程序中,应当严格执行刑事诉讼法规定的基本原则和程序,做到事实清楚、证据确实充分,切实保障被告人的权利。

5. 人民法院对自愿认罪的被告人,酌情予以从轻处罚。

6. 对适用《普通程序若干意见》审理的案件,人民法院一般当庭宣判。

7. 在审理过程中,发现有不符合《普通程序若干意见》规定情形的,人民法院应当决定不再适用《普通程序若干意见》审理。

七、单位犯罪案件的审理程序

我国《刑事诉讼法》所规定的刑事诉讼基本原则、诉讼制度、诉讼权利与诉讼义务同样适用于公、检、法机关处理单位犯罪的案件。此外,最高人民法院《解释》还就单位犯罪案件的审理程序作了以下特别规定。

1. 人民法院受理单位犯罪案件,除依照有关规定进行审查外,还应当审查起诉书中是否列明被告单位的名称、住所地以及代表被告单位出庭的诉讼代表人的姓名、职务、通讯方式。未按规定列明的,应当通知人民检察院在3日内补送。

2. 代表被告单位出庭的诉讼代表人,应当是单位的法定代表人或者主要负责人;法定代表人或者主要负责人被指控为单位犯罪直接负责的主管人员的,应当由单位的其他负责人作为被告单位的诉讼代表人出庭。被告单位的诉讼代表人与被指控为单位犯罪直接负责的主管人员是同一人的,人民法院应当要求人民检察院另行确定被告单位的诉讼代表人出庭。

3. 人民法院决定开庭审理单位犯罪案件,应当通知被告单位的诉讼代表人出庭。接到出庭通知的被告单位的诉讼代表人应当出庭。拒不出庭的,人民法院在必要的时候,可以拘传到庭。

4. 人民法院审理单位犯罪案件,被告单位的诉讼代表人享有《刑事诉讼法》规定的有关被告人的诉讼权利。开庭时,诉讼代表人席位于审判台左侧。被告单位需要委托辩护人的,参照有关规定办理。

5. 被告单位的违法所得及其产生的收益,尚未依法追缴或者扣押、冻结的,人民法院应当根据案件具体情况,决定追缴或者扣押、冻结。人民法院为了保证判决的执行,根据案件具体情况,可以先行扣押、冻结被告单位的财产或者由被告单位提供担保。

6. 人民法院审理单位犯罪案件,被告单位被注销或者宣告破产,但单位犯罪直接负责的主管人员和其他直接责任人员应当负刑事责任的,应当继续审理。

八、公诉案件第一审程序的审理期限

公诉案件第一审程序的审理期限同自诉案件第一审程序的审理期限。

九、人民检察院对审判活动的监督

《刑事诉讼法》第169条规定:"人民检察院发现人民法院审理案件违反法律规定的诉讼程序,有权向人民法院提出纠正意见。"人民检察院对审判活动进行监督,是检察机关履行法律监督职能的一项重要内容。根据最高人民检察院《规则》第392条的规定,审判活动监督主要发现和纠正以下违法行为:(1)人民法院对刑事案件的受理违反管辖规定的;(2)人民法院审理案件违反法定审理和送达期限的;(3)法庭组成人员不符合法律规定的;(4)法庭审理案件违反法定程序的;(5)侵犯当事人和其他诉讼参与人的诉讼权利和其他合法权利的;(6)法庭审理时对有关程序问题所作的决定违反法律规定的;(7)其他违反法律规定的审理程序的行为。

审判监督由审查起诉部门承办,对于人民法院审理案件违反法定期限的,由监所检察部门承办。人民检察院可以通过调查、审阅案卷、受理申诉等活动,监督审判活动是否合法。人民检察院在审判活动监督中,如果发现人民法院或者审判人员审理案件违反法律规定的诉讼程序,应当向人民法院提出纠正意见。出席法庭的检察人员发现法庭审判违反法律规定的诉讼程序,应当在休庭后及时向本院检察长报告。

人民检察院对违反程序的庭审活动提出纠正意见,应当由人民检察院在庭审后提出。

对于人民检察院认为人民法院审理案件中有违反法律规定的诉讼程序的情况而提出纠正意见的,人民法院应认真研究,凡是正确的,应当采纳。但人民检察院对违反法定程序的庭审活动提出纠正意见,应当由人民检察院在庭审后提出。

十、公诉案件与自诉案件的比较

(一)案件来源不同
公诉案件是由国家公诉机关即人民检察院提起的,而自诉案件是由被犯罪行为侵害的公民、个人或者他的法定代理人、监护人、近亲属直接向人民法院提起的。

(二)犯罪性质和危害程度不同
公诉案件中犯罪行为的性质一般来说比较严重,对社会的危害性也比较大,案件一经起诉人民法院必须依法进行审判,除公诉机关认为所指控的事实不清、证据不足,不能对被告人定罪和处以刑罚申请撤回起诉,人民法院准许撤回起诉外,人民法院必须依据审理中查明的事实和证据,依法做出有罪或无罪判决。而自诉案件犯罪行为的性质多数不甚严重,对社会的危害性也比较小,因而自诉人在判决宣告前可以同被告人自行和解或撤回自诉,对告诉才处理和有证据证明的轻微刑事案件,可以进行调解。

(三)审查程序不同

与庭审方式改革相适应,现行刑事诉讼法弱化了公诉案件进行庭前审查的实体内容,基本上实行程序性审查,即审查只要符合"起诉书中有明确的指控犯罪事实并且附有证据目录、证人名单和主要证据复印件或照片的",人民法院就应当决定开庭审判,审查的主体是负责该案审理的审判组织成员。而自诉案件则应经二次审查,第一次是立案前的程序审查,审查是否符合立案标准,审查的主体是专门审查立案的人员。第二次审查是开庭前的实体审查,审查是否符合"犯罪事实清楚,有足够证据"这一开庭审理的必备条件,符合开庭审理条件的应转到开庭审理程序,不符合开庭审理条件的,应说服自诉人撤回自诉或裁定驳回起诉,审查的主体是负责该案审理的审判组织人员。

(四)当事人的诉讼权利不完全相同

自诉案件的被告人及其法定代理人在诉讼过程中有权提起反诉。而公诉案件的被告人及其法定代理人虽然有权对司法工作人员侵犯其诉讼权利提出控告,但绝不能就案件事实本身对司法工作人员提出反诉。

自诉案件的被害人作为自诉人如果对地方各级人民法院第一审判决或裁决不服的,有权在法定上诉期内按照法定程序向上一级人民法院提出上诉,享有独立的上诉权。而公诉案件的被害人没有独立的上诉权,无权对地方各级人民法院第一审判决或裁定提出上诉,只能自收到判决书5日以内,请求人民检察院在法定期限内按照法定程序提起抗诉。

(五)当事人的诉讼地位不同

自诉案件中的被害人是自诉人,居原告地位,而公诉案件中公诉机关(人民检察院)居原告地位,被害人则处于证人地位。

(六)当事人行使诉讼权利的时间不同

1. 公诉案件自案件移送审查起诉之日起,犯罪嫌疑人有权委托辩护人,而自诉案件的被告人随时有权委托辩护人。

2. 公诉案件的被害人及其法定代理人或者近亲属,附带民事诉讼的当事人及其法定代理人,自案件移送审查起诉之日起,有权委托诉讼代理人。而自诉案件的自诉人及其法定代理人,附带民事诉讼的当事人及其法定代理人,有权随时委托诉讼代理人。

(七)举证责任不同

自诉案件的举证责任规定为完全由自诉人承担,对于缺乏证据的自诉案件,人民法院有权限期自诉人补充证据,如果自诉人提不出补充证据,人民法院又无法调取和收集到必要的证据,应说服自诉人撤回诉讼,或者裁定驳回诉讼。而公诉案件的被害人只是就自己遭受犯罪行为直接侵害的事实和有关犯罪嫌疑人的情况向公安司法机关如实进行陈述和控告,至于收集和核对案件事实和证据以及查获犯罪嫌疑人是公安司法机关应尽的职责;被告人也没有证明自己有罪和无罪的责任,公安司法机关只有依照法定程序收集到确实充分的证据,才能对被告人提起诉讼和处以刑罚,由此可见,公诉案件的举证责任完全由公诉机关承担。

(八)刑罚处罚的轻重不同

自诉案件的刑罚处罚,一般都在3年以下有期徒刑、拘役或管制。而公诉案件的刑罚处罚可达10年以上有期徒刑、无期徒刑直至死刑。

(九)案件的可分性特点不同

自诉案件中的一个犯罪行为侵害了数个人的利益,受害人不止一人,而是数人,在这种情况下,其中任何一个受害人都有权单独向人民法院提出控诉,没有提起控诉的受害人,有权放弃诉讼。如果是数人共同对某一人实施某一犯罪行为,受害人有权对其中的一人或几人提起控诉,两种情形不管属于哪一种情形,受害人的控诉均应视为有效,不受限制。但公诉案件的情况恰恰相反,它具有一案不可分的特点,即一个被告人犯了数罪,或共同犯罪案件中的所有被告人,都必须一案审理,不能"一罪一审"或"一人一审"。

(十)审理期限的要求不同

根据《刑事诉讼法》第168条的规定,人民法院审理公诉案件应当在受理后1个月以内宣判,至迟不得超过一个半月。重大的犯罪集团案件、流窜作案的重大复杂案件及交通十分不便的边远地区的重大复杂案件等,在上述限期内不能办结的,经省、直辖市、自治区高级人民法院批准或决定,审理期限可延长1个月。根据最高人民法院《解释》第109条的规定,适用普通程序审理的被告人羁押的自诉案件的审理期限、延长审理期限的理由、批准或决定延长审理期限的机关及可延长的期限和公诉案件一致;但适用普通程序审理被告人未被羁押的自诉案件,应当在立案后6个月内宣判,有特殊情况需要延长审理期限的,由本院院长批准,可以延长3个月。

第二节　公诉案件一审的辩护与代理

一、律师担任公诉案件一审辩护人享有的诉讼权利

人民检察院将案件起诉至人民法院后,律师可以接受被告人或其亲友的委托,担任被告人的辩护人。律师担任公诉案件一审辩护人享有的诉讼权利如下。

1. 律师接受委托后,审查该案是否属于受案人民法院管辖。发现人民法院管辖不当,有权以书面方式向人民法院提出,请求退案或移送。

2. 律师有权到人民法院查阅、摘抄、复制案件材料。律师查阅案件材料时,如发现缺少检察机关依法必须移送的材料时,有权申请人民法院通知检察机关补充移送。

3. 律师有权会见被告人,听取被告人的陈述和辩解,核实案情和证据材料;了解被告人是否被超期羁押及合法权益是否受到损害。向被告人介绍法庭审理程序,告知被告人在庭审中的诉讼权利、诉讼义务及应注意的事项。

4. 在审判阶段,律师可以根据实际情况依法调查、收集与案件有关的证据材料。

5. 律师依法出庭,参加法庭调查和法庭辩论,维护被告人的合法权益。

6. 一审判决后,律师有权获得判决书。在上诉期间,律师可会见被告人,听取其对判决书内容及是否上诉的意见,并给予法律帮助。

二、律师担任公诉案件第一审程序被害人的诉讼代理人享有的诉讼权利

律师可以接受公诉案件被害人、已死亡被害人的近亲属,无行为能力人或限制行为能力人的法定代理人的委托,担任其诉讼代理人,其享有的诉讼权利如下。

1. 代理律师在可以开庭前向人民法院了解案件是否公开审理,如果案件涉及被害人隐私,可以要求人民法院不公开审理。

2. 代理律师告知被害人有权对合议庭组成人员、书记员、公诉人、鉴定人申请回避,并协助被害人行使此项权利。

3. 在法庭审理过程中,代理律师依法指导、代理委托人行使诉讼权利。

4. 在法庭审理过程中,代理律师与公诉人互相配合,依法行使控诉职能,与被告人及其辩护人展开辩论。代理意见与公诉意见不一致的,从维护被害人的合法权益出发,独立发表代理意见。

5. 被害人及其法定代理人不服一审判决的,代理律师可协助或代理委托人,在收到判决书后5日内,请求人民检察院抗诉。

第三节 法律文书写作

一、辩护词

(一)制作要点

辩护词的内容由前言、辩护理由、结束语三部分组成。

1. 前言

前言主要讲述三个内容:一是申明辩护人的合法地位,说明律师是接受谁的委托或哪个人民法院的指定,为谁辩护;二是简述律师在开庭前做了哪些工作;三是概括律

师对案件的基本看法。

2．辩护理由

辩护理由是辩护词的核心内容。律师应当从维护被告人合法权益的主旨出发,依据事实和证据,对照国家法律的有关规定,充分论证被告人无罪、罪轻或者应予从轻、减轻处罚甚至免除其刑事责任的意见和根据。因此,这部分内容通常是要围绕被告人的行为是否构成犯罪、起诉书中指控的罪名是否正确、有无法定的或酌定的从轻处罚情节以及诉讼程序是否合法等问题展开辩驳和论述。

3．结束语

结束语是对辩护意见的归纳和小结,一般讲述两个内容:一是简单归纳辩护意见的中心观点;二是明了地向法庭提出对被告人的处理建议。

(二) 文书范本

辩护词

审判长、审判员、人民陪审员：

××省××市××律师事务所依法接受本案被告人张××之亲属许××的委托,指派我担任张××的一审辩护人。接受委托后,我仔细查阅了全部案件材料,并会见了被告人,还进行了大量的调查取证工作。经过认真的调查和严密的分析,我认为,本案事实不清,存在诸多疑点,难以定案。现依法发表如下辩护意见：

一、关于本案中公诉书认定张××作案的证据公诉人所列举的能够据以认定张××强奸杀人的证据主要有两个：一是××公安局对被害人和被告人所作的血型试验结论,二是被告人身上的伤痕。由于其他证据只能证明案件确实发生,但并不能证明罪犯是谁,因此,我仅就这两份证据的真实性和证明力,根据事实和法律提出如下看法。

关于血型试验结论。根据××公安局所制作的刑事科学鉴定书,死者血型为 B 型,阴道内精液为 A 型,犯罪嫌疑人张××血型为 A 型,唾液为 A 型,公诉人遂将此认定为张××强奸杀人的一条主要证据。对此,我作为辩护人认为,死者阴道内精液与犯罪嫌疑人张××同属一种血型,并不能证明就是张××作的案。因为现代法医学认为血型鉴定毕竟不同于 DNA 指纹鉴定,它只能作排除认定,而不能作同一认定。具体到本案来看,死者阴道内精液为 A 型,可以据此排除血型的 B 型、O 型人作案的可能性,但不能得出必然是张××作案的结论。因为世界上 A 型血的人有很多。

关于被告人身上的伤痕认定。根据公诉人提供的照片,张××的伤痕均在右侧,即右侧肩部、右耳后、右额和右手。这是与张××的供述相一致的。张××对此的解释是：案发第二天上午正值家里买煤,他作为家中唯一的男子干体力活是责无旁贷的,由于肩挑、肩背和爬楼梯,造成了身体右部的多处划伤。按常理讲,犯罪嫌疑人或被告人的解释是有待辩证分析的,但我们可以通过张××身上的伤痕形成时间来具体分析他的这一供述是否真实。按照公诉人发表的公诉词,张××是在××年××月××日××时许作的案,这也就是说,张××身上、耳后及额上的伤应形成于此时,但问题的关键在于在案发当天,并没有人发现他有伤。因为案发当天下午,张××去单位值班,单位里的人并未看见他的脸上、额上有伤。张××单位的同事刘××和王××提供的书面证据证明。并且,张××当天值完班回家后,邻居也未曾见过其脸上、额上有伤。

二、关于本案中公诉书认定的张××的作案时间无论是人民检察院的公诉书,还是公诉人在法庭上提出的公诉意见,都认定被告人张××是在××年××月××日××许作的案。但当天××时左右,张××单位的同事刘××和王××以及门卫黄××都能证明张××在单位值班。这有刘××、王××和黄××提供的书面证词予以证明。而且,张××在单位值班时,所翻阅的报纸和所作的读书笔记也能证明张××在××月××日××时许不在作案现场。以上证据与张××本人的辩解相印证,证明了张××在××时许没有作案时间。

综上所述,辩护人认为本案事实不清,认定被告人张××作案的证据严重不足。因为事关人命,我认为人民法院在采证时不可不慎。我请求人民法院根据××年××月××日修正实施《中华人民共和国刑事诉讼法》第××条第××款之规定,宣判被告人张××无罪。

辩护人:××律师

××××年××月××日

二、代理词

代理词的制作要点大致与辩护词的制作要点相同,参考辩护词。

三、公诉意见书

(一)制作要点

1. 首部

首部写明标题,即居中写文书的名称。

2. 正文

(1)案由等有关情况。先写被告人姓名(被告人为单位的写其名称),后写案由(即起诉书认定的涉嫌罪名),最后写起诉书的编号。此三项内容不必宣读。

(2)抬头,亦称呼告语。根据合议庭组成人员情况书写,或写为"审判长、审判员",或写为"审判长、人民陪审员",或写为"审判长、审判员、人民陪审员"。

(3)出庭任务和法律依据。根据新格式规定,此段文字表述为:

"根据《中华人民共和国刑事诉讼法》第153条、第160条、第165条和第169条的规定,我(们)受×××人民检察院的指派,代表本院,以国家公诉人的身份,出席法庭支持公诉,并依法对刑事诉讼活动实行法律监督。现对本案证据和案件情况发表如下意见,请法庭注意。"

(4)具体意见。根据新格式规定,可以从以下三个方面进行分析论证。

① 根据法庭调查的情况,概述法庭质证的情况、各证据的证明作用,并运用各证

据之间的逻辑关系,以证明被告人的犯罪事实清楚,证据确实充分。

② 根据被告人的犯罪事实,论证应适用的法律条款并提出定罪及从重、从轻、减轻处罚等意见。

③ 根据庭审情况,在揭露被告人犯罪行为的社会危害性的基础上,做必要的法制宣传和教育工作。

关于法制宣传和教育的内容是否需要,要视具体情况而定。

(5) 结束语(小结全文)。其文字表述为"综上所述,起诉书认定本案被告人××的犯罪事实清楚,证据确实充分,依法应当认定被告人有罪,并应(从重、从轻、减轻)处罚。"

(二) 文书范本

××人民检察院
公诉意见书

被告人××

案由××

起诉书号××

审判长、审判员(人民陪审员):

根据《中华人民共和国刑事诉讼法》第 153 条、第 160 条、第 165 条和第 169 条的规定,我(们)受××人民检察院的指派,代表本院,以国家公诉人的身份,出席法庭支持公诉,并依法对刑事诉讼实行法律监督。现对本案证据和案件情况发表如下意见,请法庭注意。

(结合案情重点阐述以下问题:一、根据法庭调查的情况,概述法庭质证的情况、各证据的证明作用,并运用各证据之间的逻辑关系证明被告人的犯罪事实清楚,证据确实充分。二、根据被告人的犯罪事实,论证应适用的法律条款并提出定罪及从重、从轻、减轻处罚等意见。三、根据庭审情况,在揭露被告人犯罪行为的社会危害性的基础上,作必要的法制宣传和教育工作。)

综上所述,起诉书认定本案被告人××的犯罪事实清楚,证据确凿充分,依法应当认定被告人有罪,并应(从重,从轻,减轻)处罚。

公诉人:××
××××年××月××日当庭发表

四、判决书

判决书的制作要点同自诉案件判决书的制作要点。

五、裁定书

裁定书的制作要点同自诉案件裁定书的制作要点。

重点内容图解

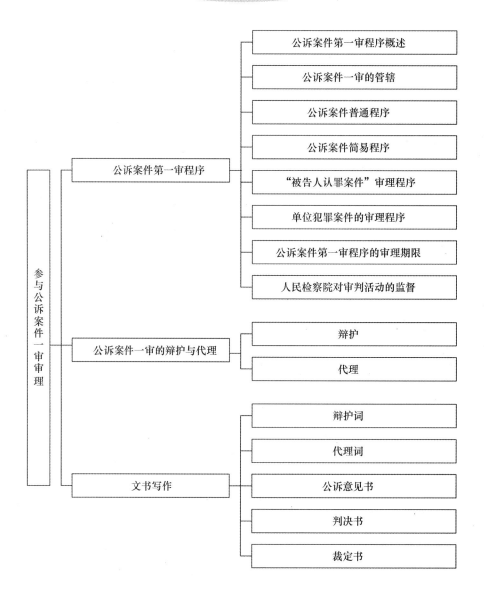

同步练习

一、单项选择题

1. 犯罪嫌疑人刘刚,对公诉机关指控的盗窃事实(可能判处 3 年以下有期徒刑,事实清楚,证据充分)供认不讳,人民法院认为可以适用简易程序,但被告人刘刚要求适用普通程序,请问人民检察院应该建议简易程序吗,理由是什么,(   )。

    A. 不应该建议,因为被告人对指控的犯罪事实供认不讳,建议适用简易程序,对被告人不公正
    B. 不应该建议,因为被告人要求适用普通程序
    C. 应该建议,因为案件事实清楚、证据充分
    D. 应该建议,因为依法可能判处3年以下有期徒刑

2. 有关第一审公诉案件的审理期限问题,下列说法错误的是(　　)。
    A. 当事人和辩护人申请通知新的证人到庭,调取新的证据,申请重新鉴定或者勘验的,应当提供证人的姓名、证据的存放地点,说明所要证明的案件事实,要求重新鉴定或者勘验的理由。审判人员根据具体情况,认为可能影响案件事实认定的,应当同意该申请,并宣布延期审理;不同意的,应当告知理由并继续审理。依照上述规定延期审理的时间不得超过15天,延期审理的时间不计入审理期限
    B. 依照法律规定辩护人拒绝辩护或被告人当庭拒绝辩护人为其辩护,而依据法律规定另行委托、指定辩护人或者辩护律师的,自案件宣布延期审理之日起至第10日止。准备辩护时间不计入审理期限
    C. 在审判过程中,自诉人或者被告人患精神病或者其他严重疾病,以及案件起诉到人民法院后被告人脱逃,致使案件在较长时间内无法继续审理的,人民法院应当裁定中止审理。由于其他不能抗拒的原因,使案件无法继续审理的,可以裁定中止审理。中止审理的原因消失后,应当恢复审理。中止审理的期间不计入审理期限
    D. 审理期间,对被告人作精神病鉴定的时间不计入审理期限

3. 某县法院在审理赵康抢劫案过程中,发现被告人赵康可能有立功的法定量刑情节,但检察院的起诉书及所移送的证据材料中却没有这方面的证据材料。此时,审理本案的合议庭应按下列哪种方法处理(　　)。
    A. 可以建议检察院补充侦查
    B. 应当建议检察院补充侦查
    C. 可以向检察院调取相应的证据材料
    D. 应当向检察院调取相应的证据材料

4. 某县人民法院在审判徐某强奸案过程中,县人民检察院以徐某的行为不构成强奸罪为理由,向法院提出了撤回起诉的要求。法院接到该撤诉要求时,合议庭已经对本案进行了评议并做出了判决,但尚未宣告判决。法院对该撤诉要求应按下列哪种方式处理(　　)。
    A. 法院应当做出准予撤诉的裁定
    B. 法院应当做出不准撤诉的裁定
    C. 可以先审查撤诉理由,再做出是否准予撤诉的裁定
    D. 应当先审查撤诉理由,再做出是否准予撤诉的裁定

5. 某市中级人民法院受理本市人民检察院提起公诉的金某故意伤害案后,认为不需要判处无期徒刑以上刑罚。某市中级人民法院应当做出下列哪种处理

( )。

A. 指定其他基层人民法院管辖
B. 交犯罪地基层人民法院审判
C. 开庭审理,不再交基层人民法院审理
D. 退回本市人民检察院,由检察院向基层人民法院提起公诉

二、多项选择题

1. 某县人民法院适用简易程序审理郝某涉嫌盗窃罪一案,依法应当遵循下列哪些规定( )。

   A. 由审判员一人独任审判
   B. 提起公诉的县人民检察院必须派员出席法庭
   C. 县人民法院应当在受理此案后20日内审结此案
   D. 县人民法院在判决宣告前应当听取郝某的最后陈述意见

2. 卞某系聋哑人,是某聋哑学校职工,因涉嫌盗窃罪被B县人民检察院提起公诉。卞某委托的辩护人商某认为卞某并非该案的犯罪人。B县人民法院经审查,决定按照普通程序审理该案。B县人民法院为什么决定按照普通程序而不是按照简易程序审理该案( )。

   A. 卞某系聋哑人
   B. 卞某系某聋哑学校职工
   C. 辩护人高某认为卞某无罪
   D. 人民检察院没有建议适用简易程序

3. 人民法院在适用简易程序审理刑事公诉案件时,下列哪些选项是人民检察院应当要求人民法院将简易程序转为普通第一审程序审理案件的情形( )。

   A. 对被告人是否犯罪存在疑问的
   B. 案件事实、证据存在较大争议的
   C. 对被告人依法应判处3年以上有期徒刑的
   D. 被告人有新的犯罪事实需要追加起诉一并审理的

4. 在一起伤害案件中,被害人甲不服某县人民检察院对犯罪嫌疑人乙做出的不起诉决定而向县人民法院提起诉讼。人民法院审查后认为该案缺乏证据,经要求,自诉人未能提出补充证据。县人民法院可以做出哪些处理( )。

   A. 说服自诉人撤诉   B. 裁定驳回自诉
   C. 对甲和乙进行调解   D. 中止诉讼

5. 某公司在招股说明书中隐瞒重要事实发行股票,涉嫌欺诈发行股票罪,公司的董事和经理也涉嫌参与犯罪,人民检察院依法提起公诉,下列有关人民法院审理该案应当遵循的程序符合刑事诉讼法相关规定的是( )。

   A. 人民法院决定开庭审理该案应当通知被告单位的诉讼代表人出庭,拒不出庭的,人民法院在必要的时候可以拘传到庭
   B. 人民法院为了保证判决的执行,可以先行扣押、冻结被告单位的财产

C. 该公司在审理过程中被注销,案件应当终结审理,对公司董事经理的犯罪,另行开庭审判
D. 该公司在案件审理过程中可以委托辩护人

三、不定项选择题

钱某因故意伤害致人轻伤被检察机关起诉到人民法院,检察机关同时建议人民法院适用简易程序审理此案,据此请回答下列问题。

1. 在法庭审理中,出现以下何种情况,法院应当决定中止审理,并按照公诉案件的第一审普通程序重新审理(   )。
   A. 钱某的行为可能不构成犯罪
   B. 事实不够清楚,证据不够充分
   C. 发现犯罪已过追诉时效期限
   D. 钱某应当被判处 3 年以上有期徒刑

2. 根据我国《刑事诉讼法》和有关司法解释的规定,下列说法正确的有哪些(   )。
   A. 人民检察院应当随案移送全案卷宗和证据材料
   B. 人民检察院只需移送主要证据复印件和证据目录、证人名单
   C. 人民检察院应当派员出席法庭
   D. 如果钱某对起诉指控的犯罪事实予以否认,法院则不应当适用简易程序

四、案例分析题

被告人甲、乙共同将被害人丙杀害。一审程序中,在公诉人对被告人甲、乙同时进行讯问后,经审判长许可丙的父亲丁以附带民事诉讼原告的身份,就犯罪及财产损失事实向甲、乙发问。丙所居住社区的物业服务人员戊旁听了案件审理,并应控方要求就丙的被害情况向法庭作证,先后回答了辩护人、公诉人及审判长的发问。庭审中合议庭对戊的证言及其他证据发现疑问,遂宣布休庭,就被害人死亡时间及原因进一步调查核实。法庭调查中,公诉人发现被告人乙尚有遗漏的犯罪事实,当庭提出要求撤回起诉,法庭审查后做出同意撤回起诉的决定。重新起诉后,甲、乙分别被判处死刑并赔偿原告损失 10 万元。

请指出以上案例中在程序方面的不当之处,并简要分析原因。

诉讼任务四　参与公诉案件二审审理

任务描述

参与公诉案件二审审理是基层法律工作者必备的法律服务技能，通过本诉讼任务的学习，学生具备以下专业能力：

1. 能够理解审判公开、全面审查、上诉不加刑等刑事诉讼的原则；
2. 能够了解第二审合议庭的组成及审理方式等相关制度；
3. 能够熟练掌握刑事诉讼的第二审程序。

知识储备

第一节　公诉案件第二审程序概述

第二审程序是指第一审人民法院的上一级人民法院根据当事人的上诉或人民检察院的抗诉，对于下一级人民法院未生效的判决或裁定重新进行审理的方式、方法和应遵循的程序等。当事人的上诉和人民检察院的抗诉都能够引起公诉案件的第二审程序。公诉案件的第二审程序与自诉案件第二审程序相同，都要遵循全面审查原则和上诉不加刑原则，二者在审判方式、审理期限上也基本相同，本章在此不再赘述。公诉案件在第二审程序中的辩护与代理要求与公诉案件第一审中的辩护与代理要求相同，本章在此也不再赘述。本章将主要介绍检察机关抗诉引发的第二审程序。

第二节　检察院抗诉的第二审程序

一、抗诉权与抗诉机关

第二审程序的抗诉是指地方各级人民检察院认为本级人民法院第一审的判决、裁定确有错误时,在法定抗诉期限内要求上一级人民法院对案件重新审理的诉讼活动。第二审程序的抗诉权是法律赋予地方各级人民检察院对同级人民法院未生效的一审判决、裁定,依法提起抗诉的诉讼权利。

有权提起抗诉的机关是地方各级人民检察院。《刑事诉讼法》第181条规定:"地方各级人民检察院认为本级人民法院第一审的判决、裁定确有错误的,应当向上一级人民法院提出抗诉。"最高人民法院是我国最高审判机关,它所作的一审裁判就是终审裁判,对它既不能上诉,也不能按照第二审程序抗诉。最高人民检察院如果认为最高人民法院的裁判确有错误,只能按照审判监督程序提出抗诉。这是法律规定的一种特殊处理方式。

二、提起抗诉的方式和程序

地方各级人民检察院对同级人民法院第一审判决、裁定提出抗诉的方式,根据《刑事诉讼法》第185条的规定,只能以抗诉书的形式提出,不得采用口头形式。

抗诉应当通过原审人民法院提出抗诉书,并将抗诉书抄送上一级人民检察院。人民检察院在抗诉期限内可以撤回抗诉。如果是在抗诉期满后撤回抗诉的,第二审人民法院应当裁定终止审理,并通知第一审人民法院和有关当事人。

上级人民检察对于下级人民检察院抄送的抗诉书,经过审查如果同意抗诉,二审开庭审判时应当派员出庭。如果认为抗诉不当,可向同级人民法院撤回抗诉,同时通知提出抗诉的下级人民检察院。

三、提起抗诉的期限

《刑事诉讼法》第183条明确规定:"不服判决的上诉和抗诉期限为10日,不服裁定的上诉和抗诉期限为5日。从接到判决书、裁定书的第二日起算。"对附带民事判决或者裁定的抗诉期限,应当按照刑事部分的抗诉期限确定。如果附带民事诉讼部分是另行审判的,上诉期限应当按照民事诉讼法规定的期限执行。

四、提起抗诉的理由

关于抗诉的理由,法律有明确规定。根据《刑事诉讼法》第181条的规定,必须是认为本级人民法院第一审判决、裁定"确有错误",才能提出抗诉。根据最高人民检察院《规则》第397条的规定,所谓"确有错误"主要指:

1. 认定事实不清、证据不足的;
2. 有确实、充分证据证明有罪而判无罪,或者无罪判有罪的;
3. 重罪轻判,轻罪重判,适用刑罚明显不当的;

4. 认定罪名不正确,一罪判数罪、数罪判一罪,影响量刑或者造成严重的社会影响的;

5. 免除刑事处罚或者适用缓刑错误的;

6. 人民法院在审理过程中严重违反法律规定的诉讼程序的。

五、审理方式

对人民检察院抗诉的案件,第二审人民法院应当开庭审理。开庭审理的具体程序同公诉案件一审的程序。

六、审理期限

公诉案件第二审程序的审理期限同公诉案件一审的审理期限。最高人民法院受理的抗诉案件的审理期限,由最高人民法院决定。

第三节 法律文书写作

一、刑事上诉状

刑事上诉状的制作要点参见第二编诉讼任务三"参与刑事自诉案件二审法庭审理"中刑事上诉状的制作要点。

二、刑事抗诉书

(一)制作要点

第二审刑事抗诉书主要包括首部、正文和尾部三部分。

1. 首部

(1)标题。

标题主要包含文书制作机关即人民检察院名称以及文书名称,如果是涉外刑事案件应当冠以"中华人民共和国"字样。

(2)文书编号。

2. 正文

(1)原审判决(裁定)情况。

原审判决(裁定)情况主要写明原审人民法院的名称、原审判决(裁定)的文书编号、原审被告人的姓名、案由、原审判决(裁定)的结果。

（2）人民检察院的审查意见。

本部分要明确指出原判决(裁定)的错误所在，并明确告知第二审人民法院检察机关抗诉的重点是什么。要做到观点鲜明、语言精练，如果被害人及其法定代理人不服地方各级人民法院第一审的判决(裁定)而请求人民检察院提出抗诉的，应当先写明这一程序。

（3）抗诉的理由。

（4）结论性意见、法律根据、决定和请求事项。

3. 尾部

尾部主要写明受文机关、文书制作机关即人民检察院署名并盖院印、发出文书的年月日以及附项。附项主要写明被告人现羁押或居住处所和新的证人名单与证据目录。

(二) 文书范本

×××检察院
刑事抗诉书
×检刑抗[××××]××号

原审被告人：×××（依次写明姓名、性别、出生年月日、民族、出生地、文化程度、职业或单位及职务、住址、服刑情况。有数名被告人的，依犯罪事实情节由重至轻的顺序分别列出）

×××人民法院以××号刑事判决书(裁定书)对被告人×××（姓名）×××（案由）一案判决(裁定)……（判决、裁定结果）。本院依法审查后认为（如果是被害人及其法定代理人不服地方各级人民法院第一审的判决而请求人民检察院提出抗诉的，应当写明这一程序，然后再写"本院依法审查后认为"），该判决(裁定)确有错误（包括认定事实有误、适用法律不当、审判程序严重违法），理由如下：

……（根据不同情况，理由从认定事实错误、适用法律不当和审判程序违法等几方面阐述）。

综上所述……（概括上述理由），为维护司法公正，准确惩治犯罪，依照《中华人民共和国刑事诉讼法》第181条的规定，特提出抗诉，请依法判处。

此致
×××人民法院

           检察员：×××
           ××××年×月×日
           （院印）

附：1. 被告人×××现羁押于×××（或者现住×××）。

  2. 新的证人名单或者证据目录。

重点内容图解

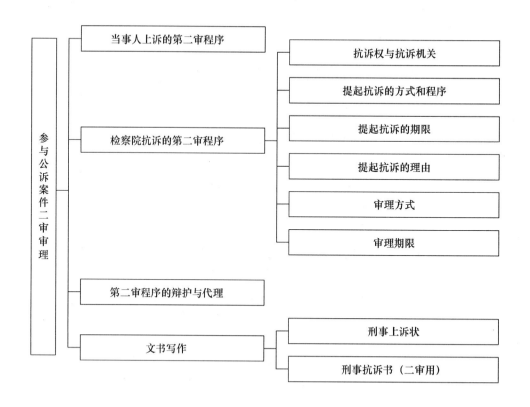

一、单项选择题

1. 某人民法院对被告人曹某等共同抢劫一案做出一审判决。曹某对犯罪事实供认不讳,仅以量刑过重为由提出上诉,其他被告人未提出上诉,人民检察院也未抗诉。二审人民法院经审理认为曹某构成犯罪,但曹某在二审做出裁判前因病死亡。二审人民法院应当如何处理该案件(　　)。

   A. 裁定全案终止审理,原判决自行生效
   B. 裁定对上诉终止审理,维持一审判决
   C. 裁定撤销一审判决,发回原审人民法院重审
   D. 宣布对曹某终止审理,对其他被告人仍应做出判决或裁定

2. 叶某因挪用资金罪被判处有期徒刑一年缓刑两年,判决宣告时叶某表示不上诉。叶某被解除羁押后经向他人咨询,认为自己不构成犯罪,于是又想提出上诉,下列选项正确的是(　　)。

   A. 叶某已明确表示不上诉,因此不能再提起上诉
   B. 需经法院同意,叶某才能上诉

C. 在上诉期满前,叶某有权提出上诉
D. 叶某可在上诉期满前提出上诉,但因一审判决未生效,需对他重新收押

3. 不服地方各级人民法院第一审未生效判决时,(　　)有权请求检察院提起抗诉。

   A. 被害人及其近亲属 B. 被害人及其诉讼代理人
   C. 被害人及其法定代理人 D. 被害人以及附带民事诉讼原告人

4. 某市中级人民法院对张三(21岁)被控强奸一案进行了公开审理,判处张三死刑立即执行。张三认为量刑过重,提出上诉。二审人民法院的做法正确的是(　　)。

   A. 应当公开开庭审理 B. 可以不开庭审理
   C. 应当裁定撤销原判、发回重审 D. 应当提审

5. 甲、乙涉嫌共同抢夺。经审理,一审人民法院判处甲有期徒刑3年、乙有期徒刑2年。人民检察院以对甲量刑过轻为由提起抗诉。甲、乙均没有上诉。关于本案第二审程序,下列选项正确的是(　　)。

   A. 二审人民法院仅就甲的量刑问题进行审查
   B. 二审人民法院可以不开庭审理
   C. 乙应该庭调查
   D. 如果改判,二审人民法院可以加重乙的刑罚

二、多项选择题

1. 张某、王某合伙实施盗窃,张某被判处有期徒刑10年,王某被判处有期徒刑3年。张某、王某未上诉,人民检察院认为对王某的量刑过轻,仅就王某的量刑问题提出抗诉。在第二审程序中,张某享有的权利包括(　　)。

   A. 参加法庭调查 B. 参加法庭辩论
   C. 委托辩护人辩护 D. 二审人民法院不得加重其刑罚

2. 甲与乙婚后六年,乙又与另一男子相爱,并通过熟人办理了结婚登记手续。甲得知后将乙起诉至人民法院,乙被人民法院以重婚罪判处有期徒刑1年。对本案第一审判决,(　　)享有独立上诉权。

   A. 甲 B. 乙
   C. 甲、乙的父母 D. 乙的辩护人

3. 第二审法院遇有下列哪些情形应当依法裁定撤销原判、发回重审(　　)。

   A. 应当公开审理而没有公开审理的
   B. 被告人未在庭审笔录上签名的
   C. 人民陪审员独任审判案件的
   D. 庭审中没有听取被告人最后陈述,可能影响公正审判的

4. 被告人李阳,因故意杀人罪、间谍罪被中级人民法院一审判处死刑缓期2年执行。在上诉期间内,人民检察院认为人民法院的量刑不当,依法提起抗诉。二审人民法院不开庭审理后,认为一审人民法院认定事实没有错误,量刑过轻,

依法撤销原判,改判为死刑立即执行,并核准执行死刑立即执行。该案中下列做法违法的是( )。

A. 二审人民法院改判被告人死刑立即执行
B. 二审人民法院核准执行死刑
C. 二审人民法院没有发回重审
D. 二审人民法院不开庭审理本案

5. 在刑事附带民事诉讼案件中,只有附带民事诉讼的当事人就附带民事诉讼上诉时,该案件应当如何处理( )。

A. 二审案件只需审查附带民事诉讼
B. 在上诉期满后,第一审刑事部分判决生效
C. 如果第一审附带民事部分事实清楚,适用法律正确,刑事部分亦无不当,则应以刑事附带民事裁定维持原判,驳回上诉
D. 第一审刑事判决需要第二审判决或裁定做出之后,才能确定其效力

三、不定项选择题

1. 第一审程序中有下列何种情形,二审人民法院应该撤销原判,发回原审人民法院重新审判( )。

A. 对不复杂的共同犯罪案件适用简易程序审理的
B. 适用简易程序审理的公诉案件,检察人员没有出庭的
C. 一审合议庭的书记员应回避而未回避的
D. 适用简易程序审理的自诉案件,开庭审理中被告人委托的辩护人没有出庭的

2. 人民法院对一起共同犯罪案件审理后分别判处甲死缓、乙无期徒刑。甲没有提出上诉,乙以量刑过重为由提出上诉,同时人民检察院针对甲的死缓判决以量刑不当为由提起抗诉。下列关于第二审程序的表述错误的是( )。

A. 二审人民法院可以不开庭审理
B. 二审人民法院应当开庭审理
C. 因上诉和抗诉都不是针对原审事实认定,二审人民法院对本案不能以事实不清为由撤销原判,发回重审
D. 因本案存在抗诉,二审人民法院不受上诉不加刑原则的限制

3. 某中级人民法院依法审理李某、钱某(共同)故意杀人一案,判决宣告后,钱某不服提起上诉。李某并未提起上诉,二审人民法院在审理过程中,被告人李某因病死亡,但后来人民法院查明被告人李某确实构成了犯罪。下列二审人民法院的做法错误的是( )。

A. 对李某宣布终止审理
B. 对李某做出有罪判决
C. 对钱某可依审理结果,做出相应的判决、裁定
D. 对全案裁定终止审理

4. 曲某因涉嫌爆炸罪被检察机关提起公诉。某市中级人民法院经审理认为,曲某的犯罪行为虽然使公私财物遭受了重大损失,也没有法定减轻处罚情节,但根据案件特殊情况,可以在法定刑以下判处刑罚,于是判处曲某有期徒刑8年。曲某在法定期间内没有提出上诉,检察机关也没有提出抗诉。该案在程序上应当如何处理(   )。

   A. 在上诉、抗诉期满后3日内报请上一级人民法院复核

   B. 如果上一级人民法院同意原判,应当逐级报请最高人民法院核准

   C. 如果上一级人民法院不同意在法定刑以下判处刑罚,应在改判后逐级报请最高人民法院核准

   D. 最高人民法院予以核准的,应当做出核准裁定书

5. 根据《刑事诉讼法》相关规定,下列有关期间说法正确的是(   )。

   A. 被害人不服一审人民法院做出的判决的,应当在收到判决书之日起10日内请求人民检察院提出抗诉

   B. 被害人不服一审人民法院做出的判决的,应当在收到判决书之日起5日内请求人民检察院提出抗诉

   C. 被告人不服一审人民法院做出的判决,应当在收到判决书之日起10日内提出上诉

   D. 人民检察院认为一审人民法院做出的裁定确有错误,应当在5日内向上一级人民法院提出抗诉。

诉讼任务五　参与死刑复核程序审理

任务描述

死刑是对犯罪分子最严厉的惩罚,凡是判处死刑的案子都必须经过死刑复核程序进行复核。在死刑复核程序中提供法律服务是基层法律工作者应该具备的一项法律服务技能,通过本诉讼任务的学习,学生具备掌握死刑复核程序的专业能力。

知识储备

第一节　死刑复核程序概述

一、死刑复核程序的概念

死刑复核程序是人民法院对判处死刑的案件进行复查核准所遵循的一种特别审判程序。死刑是剥夺犯罪分子生命的刑罚,是刑法所规定的诸刑种中最严厉的一种,称为极刑。我国法律一方面把死刑作为打击犯罪、保护人民的有力武器,另一方面又强调严格控制死刑的适用。因此,除在实体法中规定了死刑不适用于未成年人、怀孕妇女等限制性要求外,还在程序法中对判处死刑的案件规定了一项特别的审查核准程序——死刑复核程序。

死刑复核程序是指人民法院对判处死刑的案件报请对死刑有核准权的人民法院审查核准应遵守的步骤、方式和方法,它是一种特别的程序。

二、死刑复核的特点

(一)审理对象特定

死刑复核程序只适用于判处死刑的案件,包括判处死刑立即执行和判处死刑缓期2年执行的案件。只有死刑案件才需要经过死刑复核程序。

(二)死刑复核程序是死刑案件的终审程序

一般刑事案件经过第一审程序、第二审程序以后,判决就发生法律效力。而死刑案件除经过第一审程序、第二审程序以外,还必须经过死刑复核程序。只有经过复核并核准的死刑判决才发生法律效力。从这一意义上说,死刑复核程序是两审终审制的一种例外。

（三）所处的诉讼阶段特殊

死刑复核程序的进行一般是在死刑判决做出之后，发生法律效力并交付执行之前。相比较而言，第一审程序、第二审程序审理时间是在起诉之后，二审判决之前；审判监督程序则是在判决、裁定发生法律效力之后。

（四）核准权具有专属性

依据刑事诉讼法的规定，有权进行死刑复核的机关只有最高人民法院和高级人民法院。而其他的审判程序与此不同：一审案件任何级别的人民法院均可审判；二审案件中级以上的法院均可审判；再审案件原审以及原审以上的人民法院均可审判。

（五）程序启动上具有自动性

第一审程序和第二审程序的启动都遵循不告不理原则：只有检察机关提起公诉或者自诉人提起自诉，人民法院才能启动第一审程序；只有检察机关提起抗诉或者被告人、自诉人提起上诉，人民法院才能启动第二审程序。而死刑复核程序的启动既不需要检察机关提起公诉或者抗诉，也不需要当事人提起自诉或上诉，只要二审人民法院审理完毕或者一审后经过法定的上诉期或抗诉期被告人没有提出上诉、人民检察院没有提起抗诉，人民法院就应当自动将案件报送高级人民法院或最高人民法院核准。

（六）报请复核方式特殊

依照法律的有关规定，报请复核应当按照法院的组织系统逐级上报，不得越级报核。

三、死刑复核程序中的辩护人

2007年3月9日最高人民法院、最高人民检察院、公安部、司法部联合印发了《关于进一步严格依法办案确保办理死刑案件质量的意见》通知等。根据2007年3月9日《最高人民法院、最高人民检察院、公安部、司法部关于进一步严格依法办案确保办理死刑案件质量的意见》第40条的规定，死刑案件复核期间，被告委托的辩护人提出听取意见要求的，应当听取辩护人意见，并制作笔录附卷。这为律师进入死刑复核程序提供了广义上的法律依据，也为律师创造了一个广阔的空间和舞台。

第二节 判处死刑立即执行案件的复核程序

一、死刑立即执行案件的核准权

《刑法》规定死刑除依法由最高人民法院判决的以外，都应当报请最高人民法院核准。

二、死刑立即执行复核程序

(一) 向最高人民法院的报请复核

1. 中级人民法院判处死刑的第一审案件,被告人不上诉、人民检察院不抗诉的,在上诉、抗诉期满后3日内报请高级人民法院复核。高级人民法院同意判处死刑的,应当依法做出裁定后,报请最高人民法院核准;不同意判处死刑的,应当提审或者发回重新审判。

2. 中级人民法院判处死刑的第一审案件,被告人提出上诉或者人民检察院提出抗诉,高级人民法院终审裁定维持死刑判决的,报请最高人民法院核准。

3. 高级人民法院判处死刑的第一审案件,被告人不上诉、人民检察院不抗诉的,在上诉、抗诉期满后3日内报请最高人民法院核准。

4. 依法应当由最高人民法院核准的死刑案件,判处死刑缓期2年执行的罪犯,在死刑缓期执行期间,如果故意犯罪,查证属实,应当执行死刑的,由高级人民法院报请最高人民法院核准。

5. 被告人被判处死刑的数罪中,如果有应当由最高人民法院核准的,或者共同犯罪案件部分被告人被判处死刑的罪中有应当由最高人民法院核准的,都必须将全案报请最高人民法院核准。

(二) 对报请复核案件的要求

中级人民法院和高级人民法院对于报送复核死刑的案件,必须做到:

1. 一案一报;
2. 诉讼文书齐备;
3. 移送全部证据。

共同犯罪案件,即使只对其中一个被告人判处死刑,也应将全部案卷和全部证据一并移送。

三、对判处死刑立即执行案件的复核

根据《刑事诉讼法》第202条及最高人民法院《解释》的规定,复核死刑案件应当由审判员3人组成合议庭进行。

(一) 复核的内容

复核死刑案件应当全面审查以下内容:

1. 被告人的年龄,有无责任能力,是否是正在怀孕的妇女;
2. 原审判决认定的犯罪事实是否清楚,证据是否确实、充分;
3. 犯罪情节、后果和危害程度;
4. 原判决适用法律是否正确,是否必须判处死刑;
5. 有无法定、酌定从轻或者减轻处罚的情节;
6. 其他应当审查的情况。

(二) 复核的方法

最高人民法院复核死刑案件,应当对原审裁判的事实认定、法律适用和诉讼程序进行全面审查。合议庭成员应当阅卷,并提出书面意见存查。对证据有疑问的,应当进行调查核实,必要时到案发现场调查。复核死刑案件,原则上应当讯问被告人。复核后,最高人民法院应当做出核准的裁定、判决,或者做出不予核准的裁定。

1. 原审判决认定事实和适用法律正确、量刑适当、诉讼程序合法的,裁定予以核准。原判判处被告人死刑并无不当,但具体认定的某一事实或者引用的法律条款等不完全准确、规范的,可以在纠正后做出核准死刑的判决或者裁定。

2. 原审判决认定事实不清、证据不足的,裁定不予核准,并撤销原判,发回重新审判。

3. 原审判决认定事实正确,但依法不应当判处死刑的,裁定不予核准,并撤销原判,发回重新审判。

4. 原审判决人民法院违反法定诉讼程序,可能影响公正审判的,裁定不予核准,并撤销原判,发回重新审判。

5. 数罪并罚案件,一人有两罪以上被判处死刑,最高人民法院复核后,认为其中部分犯罪的死刑裁判认定事实不清、证据不足的,对全案裁定不予核准,并撤销原判,发回重新审判;认为其中部分犯罪的死刑裁判认定事实正确,但依法不应当判处死刑的,可以改判并对其他应当判处死刑的犯罪做出核准死刑的判决。

6. 一案中两名以上被告人被判处死刑,最高人民法院复核后,认为其中部分被告人的死刑裁判认定事实不清、证据不足的,对全案裁定不予核准,并撤销原判,发回重新审判;认为其中部分被告人的死刑裁判认定事实正确,但依法不应当判处死刑的,可以改判并对其他应当判处死刑的被告人做出核准死刑的判决。

(三) 发回重审的具体应用

1. 发回重审的范围

不予核准、裁定发回重审的死刑案件,发回的是死刑部分,重审的也是死刑部分。对于原审附带民事赔偿部分、数罪并罚案件中的非死刑处罚部分的裁判,尽管在重审中可能重新处理,但属于重审中自行、主动解决问题。对于共同犯罪案件中的未判处死刑的被告人犯罪部分,对死刑部分复核不影响其生效。最高人民法院在复核时发现已经生效的判决、裁定确有错误的,可以通过审判监督程序解决。

2. 发回重审的审级

最高人民法院裁定不予核准死刑的,根据案件具体情形可以发回第二审人民法院或者第一审人民法院重新审判。

3. 发回重审的审理

关于开庭,发回一审重审的,一审应当开庭审理;发回二审的,二审可以直接改判,但量刑不当的案件,必须通过开庭调查事实、证据的,或者纠正原审程序违法的,应当开庭审理。原审被告人上诉引起二审的案件,发回后重审时不能加重被告人的刑罚,这主要是指数罪中非死刑处罚部分,即使经过重审仍然判处被告人死刑,也不得加重被告人他罪的刑罚。

四、死刑停止执行

(一) 死刑停止执行的情形

1. 在执行前发现判决可能有错误的
   (1) 发现罪犯可能有其他犯罪的;
   (2) 共同犯罪的其他犯罪嫌疑人归案,可能影响罪犯量刑的;
   (3) 共同犯罪的其他罪犯被暂停或者停止执行死刑,可能影响罪犯量刑的;
   (4) 判决可能有其他错误的。
2. 在执行前罪犯揭发重大犯罪事实或者有其他重大立功表现,可能需要改判的。
3. 罪犯正在怀孕。

以上情形中除了怀孕要求是确实的外,其他都是可能情形,另外对于怀孕罪犯在羁押期间人工流产的,应视为正在怀孕。

(二) 处理程序

下级人民法院在接到最高人民法院执行死刑命令后、执行前,发现有《刑事诉讼法》第211条第1款、第212条第4款规定的情形的,应当暂停执行死刑,并立即将请求停止执行死刑的报告及相关材料层报最高人民法院审批。最高人民法院经审查,认为不影响罪犯定罪量刑的,应当裁定下级人民法院继续执行死刑;认为可能影响罪犯定罪量刑的,应当裁定下级人民法院停止执行死刑。下级人民法院停止执行后,应当会同有关部门调查核实,并及时将调查结果和意见层报最高人民法院审核。

最高人民法院在执行死刑命令签发后、执行前,审查发现有《刑事诉讼法》第211条第1款、第212条第4款规定的情形的,应当立即裁定下级人民法院停止执行死刑,并将有关材料移交下级人民法院。下级人民法院会同有关部门调查核实后,应当及时将调查结果和意见层报最高人民法院审核。前述第211条第1项和第2项规定停止执行的原因消失后,必须报请最高人民法院院长再签发执行死刑的命令才能执行;由于前述211条第3项原因停止执行的,应当报请最高人民法院依法改判,需要改判的案件,应当由最高人民法院适用审判监督程序依法改判或者指令下级人民法院再审。

(三) 临场监督

执行死刑的检察人员在执行死刑前,发现有下列情形之一的,应当建议人民法院停止执行:被执行人并非应当执行死刑的罪犯的;罪犯犯罪时不满18周岁的;判决可能有错误的;在执行前罪犯检举揭发重大犯罪事实或者有其他重大立功表现,可能需要改判的;罪犯正在怀孕的。

(四) 审查合议庭

对于下级人民法院报送的请求停止执行死刑的报告及相关材料,由最高人民法院做出核准死刑裁判的原合议庭负责审查,必要时,依法另行组成合议庭进行审查。

(五) 处理方式

最高人民法院对于依法已停止执行死刑的案件,依照下列情形分别处理:

1. 确认罪犯正在怀孕的,应当依法改判;

2. 确认原裁判有错误,或者罪犯有重大立功表现需要依法改判的,应当裁定不予核准死刑,撤销原判,发回重新审判;

3. 确认原裁判没有错误,或者罪犯没有重大立功表现,或者重大立功表现不影响原裁判执行的,应当裁定继续执行原核准死刑的裁判,并由院长再签发执行死刑的命令。

第三节　判处死刑缓期2年执行案件的复核程序

一、死刑缓期执行案件的核准权

根据《刑事诉讼法》第201条的规定,中级人民法院判处死刑缓期2年执行的案件,由高级人民法院核准。

二、死刑缓期执行案件的报请复核

中级人民法院判处死刑缓期2年执行的案件,被告人不上诉,人民检察院也不抗诉的,在上诉和抗诉期限届满后,中级人民法院应当立即将呈请复核的报告、死缓案件综合报告和判决书,以及全部诉讼案卷和证据,报送高级人民法院核准。

高级人民法院判处死刑缓期2年执行的第一审案件,被告人不上诉,人民检察院也不抗诉的,以及高级人民法院裁定维持第一审判处死刑缓期2年执行的第二审案件,其所做出的判决、裁定,均应发生法律效力。

三、对死刑缓期执行案件复核后的处理

根据《刑事诉讼法》第202条的规定,高级人民法院复核判处死刑缓期执行的案件,应当由审判员3人组成合议庭进行。合议庭复核的事项、方式与复核死刑立即执行案件相同。合议庭对全案进行审查后,应认真评议并写出复核审理报告。合议庭复核的事项、方式与复核死刑立即执行案件相同。对案件的处理,可以根据不同情况提出以下意见。

1. 原判决认定事实清楚,证据确实、充分,适用法律正确,判处死缓适当的,应用裁定予以核准死缓判决。

2. 原判决认定的事实不清或者证据不足的,裁定撤销原判,发回原审法院重新审判。

3. 认为原判较重,不同意判处死缓的,可以直接改判。如果认为必须判处死刑立即执行的,应当提审,或者撤销原判,发回重新审判。

4. 发现原审人民法院违反法定诉讼程序,可能影响正确判决的,应当裁定撤销原判,发回原审法院重新审判。

高级人民法院直接改判原判死缓的案件,只能是原判决处刑过重,不应判处死刑缓期2年执行。如果原判决处刑过轻,依法应当判处死刑立即执行,则不能直接改判。也就是说,高级人民法院对原判死缓的案件,只能改判较轻的刑罚,不能改判更重的刑罚。这是因为对高级人民法院复核后直接改判的判决,被告人不能上诉,人民检察院不能抗诉。如果准许高级人民法院复核死缓案件可以直接改判为死刑立即执行,就剥夺了被告人和人民检察院对死刑立即执行判决的上诉权和抗诉权,不利于保证死刑的正确适用。

高级人民法院复核死缓案件后,认为应当改判死刑立即执行的,一般应当用裁定撤销原判,发回原审人民法院重新审判,必要时,高级人民法院也可以在撤销原判后,按照第一审程序对该案重新审判。

重点内容图解

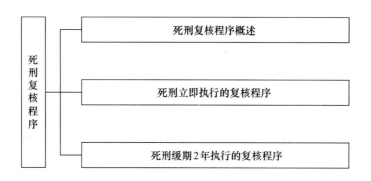

一、单项选择题

1. 孙某因犯故意杀人罪被某中级人民法院第一审判处死刑缓期2年执行,检察院提起抗诉。第二审法院审理后改判孙某死刑立即执行。对此案的处理,下列说法正确的是( )。
   A. 第二审法院应另行组成合议庭进行死刑复核
   B. 应当报请最高人民法院核准
   C. 因杀人罪判处死刑的核准权已经授权高级人民法院行使,不必报请最高人民法院核准
   D. 该死刑判决是高级人民法院做的终审判决,应当生效,执行死刑

2. 刘某因贪污罪被某市中级人民法院一审判处死刑,缓期2年执行。判决后刘某未上诉,人民检察院也未抗诉,市中级人民法院遂在抗诉、上诉期满后第二

天报请省高级人民法院核准。省高级人民法院不得做下列哪项处理（　　）。

A. 认为原判事实不清，证据不足，发回重审

B. 认为原判刑罚太重，不同意判处死缓，直接改判为有期徒刑 15 年

C. 认为原判刑罚太轻，应判处死刑立即执行，直接改判并报最高人民法院核准

D. 同意判处死缓，做出已核准的裁定

3. 李某因犯故意杀人罪被某市中级人民法院一审判处死刑，缓期 2 年执行。判决后，李某没有上诉，检察机关也没有抗诉。省高级人民法院在复核该案时认为，一审判决认定事实清楚，适用法律正确，但量刑不当，因为李某杀人后先奸尸又碎尸，情节恶劣，应当判处死刑立即执行。省高级人民法院应当如何处理该案（　　）。

A. 裁定撤销原判，直接改判李某死刑立即执行

B. 裁定撤销原判，发回市中级人民法院重新审判

C. 裁定撤销原判，由省高级人民法院进行第一审，依法判处李某死刑立即执行

D. 裁定维持一审判决

4. 伍某因犯抢劫罪被某中级人民法院一审判处死刑，缓期 2 年执行，并经高级人民法院核准。在死刑缓期 2 年执行期间伍某未犯新罪。2 年期满后的第二天，高级人民法院尚未裁定减刑，伍某将同监另一犯人打成重伤。高级人民法院对伍某应当做什么处理（　　）。

A. 裁定核准死刑立即执行

B. 将死刑缓期 2 年执行改为死刑立即执行，报最高人民法院核准

C. 先依法裁定减刑，然后对所犯新罪另行审判

D. 维持原死刑缓期 2 年执行的裁判，以观后效

二、多项选择题

1. 最高人民法院复核死刑案件时，裁定不予核准，发回重审的案件，应当如何处理（　　）。

A. 既可以发回二审法院重新审判，也可以发回一审人民法院重新审判

B. 发回二审法院重新审判的案件，除法律另有规定外，二审人民法院可以不经开庭直接改判

C. 发回一审法院重新审判的案件，一审法院应当开庭审理

D. 最高人民法院复核后认为原判认定事实正确，但依法不应当判处死刑的，裁定不予核准，并撤销原判，发回重新审判的案件，重新审判的法院应当另行组成合议庭进行审理

2. 复核死刑（死刑缓期 2 年执行）案件，应当全面审查以下内容（　　）。

A. 原审判决认定的主要事实是否清楚，证据是否确实、充分

B. 犯罪情节、后果及危害程度

C. 原审判决适用法律是否正确,是否必须判处死刑,是否必须立即执行

D. 被告人的年龄,有无责任能力,是否正在怀孕的妇女

3. 下列关于死刑复核程序与第二审程序的选项中,正确的是(   )。

A. 有死刑核准权的法院认为原判决认定事实有错误的,应当裁定撤销原判,发回重审

B. 第二审法院认为原判决认定事实有错误的,应当裁定撤销原判,发回重审

C. 有死刑核准权的法院认为原判决认定事实有错误的,可以查清事实后改判

D. 第二审法院认为原判决认定事实确有错误的,可以查清事实后改判

4. 张某以故意杀人罪被某中级人民法院判处无期徒刑,张某不服提起上诉,同时检察院也抗诉,二审高级法院改判张某死刑立即执行,则下列说法正确的是(   )。

A. 高级法院改判张某死刑立即执行违反了上诉不加刑原则

B. 此案二审死刑判决,必须经过最高人民法院核准

C. 若高级人民法院改判为死刑缓期 2 年执行,则不需核准

D. 假设中级法院一审时判处张某死刑立即执行,张某上诉,高级人民法院维持原判决,则该死刑判决要经最高人民法院核准

诉讼任务六　协助公诉案件执行

任务描述

协助公诉案件的执行同自诉案件的执行一样都涉及附加刑、主刑的执行以及执行变更。关于附加刑的执行，公诉案件同自诉案件要求相同；公诉案件管制、拘役、有期徒刑的执行要求同自诉案件相同，本章着重介绍无期徒刑和死刑的执行程序；公诉案件的减刑、监外执行、缓刑、假释要求同自诉案件执行相同，本章不再赘述。通过本诉讼任务的学习，学生具备以下专业能力：

1. 能够掌握无期徒刑、死刑两种主刑的执行；
2. 掌握死刑缓期2年执行的执行变更。

知识储备

第一节　无期徒刑的执行

一、执行的程序

判处无期徒刑的罪犯，其执行刑罚的程序与有期徒刑一样，由交付执行的人民法院将相关法律文书送达公安机关的看守所和罪犯应服刑的监狱，由公安机关将罪犯移交监狱。

二、执行的场所

被判处无期徒刑的罪犯，由公安机关依法将该罪犯送交监狱执行刑罚。根据《监狱法》第17条的规定，监狱对交付执行刑罚的罪犯，应当进行身体检查。经检查发现，被判处无期徒刑的罪犯有严重疾病需要保外就医，或者是怀孕、正在哺乳自己婴儿的妇女，可以暂不收监。对这种暂不收监的罪犯，应由交付执行的人民法院决定暂予监外执行；对于暂予监外执行有社会危险性的，应当收监。将罪犯收监后，监狱应当通知罪犯家属，告知罪犯所犯的罪名、判处的刑期和执行的地点。通知书应当自收监之日起5日内发出。执行期满，监狱应当按期释放并发给释放证明书。

三、刑期的折抵

无期徒刑不存在刑期折抵问题。

第二节 死刑的执行

一、死刑立即执行判决的执行

根据《刑事诉讼法》第 210 条、第 211 条、第 212 条以及最高人民法院《解释》的规定,具体程序如下:

(一)签发死刑执行令

《刑事诉讼法》第 210 第 1 款规定:"最高人民法院判处和核准的死刑立即执行的判决,应当由最高人民法院院长签发执行死刑的命令。"执行死刑命令应按照统一样式填写,然后由院长签名,并加盖人民法院印章。

(二)执行机关和执行时限

死刑的执行机关为原审人民法院,原审人民法院接到执行死刑命令后,应当在 7 日以内执行。

(三)对有法定应当停止执行死刑情形的判决的处理

在执行前如果发现有下列情形之一的,应当停止执行,并且立即报告核准死刑的人民法院处理:(1)在执行前发现判决可能有错误的;(2)在执行前罪犯揭发重大犯罪事实或者有其他重大立功表现,可能需要改判的;(3)罪犯正在怀孕的。

对于第一种情形如果查明判决没有错误,必须报请最高人民法院再签发执行死刑的命令才能执行,如果查明判决确有错误,应报核准死刑的人民法院改判;对于第二种情况依法可以从轻处罚的,也应报请核准死刑的人民法院改判;如果罪犯系正在怀孕的妇女,包括被羁押后自然流产或为判处死刑而作了人工流产的妇女也应报请核准死刑的人民法院依法改判。

(四)执行死刑的指挥和监督

人民法院在交付执行死刑前,应当通知同级人民检察院派员临场监督。指挥执行的审判人员对罪犯应当验明正身,讯问有无遗言、信札,然后交付执行人员执行死刑。在执行前如果发现可能有错误的,应当暂停执行,报请最高人民法院或高级人民法院裁定。

(五)执行死刑的方法和场所

死刑采用枪决或者注射等方法执行。死刑可以在刑场或者指定的羁押场所内执行。

(六) 执行死刑的注意事项

被执行死刑的罪犯可以同其近亲属会见。执行死刑应对罪犯验明正身并作必要的讯问。执行死刑应当公布,不应示众。执行死刑完毕,应当由法医验明罪犯确实死亡后,在场书记员制作笔录。交付执行的人民法院应当将执行死刑情况(包括执行死刑前后照片)及时逐级上报最高人民法院。执行死刑后,交付执行的人民法院还应办理法律规定的有关事项。

1. 对于死刑罪犯的遗书、遗言笔录,应当及时进行审查,涉及财产继承、债务清偿、家事嘱托等内容的,将遗书、遗言交给家属,同时复制存卷备查;涉及案件线索等问题的,应当抄送有关机关。

2. 通知罪犯家属在限期内领取罪犯尸体;有火化条件的,通知领取骨灰。过期不领取的,由人民法院通知有关单位处理。对于死刑罪犯的尸体或骨灰的处理情况,应当记录在卷。

3. 对外国籍罪犯执行死刑后,通知外国驻华使、领馆的程序和时限,依照有关规定办理。

二、死刑缓期 2 年执行判决的执行

死刑缓期 2 年执行参见"诉讼任务六 协助公诉案件执行"中"第一节 无期徒刑的执行"。

第三节 死刑缓期 2 年执行的变更

《刑事诉讼法》第 210 条第 2 款规定:"被判处死刑缓期 2 年执行的罪犯,在死刑缓期执行期间,如果没有故意犯罪,死刑缓期执行期满,应当予以减刑,由执行机关提出书面意见,报请高级人民法院裁定;如果故意犯罪,查证属实,应当执行死刑,由高级人民法院报请最高人民法院核准。"

重点内容图解

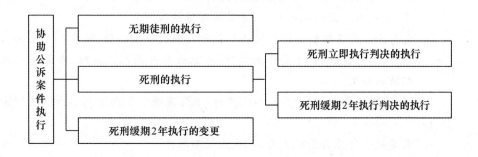

# 同步练习

一、单项选择题

1. 甲因故意杀人被判处死刑缓期2年执行,两年期满后,没有故意犯罪,也没有遗漏罪名,那么关于死刑缓期2年执行变更程序的下列表达不正确的是( )。
   A. 死缓犯减刑的管辖法院是服刑地的高级人民法院
   B. 死缓犯罪所在监狱在死缓两年期满时,提出减刑建议,报请原审人民法院,由其审核后报请有权法院裁定
   C. 有权人民法院制作的减刑裁定书应送达原判人民法院
   D. 有权人民法院制作的减刑裁定书应同时将副本送达担负监督任务的人民检察院

2. 孙某因犯故意杀人罪被某中级人民法院第一审判处死刑缓期2年执行,检察院提起抗诉。第2审法院审理后改判孙某死刑立即执行。对此案的处理,下列说法正确的是( )。
   A. 第二审法院应另行组成合议庭进行死刑复核
   B. 应当报请最高人民法院核准
   C. 因杀人罪判处死刑的核准权已经授权高级人民法院行使,不必报请最高人民法院核准
   D. 该死刑判决是高级人民法院做出的终审判决,应当生效,执行刑

二、多项选择题

1. 根据《刑事诉讼法》的相关规定,下列人民法院在执行死刑过程中,不符合法律规定的是( )。
   A. 某人民法院在接到最高人民法院执行死刑的命令后,发现判决可能有错误,于是停止执行死刑,后来经最高人民法院裁定认为判决没有错误,于是对被告人执行死刑
   B. 某人民法院在接到最高人民法院执行死刑的命令以后,决定于30日以后对被告人执行死刑
   C. 某人民法院在接到最高人民法院执行死刑的命令以后,发现被告人正在怀孕,于是决定停止执行死刑,并且当即依法改判
   D. 某人民法院在接到最高人民法院执行死刑的命令以后,被告人有重大立功表现,有可能改判,于是停止执行,并且报告最高人民法院,由最高人民法院做出裁定

2. 若王某被判处死刑,对于其死刑的执行,下列选项中不违反刑事诉讼法规定的有( )。
   A. 王某提出会见自己的父母,人民法院不准许

B. 人民法院交付执行前未通知王某的父母

C. 人民法院在交付执行时发现案件可能有错误,立即停止执行

D. 人民法院在执行死刑后未通知王某家属

3. 下级人民法院在接到最高人民法院执行死刑的命令后,应于7日内执行。但有下列哪些情形,应当停止执行(　　)。

A. 被告人刘环西,在执行前揭发了张某重大贪污、受贿事实

B. 被告人马中美,执行前声明自己已怀孕2个月

C. 书记员王冠发现判决中有重大疏忽,可能有错误的

D. 被告人张华,声称自己有1名未满1岁的孩子,正在哺乳

4. 被告人严某,女,32岁,因犯走私罪被判处死刑,原审人民法院接到执行死刑的命令后,发现严某已怀孕3个月。对此,下列说法错误的是(　　)。

A. 应当停止执行死刑

B. 严某生产后,应当报最高人民法院再签发命令才能执行死刑

C. 严某生产后,因为哺乳自己的婴儿,可以对其暂予监外执行

D. 严某的哺乳期后,应当报最高人民法院再签发命令才能执行死刑

5. 关于死刑缓期2年执行变更程序,下列表述正确的是(　　)。

A. 死缓犯减刑的管辖法院是服刑地的高级人民法院

B. 死缓犯所在监狱在死缓2年期满时,提出减刑建议,报请高级人民法院裁定

C. 高级人民法院制作的减刑裁定书送达原判人民法院执行

D. 高级人民法院制作的减刑裁定书应同时将副本送达担负监督任务的人民检察院

三、不定项选择题

被告人甲女,28岁,某市卷烟厂验货员,甲女道德败坏,与同厂车间主任乙男通奸已有两年,弄得满城风雨,甲女一不做,二不休,竟然公开与乙男姘居。乙男结发之妻丙女忍无可忍,扬言要到法院告乙男和甲女重婚罪,甲女非常恼怒,便与乙男密谋杀掉丙女。1997年6月的一个晚上,乙男打电话叫丙女锁上门到A区公园等他,丙女以为丈夫回心转意,欣然前往,到了公园不见乙男,丙女等到晚上9点多,天已全黑,只好独自回家,走到一黑暗处,甲女用事先准备好的铁棒将丙女击昏,甲女授意乙男用麻绳勒丙女的脖子,乙男表示好歹夫妻一场,实在下不了手,甲女于是自己把丙女勒死后,抛进城外护城河。丙女尸体被发现后,市公安局立即展开侦查,很快查获了主犯甲女、从犯乙男。市中级人民法院经过一审依法以故意杀人罪判处甲女死刑,立即执行。以故意杀人罪判处乙男有期徒刑10年。此案在上诉期内被告人没有上诉,市检察院也没有抗诉,经高级人民法院核准,下达死刑执行命令。市中级人民法院在接到执行死刑命令后7月内决定交付执行,另外为了扩大影响,起到法制宣传教育作用。执行当天,将被告人甲女押在一辆敞篷吉普车上,在城内繁华街道上绕了一圈,然后将罪犯押到市中心广场上准备执行枪决。在执行前,甲女突然提出自己与乙男姘居后怀孕已3个

月,在羁押期间自然流产。市中院立即停止执行,报高级法院改判为死刑缓期2年执行。请回答下列问题。

1. 关于在死刑执行前发现罪犯正在怀孕的如何处理的正确表述是(　　)。
   A. 审判时怀孕的妇女包括羁押期间人工流产的,而不包括羁押期间自然流产的,因此本案中甲女可以执行死刑
   B. 执行死刑时,审判时怀孕的妇女,可以等到分娩后再执行死刑
   C. 执行死刑时发现罪犯正在怀孕的,应当报请最高人民法院依法改判死刑缓刑2年执行
   D. 执行死刑时发现罪犯正在怀孕的,应当报请最高人民法院依法改判死刑、死缓以外的刑罚

2. 甲女在被执行前突然提出自己在羁押期间自然流产应如何处理(　　)。
   A. 继续执行
   B. 应当停止执行
   C. 可以停止执行,是否停止执行由人民检察院决定
   D. 立即报告最高人民法院

3. 下列关于本案死刑执行程序的表述正确的是(　　)。
   A. 执行死刑应当公布,但不能示众
   B. 为了扩大法制宣传的效果,可以将死刑犯游街示众后执行
   C. 刑场不应设在繁华地区、交通要道
   D. 本案法院在市中心广场执行死刑,更有利于预防犯罪

4. 本案判处死刑立即执行,被告人没有上诉,检察院没有抗诉的,法院应如何处理(　　)。
   A. 由做出判决的法院直接执行
   B. 报高级人民法院核准
   C. 先报高级人民法院复核
   D. 高级人民法院复核同意判处死刑立即执行的报最高人民法院核准

第四编
特殊程序的刑事诉讼

诉讼任务一　未成年人犯罪案件的诉讼

任务描述

参与未成年人犯罪案件的诉讼是基层法律工作者必备的法律服务技能。未成年人犯罪案件的诉讼依案件性质不同既有可能采取自诉程序,也有可能采取公诉程序,无论采取何种诉讼程序,由于未成年人犯罪案件的特殊性质,法律对参与未成年人犯罪案件的诉讼进行了一些特殊的规定。通过本诉讼任务的学习,学生具备以下专业能力:

1. 能够掌握未成年人犯罪案件不同诉讼环节的特殊规定;
2. 会办理未成年人犯罪案件。

知识储备

第一节　未成年人刑事案件诉讼程序概述

一、未成年人刑事案件诉讼程序的概念

在我国,未成年人刑事案件是指被告人实施被指控的犯罪时已满14周岁不满18周岁的案件。"周岁"按照公历的年、月、日计算,从周岁生日的第二天起算。未成年人刑事案件诉讼程序是指专门适用未成年人刑事案件的侦查、起诉、审判,执行等程序的一种特别刑事诉讼程序。

未成年人刑事案件诉讼程序应当与成年人的刑事案件诉讼程序区别开来,这是由未成年人的心理和生理特点决定的。未成年人生理上、心理上的特点决定了他们易感情冲动,缺乏自控能力,所以犯罪动机一般都比较简单,犯罪行为带有很大的盲目性和随意性。而他们的个性心理尚未成型,教育改造的有利因素也比成年人多,容易挽救。

二、未成年人刑事案件诉讼程序的法律依据

(一)刑事诉讼法的规定

根据《刑事诉讼法》第14条第2款的规定,对于不满18岁的未成年人犯罪的案

件,在讯问和审判时,可以通知犯罪嫌疑人、被告人的法定代理人到场。根据该法第34条规定,被告人是未成年人而没有委托辩护人的,人民法院应当指定承担法律援助义务的律师为其提供辩护。第152条第2款规定,14岁以上不满16岁未成年人犯罪的案件,一律不公开审理。16岁以上不满18岁未成年人犯罪的案件,一般也不公开审理等。

(二)未成年人保护法和预防未成年人犯罪法的规定

第十届全国人民代表大会常务委员会于2006年12月29日修订、2007年6月1日起施行的《中华人民共和国未成年人保护法》(以下简称《未成年人保护法》)和第九届全国人民代表大会常务委员会1999年6月28日通过、1999年11月1日起开始施行的《中华人民共和国预防未成年人犯罪法》都对未成年人刑事案件的处理作了专门规定。根据两部法律的规定,对违法犯罪的未成年人,实行教育、感化、挽救的方针,坚持教育为主、惩罚为辅的原则。公安司法机关办理未成年人犯罪案件,应当保障未成年人行使其诉讼权利,保障未成年人得到法律帮助,并根据未成年人的生理、心理特点和犯罪的情况,有针对性地进行法制教育。公安机关、人民检察院、人民法院办理未成年人犯罪的案件,应当照顾未成年人的身心特点,并可以根据需要设立专门机构或者指定专人办理。人民法院审判未成年人犯罪的刑事案件,应当由熟悉未成年人身心特点的审判员或者审判员和人民陪审员依法组成少年法庭进行。对被拘留、逮捕和执行刑罚的未成年人与成年人应当分别关押、分别管理、分别教育等。

(三)最高人民法院的司法解释

最高人民法院于2000年11月15日通过了《关于审理未成年人刑事案件的若干规定》(以下简称《高法规定》),并于2001年4月12日起施行。该司法解释从审判组织的组成、开庭前的准备工作、审判程序、执行环节等方面对审理未成年人刑事案件作了较为详尽和全面的规定,当前各级人民法院审理未成年人刑事案件主要依照该规定执行。此外,最高人民法院于2005年12月12日通过了《关于审理未成年人刑事案件具体应用法律若干问题的解释》,并自2006年1月23日起施行。该解释中也有关于未成年人刑事案件的程序性规定。除了关于未成年人刑事案件的专门司法解释外,最高人民法院其他的司法解释中也有相关的规定,如前面提到的最高人民法院《解释》等。

(四)最高人民检察院的司法解释

最高人民检察院第九届检察委员会第105次会议于2002年3月25日通过了《人民检察院办理未成年人刑事案件的规定》,于2002年4月22日发布施行。这一司法解释从基本原则、审查批准逮捕、审查起诉与出庭支持公诉、刑事诉讼法律监督以及刑事申诉检察等方面对检察机关办理未成年人刑事案件的诉讼程序作了规定。2006年12月28日,最高人民检察院第十届检察委员会第68次会议通过了新修订的《人民检察院办理未成年人刑事案件的规定》(以下简称《高检规定》)。新修订的《高检规定》为切实保障未成年犯罪嫌疑人、被告人及未成年罪犯的合法权益,充分贯彻了教育、感化、挽救的方针,坚持教育为主、惩罚为辅的原则,主要增加并完善了8项制度:案件进展情况告知制度、专门办理制度、慎用逮捕措施、审查起诉中的"亲情会见"制度、正确适用不起诉制度、分案起诉制度、社会调查制度和加强诉讼监督。近年来未成年人刑事案件呈上升趋势,目前已经占到全部刑事案件的10%。根据未成年人身心发展特点及未成年人在国家和社会中的地位与作用,新修订的《高检规定》对于检察机关更好地履行检察职能,处理好未成年人刑事案件,化解社会纠纷、促进社会和谐具有重要意义。

(五)公安部的有关规定

1995年10月23日,公安部颁布《公安机关办理未成年人违法犯罪案件的规定》,该文件对办理未成年人犯罪案件的立案、调查、侦查、强制措施的适用、处理、执行等问题作了较为详细的规定。

三、办理未成年人犯罪案件的方针和原则

教育、感化、挽救和教育为主、惩罚为辅,是专门适用于实施了违法犯罪行为的未成年人的方针和原则。

办理未成年人犯罪案件,还应实行保密和分案处理的原则。分案处理,即在处理未成年人刑事案件时,应当在时间上和地点上都与成年人犯罪的案件分开进行,根据我国《未成年人保护法》第57条的规定,公安机关、人民检察院、人民法院对审前羁押的未成年人,应当与羁押的成年人分别看管。对经人民法院判决服刑的未成年人,应当与服刑的成年人分别关押、管理。分案处理的原因在于未成年人各方面都不成熟,如果与成年人共同关押、审理、服刑,可能不仅使未成年人得不到正确的教育和挽救,还可能受到成年人的不良影响,甚至更严重的"污染",不利于未成年人的改造。另外,未成年人与成年人关押在一起,还可能使他们受到成年人的伤害,不利于未成年人的安全。

保密原则要求,在审判前阶段,办案机关及新闻出版等单位不得披露涉案未成年人的姓名、住所、影像及可能推断出该涉案未成年人的资料。审判阶段,对14岁以上不满16岁的未成年人犯罪案件,一律不公开审理;对16岁以上不满18岁的未成年人犯罪案件,一般也不公开审理。开庭审理时不满18周岁的未成年人刑事案件,如果有必要公开审理的,必须经过本院院长批准,并且应适当限制旁听人数和范围。

第二节 未成年人刑事案件诉讼程序的特点

一、未成年人犯罪立案阶段的特点

未成年人案件与成年人案件最根本的区别是对象不同。因此,未成年人案件的立

案在立案材料来源、立案的条件及立案的程序等方面除与成年人刑事案件的立案相同外,必须确定立案对象是否属于未成年人。

首先必须查明犯罪嫌疑人、被告人的准确出生日期。根据《刑法》的有关规定,实施犯罪行为人如果不满14岁,或者虽然已满14岁但不满16岁,被指控的行为又不属于杀人、放火、重伤、抢劫、惯窃或者其他严重破坏社会秩序的犯罪时,即使肯定有犯罪事实也不能立案。对于因不满16岁而不追究刑事责任的未成年人,应当责令其家长或者监护人严加管教,必要时,也可以由政府收容教养。根据《关于审理未成年人刑事案件具体应用法律若干问题的解释》第4条的规定,对于没有充分证据证明被告人实施被指控的犯罪时已经达到法定刑事责任年龄且确实无法查明的,应当推定其没有达到相应法定刑事责任年龄。相关证据足以证明被告人实施被指控的犯罪时已经达到法定刑事责任年龄,但是无法准确查明被告人具体出生日期的,应当认定其达到相应法定刑事责任年龄。

二、未成年人犯罪侦查阶段的特点

对已知是未成年人犯罪案件(包括首犯、主犯是未成年人或者有1/2以上是未成年人共同犯罪案件)的侦查,要尽可能成立专门小组或者指定专人办理。有关的司法解释和部门文件对此有明确规定,如《公安机关办理未成年人违法犯罪案件的规定》第6条要求,公安机关应当设置专门机构或者专职人员承办未成年人违法犯罪案件。办理未成年人违法犯罪案件的人员应当具有心理学、犯罪学、教育学等专业基本知识和有关法律知识,并具有一定的办案经验。

办理未成年人犯罪案件原则上不得使用戒具。对确有行凶、逃跑、自杀、自伤、自残等现实危险,必须使用戒具的,应当以避免和防止危害结果的发生为限度,现实危险消除后,应当立即停止使用。

对未成年犯罪嫌疑人的讯问,更要严格禁止采用刑讯逼供和威胁、引诱、欺骗以及其他非法手段。讯问时,只要不妨碍侦查,应尽可能通知其法定代理人到场。在传讯时,除了遵守法律规定的一般传唤规则外,可以采用和缓的方式,如不直接传唤,而是通过其父母、监护人进行,可以由其父母、监护人陪同到场;在讯问时,选择未成年人较为熟悉的地点、场所,可以通知其法定代理人到场,也可以邀请其熟悉的亲友、教师参加。

对未成年犯罪嫌疑人采用强制措施要更加慎重,采用取保候审或者监视居住的方法已足以防止发生社会危害性的,就不采用拘留,逮捕的方法。

审查批准逮捕未成年犯罪嫌疑人,应当把是否已满14、16周岁的临界年龄,作为重要事实予以查清。对难以判断未成年犯罪嫌疑人实际年龄,影响案件认定的,应当做出不批准逮捕的决定,退回公安机关补充侦查。人民检察院审查批准逮捕未成年犯罪嫌疑人,对于罪行较轻,具备有效监护条件或者社会帮教措施,没有社会危险性或者社会危险性较小,不会妨害诉讼正常进行的未成年犯罪嫌疑人,一般不予批准逮捕。

对于罪行比较严重,但主观恶性不大,有悔罪表现,具备有效监护条件或者社会帮教措施,不具有社会危险性,不会妨害诉讼正常进行,并具有下列情形之一的未成年犯罪嫌疑人,也可以依法不予批准逮捕:(1)初次犯罪、过失犯罪的;(2)犯罪预备、中止、未遂的;(3)有自首或者立功表现的;(4)犯罪后能够如实交代罪行,认识到自己行为的危害性、违法性,积极退赃,尽力减少和赔偿损失,得到被害人谅解的;(5)不是共同犯罪的主犯或者集团犯罪中的首要分子的;(6)属于已满14周岁不满16周岁的未成年人或者系在校学生的;(7)其他没有逮捕必要的情形。

整个侦查过程都要特别注意尊重未成年犯罪嫌疑人的人格尊严,应当保护未成年人的名誉,不得公开披露涉案未成年人的姓名、住所和影像,切实保障未成年犯罪嫌疑人的合法权益,保障其依法行使各项诉讼权利。

对被采取剥夺人身自由强制措施的未成年人,应当与成年人分别关押,防止交叉感染。

三、未成年人犯罪审查起诉阶段的特点

对未成年人案件的起诉,除按法定的起诉程序进行外,还应当依照最高人民检察院2002年4月22日颁发的《高检规定》,注意以下事项。

1. 贯彻全面调查原则。不但要按《刑事诉讼法》规定的范围进行审查,还应当根据未成年人案件的特点,按照立案侦查确定的范围,全面审查。

2. 起诉的组织、人员专门化。负责未成年人案件起诉工作的检察人员,不但要有法学知识,还应当具有心理学、生理学、社会学和教育学知识,既保证正确地执行法律,又能运用多方面的知识对未成年人进行教育、感化和挽救。

3. 审查起诉未成年犯罪嫌疑人,应当听取其父母或者其他法定代理人、辩护人、未成年被害人及其法定代理人的意见。可以结合社会调查,通过学校、家庭等有关组织和人员,了解未成年犯罪嫌疑人的成长经历、家庭环境、个性特点、社会活动等情况,为办案提供参考。人民检察院在审查未成年人犯罪案件时,要特别注意审查侦查阶段有无刑讯逼供等违法情况,如果有,要坚决提出纠正意见,并应建议有关部门严肃处理。

4. 人民检察院审查批准逮捕与审查起诉未成年人犯罪案件,应当讯问未成年犯罪嫌疑人。讯问未成年犯罪嫌疑人,应当通知其法定代理人到场,告知其法定代理人依法享有的诉讼权利和应当履行的义务。讯问女性未成年犯罪嫌疑人,应当有女检察人员参加。人民检察院办理未成年人刑事案件,可以应犯罪嫌疑人家属、被害人及其家属的要求,告知其审查逮捕、审查起诉的进展情况,并对有关情况予以说明和解释。

5. 做好不起诉及其后续工作。根据教育、感化、挽救原则,要做好未成年人案件的不起诉及其后续工作。对符合《刑事诉讼法》第142条第2款的可起诉可不起诉的未成年人案件,应做出不起诉决定。即对于犯罪情节轻微,并具有下列情形之一,依照

《刑法》规定不需要判处刑罚或者免除刑罚的未成年犯罪嫌疑人,一般应当依法做出不起诉决定:(1)被胁迫参与犯罪的;(2)犯罪预备、中止的;(3)在共同犯罪中起次要或者辅助作用的;(4)是又聋又哑的人或者盲人的;(5)因防卫过当或者紧急避险过当构成犯罪的;(6)有自首或者重大立功表现的;(7)其他依照《刑法》规定不需要判处刑罚或者免除刑罚的情形。

不起诉决定做出后,应当会同有关部门和个人落实帮教措施,继续做好教育工作。

6. 起诉书的内容要全面周详。对于决定起诉的未成年人案件,在制作起诉书时,根据未成年人的基本情况,增加未成年被告人的心理、生理及性格特征、家庭环境和社会环境等内容。

7. 人民检察院办理未成年人刑事案件,应当依法保护涉案未成年人的名誉,尊重其人格尊严,不得公开或者传播涉案未成年人的姓名、住所、照片、图像及可能推断出该未成年人的资料。

四、未成年人犯罪审判阶段的特点

(一)审判组织

审判未成年人犯罪案件,应当由专门法庭,即审判未成年人犯罪案件的合议庭或者独任庭负责进行。审判未成年人犯罪案件合议庭的审判长应当由熟悉未成年人特点,善于做未成年人思想政治工作的审判员担任。依法由独任庭审判时,审判员的条件也同样应当符合上述要求。

《高法规定》第6条指出,中级人民法院和基层人民法院可以建立未成年人刑事审判庭。条件尚不具备的地方,应当在刑事审判庭内设立未成年人刑事案件合议庭或者由专人负责办理未成年人刑事案件。高级人民法院可以在刑事审判庭内设立未成年人刑事案件合议庭。最高人民法院和高级人民法院设立少年法庭指导小组,指导少年法庭的工作,总结和推广未成年人刑事审判工作的经验。少年法庭指导小组应当有专人或者设立办公室负责具体指导工作。

参加审判未成年人犯罪案件合议庭的人民陪审员,一般应由熟悉未成年人特点、热心于教育、挽救违法犯罪的未成年人工作的人员担任。审判未成年人犯罪案件的合议庭,应当有女审判员或者女人民陪审员参加。

审判未成年人犯罪案件专门法庭受理案件的范围应当是:被告人犯罪时不满18岁的;共同犯罪案件中,犯罪集团的首要分子或者主犯犯罪时不满18岁的;共同犯罪案件中,1/2以上的被告人犯罪时不满18岁的。其他涉及未成年人犯罪的案件是否由专门法庭受理,要由法院院长或者设有专门审判未成年人犯罪案件的审判庭庭长决定。

(二)开庭前的准备工作

法庭对提起公诉的未成年人犯罪案件,经过审查依法决定开庭审判的,在开庭审判前,应当作下列准备工作。

1. 应当主动与公诉人联系,了解未成年被告人的性格、心理状态和在侦查、起诉过程中的表现。

2. 法庭向未成年被告人送达起诉副本时,应当向未成年被告人讲明被指控的罪行和有关法律条款;帮助解决辩护人问题,保证未成年被告人能依法获得辩护。

3. 法庭应当通知未成年被告人的法定代理人在开庭审判时到庭。法定代理人无法出庭或者确实不适宜出庭的,应另行通知其他监护人或者其他成年近亲属出庭。经通知,其他监护人或者成年近亲属不到庭的,人民法院应当记录在卷。

(三) 开庭审判

宣布开庭后,法庭应当详细告知未成年被告人依法享有的申请回避、辩护、发问、提出新的证据、申请重新鉴定或者勘验、最后陈述等诉讼权利,并确保其行使上述权利。对于到庭的未成年被告人的法定代理人,要告知其在法庭上享有有申请回避、发问、辩护等诉讼权利。

法庭调查时,要仔细核实未成年被告人在作案时的年龄,在查明案件事实和证据的同时,还应当查明未成年被告人作案的主客观原因。

在法庭审理过程中,检察、审判人员应当根据未成年被告人的智力发育程度和心理状态,注意和缓法庭气氛、从案件的实际情况出发进行讯问。对未成年被告人不得进行训斥、讽刺和威胁。未成年被告人在法庭上可以坐着回答问题。在法庭审理过程中不得对未成年被告人使用戒具。

休庭时,可以允许法定代理人或者其他近亲属等会见未成年被告人,对未成年被告人进行教育。会见时审判人员或者司法警察应当在场。

宣告判决时,应当通知未成年被告人的法定代理人到庭,向其送达判决书副本。宣告判决,应当公开进行,但不得召开群众大会。宣告有罪判决时,审判人员应当对未成年被告人进行认罪伏法、接受改造、悔过自新的教育,同时应当明确告知未成年被告人及其法定代理人依法享有的诉讼权利,应讲明上诉不加刑的法律规定。

五、未成年人犯罪执行阶段的特点

对收监服刑的未成年罪犯,人民法院要认真、详细地填写结案登记表,连同生效判决书的副本、执行通知书一并送达执行机关。执行机关必须严格按照《刑事诉讼法》和《未成年人保护法》的有关规定,将服刑的未成年罪犯与服刑的成年罪犯分别关押、管理,即对未成年罪犯应当在未成年犯管教所执行刑罚。

对判处管制,拘役宣告缓刑、有期徒刑宣告缓刑的未成年罪犯,人民法院可以协助公安机关同原所在学校、街道、居民委员会、村民委员会、监护人等,共同制定帮助措施,并进行必要的回访考察。

对执行机关依法提出的给正在服刑的未成年罪犯减刑或者假释的书面意见,人民法院应当及时予以审核、裁定,在掌握标准上可以比照成年罪犯适度放宽。

对在押的未成年罪犯及其法定代理人、近亲属提出的申诉,人民法院应当指定专人办理。对未成年罪犯的申诉案件久拖不结的,上级人民法院可以指令下级人民法院限期办理并报告结果。

重点内容图解

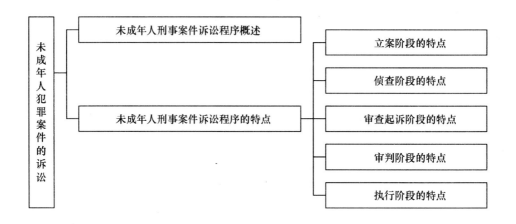

一、单项选择题

1. 未成年人刑事案件诉讼程序需要贯彻分案处理原则,关于分案处理原则,下列说法错误的是(   )。

    A. 分案处理是指成年人与未成年人的案件要实行诉讼程序分离

    B. 分案处理包括分别审理、分别关押、分别执行等

    C. 分案处理主要是防止犯罪嫌疑人、被告人之间串供,影响刑事诉讼的顺利进行

    D. 分案处理应当以不影响案件的处理为原则,并尽可能地采取分案处理

2. 在王某(15岁,涉嫌抢劫)一案的审理过程中,应当贯彻审理不公开的原则,下列做法不符合这一原则的为(   )。

    A. 法院宣布对于王某涉嫌抢劫的审理过程不公开

    B. 法院不准新闻记者采访报道

    C. 法院允许王某的父母到场

    D. 法院审理结束后,为了王某的健康成长,决定不公开宣告判决

二、多项选择题

1. 检察院在审查起诉未成年人刑事案件时,应当进行下列哪些活动(   )。

    A. 应当听取辩护人的意见

B. 应当听取未成年被害人的意见

C. 应当听取未成年被害人的法定代理人的意见

D. 在押的未成年犯罪嫌疑人有认罪、悔罪表现的,检察人员可以安排其与法定代理人、近亲属等会见、通话

2. 下列属于审理未成年人刑事案件特有原则的是(　　)。

A. 分案处理原则　　　　　　B. 教育、感化、挽救的原则

C. 法庭审理不公开原则　　　D. 保障诉讼参与人诉讼权利原则

诉讼任务二　涉外刑事案件的诉讼

任务描述

涉外刑事案件的诉讼依案件性质不同既有可能采取自诉程序,也有可能采取公诉程序。无论采取何种诉讼程序,由于涉外刑事案件的特殊性质,法律对涉外刑事案件的诉讼进行了一些特殊的规定。通过本诉讼任务的学习,学生具备以下专业能力:
1. 能够识别涉外刑事诉讼案件;
2. 会办理涉外刑事案件。

知识储备

第一节　涉外刑事案件诉讼程序概述

一、涉外刑事诉讼程序的概念

涉外刑事诉讼程序是指诉讼活动涉及外国人(包括无国籍人)或需要在国外进行的刑事诉讼所特有的方式、方法和步骤。简言之,涉外刑事诉讼程序就是涉外刑事诉讼所特有的方式、方法和步骤。

二、涉外刑事诉讼程序所适用的案件范围

由于涉外刑事诉讼是诉讼活动涉及外国人或者某些诉讼活动需要在国外进行的刑事诉讼,所以,只有以下几种案件才可能适用涉外刑事诉讼程序。
1. 中国公民在中华人民共和国领域内对外国公民、无国籍人及外国法人犯罪的案件。
2. 外国公民、无国籍人或外国法人在中华人民共和国领域内对中国国家、组织或者公民实施犯罪的案件。
3. 外国公民、无国籍人或者外国法人在中华人民共和国领域内侵犯外国公民、无国籍人或者外国法人的合法权利、触犯中国刑法,构成犯罪的案件。这种案件,犯罪行为没有危害中国国家、组织和公民的利益,但犯罪地点在中国境内,中国的司法机关具

有管辖权。这种案件的被害人、犯罪嫌疑人、被告人都是外国人,其侵害行为也可能是多种多样的,但只有那些根据中国刑法规定构成犯罪的行为,才适用涉外刑事诉讼程序予以追究。

4. 中华人民共和国缔结或者参加的国际条约所规定的,中国有义务管辖的国际犯罪行为。

5. 外国人、无国籍人、外国法人在中华人民共和国领域外对中国国家或公民实施按照中国刑法规定最低刑为 3 年以上有期徒刑的犯罪案件,但按照犯罪地法律不受处罚的除外。

6. 某些刑事诉讼活动需要在国外进行的非涉外刑事案件。包括中国刑法第 7 条、第 8 条规定的中国公民在中国领域之外犯罪的案件;中国公民在中国领域内犯罪,犯罪后潜逃出境的案件;犯罪嫌疑人、被告人、被害人均为中国公民,但证人是外国人且诉讼时已出境的案件。在上述案件的诉讼过程中,某些诉讼活动如查缉犯罪嫌疑人、被告人或者收集证据等活动需要在国外进行,而中国的司法机关又不能直接到国外去行使职权,故需要按照国际条约或者互惠原则等规定,请求外国的司法机关予以协助。

7. 外国司法机关管辖的,根据国际条约或者互惠原则,外国的司法机关请求中国的司法机关为其提供刑事司法协助的案件。

三、涉外刑事诉讼所适用的法律

涉外刑事诉讼是中国刑事诉讼活动的一个组成部分,因而它所适用的实体法和程序法都应是中国的法律以及中国参加或者缔结的国际条约或国际公约,不存在适用外国实体法和程序法的问题。

第二节 涉外刑事诉讼程序的特别规定

一、涉外刑事诉讼的特有原则

涉外刑事诉讼除了必须遵循我国刑事诉讼法规定的基本原则外,基于"涉外国素"的特殊性,还必须遵循以下几项特有原则。

(一)主权原则

主权原则即追究外国人犯罪适用中国法律的原则,是涉外刑事诉讼程序的首要原则。我国《刑事诉讼法》第 16 条规定:"对于外国人犯罪应当追究刑事责任的,适用本法的规定。对于享有外交特权和豁免权的外国人犯罪应当追究刑事责任的,通过外交途径解决。"

"主权原则"主要包含以下内容：（1）外国人、无国籍人在中华人民共和国领域内进行刑事诉讼，一律适用我国《刑事诉讼法》规定的程序；享有外交特权和司法豁免权的外国人犯罪应当追究刑事责任的，通过外交途径解决；（2）依法应由我国司法机关管辖的涉外刑事案件，一律由我国司法机关受理，外国司法机关无管辖权；（3）外国法院的刑事裁判，只有经我国人民法院按照我国法律、我国缔结和参加的有关双边协定和国际条约的规定予以承认的，才在我国境内发生应有的效力。

（二）信守国际条约原则

最高人民法院《解释》则规定："中华人民共和国缔结或者参加的国际条约中有关于刑事诉讼程序具体规定的，适用该国际条约的规定。但是，我国声明保留的条款除外。"从中可以看到，一方面在我国缔结或参加的国际条约的规定同国内法发生冲突的情况下，优先适用国际条约的有关规定，另一方面，我国参加或缔结国际条约时声明保留条款，对我国司法机关没有约束力。

（三）诉讼权利同等原则

诉讼权利同等原则是指外国人在我国参与刑事诉讼，依法享有与我国公民同等的诉讼权利，承担同等的诉讼义务。此外，如果外国法律和司法机关对我国公民在该国内不实行诉讼权利同等原则，而实行歧视或限制的，则我国司法机关可以取对等原则，对该外国所属的诉讼参与人在我国进行刑事诉讼时相应地要予以歧视或限制。

（四）使用中国通用语言文字进行诉讼原则

使用本国或地区的通用语言进行诉讼是一项刑事司法领域的国际惯例。中国也遵循这一原则，规定处理涉外刑事案件时应当使用中国通用的语言文字进行诉讼，具体包括以下几层含义。

1. 人民法院审判涉外刑事案件，使用中华人民共和国通用的语言、文字，应当为外国籍被告人提供翻译。如果外国籍被告人通晓中国语言、文字，拒绝他人翻译的，应当由本人出具书面声明，或者将他的口头声明记录在卷。诉讼文书为中文本，应当附有被告人通晓的外文译本，译本不加盖人民法院印章，以中文本为准。翻译费用由被告人承担。

2. 不能以使用中国通用的语言文字进行诉讼为理由，强迫外国籍当事人尤其是懂中国通用的语言文字的外国籍当事人使用中国通用的语言文字来回答司法工作人员的审（讯）问、询问和书写诉讼文书、发表辩护意见等，应当允许他们使用国籍国通用的或他们通晓的语言文字。

3. 不能在使用中国通用的语言文字方面无原则地迁就外国籍犯罪嫌疑人、被告人，如果外国籍当事人以不懂中国通用的语言文字为由拒收诉讼文书，送达人应当在有见证人在场的情况下，把文件留在他的住处或者羁押场所并记录在卷，该诉讼文书即认为已经送达。

（五）指定或委托中国律师参加诉讼的原则

律师制度是司法制度的组成部分，一个国家的司法制度是不能延长到外国的，一个主权国家也不允许外国干涉本国的司法事务。1981年10月20日我国司法部、外交部、外国专家局联合签发的《关于外国律师不得在我国开业的联合通知》中确定：外国律师不得在我国开业,不得以律师的名义在我国代理诉讼和出庭。因此外国人(包括无国籍人)在中国进行刑事诉讼,需要委托辩护人、代理人时,只能委托中国律师担任,不得委托外国律师参加中国涉外刑事诉讼。该原则的具体含义包括:

1. 外国人在涉外刑事诉讼中委托的辩护或代理律师,只能是中国律师,但外国律师可以一般辩护人或诉讼代理人的身份(非律师身份)出庭;

2. 在中华人民共和国领域外居住的外国人寄给中国律师或者中国公民的授权委托书,必须经所在国公证机关证明、所在国外交部或者其授权机关认证,并经中国驻该国使、领馆认证,才具有法律效力,但中国与该国之间有互免认证协定的除外。

二、涉外刑事诉讼的特别程序

(一)涉外刑事诉讼管辖

立案管辖中外国人犯罪的刑事案件,由犯罪地的地、市以上公安机关立案侦查;外国人犯中华人民共和国缔结或参加的国际条约规定的罪行后进入我国领域的,由该外国人被抓获地的地、市以上公安机关立案侦查;外国人在中华人民共和国领域外的中国船舶或者航空器内犯罪的,由犯罪发生后该船舶或者航空器最初停泊或者降临的中国港口的地、市以上交通或民航公安机关立案侦查。

外国人犯罪的第一审刑事案件,由中级人民法院审判。同时,最高人民法院司法解释作了特定的地域管辖规定,即外国人在中华人民共和国领域外对中华人民共和国国家或者公民犯罪,由该外国人入境地的中级人民法院管辖。

(二)对外国籍犯罪嫌疑人、被告人采取强制措施

对外国人采取拘留、监视居住、取保候审的,由省、自治区、直辖市公安机关负责人批准后,将有关案情、处理情况等在采取强制措施的48小时以内报告公安部,同时通报同级人民政府外事部门;公安机关侦查终结前,外国驻华外交、领事官员要求探视被监视居住、拘留或逮捕的本国公民的,立案侦查机关应当及时安排有关的探视事宜;对外国籍犯罪嫌疑人采取强制措施的同时,经省级公安机关审批,可以依法扣留外国籍犯罪嫌疑人的护照,发给本人扣留护照的证明,并将有关情况及时报告公安部,通报同级人民政府外事办公室;人民法院审理涉外刑事案件期间,对涉外刑事案件的被告人及人民法院认定的其他相关犯罪嫌疑人,可以决定限制出境;对开庭审理案件时必须到庭的证人,可以要求他暂缓出境。限制出境的决定应当通报同级公安机关或者国家安全机关。

(三)诉讼文书的送达

涉外刑事案件的诉讼文书应当通过外交途径送达。对中国籍的当事人,可以委托我国使、领馆代为送达;当事人所在国的法律允许邮寄送达的,邮寄送达;当事人是自诉案件的自诉人或者是附带民事诉讼的原告人,有诉讼代理人的,可以由他的诉讼代理人送达;当事人所在国与我国有刑事诉讼协助协定的,按协定规定的方式送达(参见表16-1)。

表 16-1 涉外诉讼文书的送达

当事人及其所在国的不同情形	诉讼文书送达方式
一般情形	通过外交途径送达
中国籍当事人	可以委托中国使、领馆代为送达
当事人所在国的法律允许邮寄送达	邮寄送达
当事人所在国与中国有刑事司法协助协定	按协定规定的方式送达
当事人是自诉案件的自诉人或者是附带民事诉讼的原告人,有诉讼代理人	可以由他的诉讼代理人送达
同中国建交国家的司法机关相互请求送达法律文书	依据互惠原则,通过外交途径解决,但该国同中国已有司法协助协定的依照协定办理

(四)律师参加涉外刑事诉讼

在涉外刑事诉讼中,根据诉讼权利平等原则,外国籍犯罪嫌疑人享有我国法律规定的诉讼权利和承担相应的义务,我国律师自侦查阶段起就可以参加刑事诉讼。即外国籍犯罪嫌疑人在被我国侦查机关第一次讯问后或者采取强制措施之日起,可以聘请我国律师为其提供法律咨询,代理申诉、控告。犯罪嫌疑人被逮捕的,受聘请的律师可以为其申请取保候审。同时,律师在参与涉外刑事诉讼中要信守我国缔结或参加的国际条约,积极考虑联合国有关刑事司法方面的准则和国际惯例,以保障外国籍犯罪嫌疑人在侦查阶段获得律师的有效帮助。

在审判阶段,外国籍被告人可以委托我国律师担任辩护人,附带民事诉讼的原告人、自诉人可以委托我国律师担任代理人。外国籍被告人没有委托辩护人的,人民法院可以为其指定辩护人。被告人拒绝辩护人为其辩护的,应当由其提出书面声明,或者将其口头声明记录在卷后,人民法院予以准许。在中华人民共和国领域外居住的外国人寄给中国律师或者中国公民的授权委托书,必须经所在国公证机关公证、所在国外交部或者其授权机关认证,并经中国驻该国使、领馆认证,才具有法律效力。但中国与该国有互免认证协定的除外。

重点内容图解

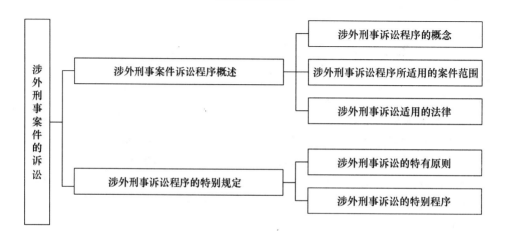

同步练习

一、单项选择题

1. 外国人或者无国籍人在中国进行刑事诉讼,需要委托辩护律师时(　　)。
   A. 应当委托中国律师担任
   B. 可以委托中国律师担任
   C. 可以委托外国律师担任
   D. 既可以委托中国律师担任,也可以委托外国律师担任

2. 我国A省B市中级人民法院在审理美国人华盛顿故意杀人一案时,发现案件的重要目击证人美国人凯西已经回国,该中级人民法院欲请求美国当地的法院向凯西送达出庭通知书。假设中国和美国之间已经签订了刑事司法协定,则请求美国法院向凯西送达出庭通知书应当经过下列哪种程序(　　)。
   A. 由B市中级人民法院报送A省高级人民法院审查同意后按协定规定的方式请求
   B. 由B市中级人民法院报送最高人民法院审查同意后按协定规定的方式请求
   C. 由B市中级人民法院报送外交部审查同意后按协定规定的方式请求
   D. 由A省高级人民法院报送最高人民法院审查同意后按协定规定的方式请求

3. 在涉外刑事诉讼中,关于国籍的确认,下列说法错误的是(　　)。
   A. 犯罪嫌疑人甲,入境时持有效证件,以该证件确认甲的国籍
   B. 犯罪嫌疑人乙,国籍不明,应当由公安机关会同外事部门查明确认
   C. 犯罪嫌疑人丙,国籍不明,公安机关会同外事部门不能查明国籍的,应当按照丙自报的国籍确定其国籍
   D. 犯罪嫌疑人丁,国籍不明,公安机关会同外事部门不能查明国籍的,应当按照无国籍人对待

4. "胜天"号中国货轮由韩国釜山驶往大连,船行至公海时,韩国公民朴正男酗酒行凶,将中国公民王小丽伤害致重伤,为及时救治被害人,货轮紧急停靠威海港,将伤者送往医院救治,然后驶往大连港。此案中的犯罪管辖法院应是(　　)。
   A. 威海市中级人民法院
   B. 大连市中级人民法院
   C. 韩国釜山地方法院
   D. 大连市或威海市的地方基层法院

二、多项选择题

1. 下列属于涉外刑事诉讼处理原则的有(　　)。

A. 适用中国刑事法律和信守国际条约相结合的原则

B. 外国籍犯罪嫌疑人、被告人享有中国法律规定的诉讼权利并承担诉讼义务的原则

C. 使用中国通用的语言文字进行诉讼的原则

D. 外国籍当事人委托中国律师辩护或代理的原则

2. 下列属于涉外刑事诉讼程序适用的法律依据的有(　　)。

   A. 《中华人民共和国外交特权与豁免条例》的有关规定

   B. 最高人民检察院《人民检察院刑事诉讼规则》

   C. 公安部《公安机关办理刑事案件程序规定》

   D. 全国人大常委会通过的《关于对中华人民共和国缔结或者参加的国际条约所规定的罪行行使刑事管辖权的决定》

3. 下列属于涉外刑事案件的有(　　)。

   A. 在我国境内发生的中国人侵犯外国人的刑事案件

   B. 在我国驻某国大使馆内中国使馆工作人员甲与乙之间发生的故意伤害案

   C. 在印度洋上航行的中国货轮被某国海盗抢劫的案件

   D. 在我国境内发生的外国人犯罪的案件

4. 向在中华人民共和国领域外居住的当事人送达诉讼文书,可以采用下列哪些方式(　　)。

   A. 通过外交途径送达

   B. 当事人所在国的法律允许邮寄送达的,可以邮寄送达

   C. 当事人所在国与我国有刑事司法协助协定的,按照协定规定的方式送达

   D. 对在国外的中国籍当事人,可以委托我国使、领馆代为送达

5. 约翰,美国公民,因在中国某市故意伤害他人被公安机关依法刑事拘留,后被检察机关依法批准逮捕,并起诉至某市中级人民法院,问在此过程中,正确的做法有(　　)。

   A. 法院准许约翰聘请美国律师麦克为其辩护人,但麦克不能享有中国律师在诉讼过程中的各种权利

   B. 法院应当为约翰提供翻译,不过翻译费用要其负担

   C. 法庭审判的诉讼文书,应当附有英文文本,但是英文文本不加盖法院印章

   D. 不允许约翰行使请求法官回避的权利

三、不定项选择题

汉斯,外国人,男,28岁。2006年2月14日晚,汉斯在某酒吧酗酒后,在大街上游逛,路见一对中国青年男女,其上前对青年女子进行挑逗,中国男子便和其发生口角,争执过程中,汉斯一把拿起路边的石块,向男青年头上打去,该男青年应声倒地。后民警赶赴现场,将此案作为刑事案件处理。请回答下列问题。

1. 在侦查过程中,发现汉斯的国籍为法国,请问应该适用下列哪一程序(　　)。

   A. 涉外刑事案件诉讼程序

  B. 适用普通刑事案件程序

  C. 应当按照法国刑事诉讼程序处理

  D. 比照外交人员处理

2. 在侦查过程中,如果汉斯声称自己是外交人员,享有豁免权,并出示相关证明,那么应当如何处理(　　)。

  A. 依照通常程序处理　　　　B. 依照涉外刑事案件处理

  C. 与汉斯协商解决　　　　　D. 通过外交途径解决

3. 若在审判过程中,汉斯需要委托律师担任辩护人或代理人,并希望辩护律师能够完全享有中国法律规定律师享有的权利时(　　)。

  A. 应当委托中国律师担任

  B. 可以委托中国律师担任

  C. 可以委托外国律师担任

  D. 既可以委托中国律师担任,也可以委托外国律师担任

诉讼任务三　刑事赔偿程序

任务描述

刑事赔偿程序也是刑事诉讼的一种特殊程序,通过本诉讼任务的学习,学生具备以下专业能力:
1. 能够判断刑事赔偿是否发生;
2. 会办理刑事赔偿案件。

知识储备

第一节　刑事赔偿概述

一、刑事赔偿的概念

(一)概念

刑事赔偿是指在刑事诉讼中,行使侦查、检察、审判、监狱管理职权的机关及其工作人员在行使职权时,侵犯了公民、法人和其他组织的人身权或者财产权等合法权益,给公民、法人、其他组织造成损害的,受害人依法有权取得国家赔偿,国家依法予以赔偿的法律制度。

(二)刑事赔偿责任的构成要件

1. 刑事赔偿只能由行使侦查、检察、审判、监狱管理职权的机关及其工作人员行使职权的行为所引起。
2. 只有违法行使职权的行为才能引起刑事赔偿。
3. 必须有损害事实。

二、刑事赔偿范围

(一)侵犯人身权的赔偿

1. 无罪羁押判刑的赔偿

无罪羁押判刑的赔偿包括错拘、错捕、错判三种情况,其中错拘、错捕是判决生效前的羁押;错判是在判决生效后的羁押。

(1) 对没有犯罪事实或者没有事实证明有犯罪重大嫌疑的人错误拘留的,属于错拘,受害人就有权请求国家赔偿。

(2) 对没有犯罪事实的人错误逮捕的,属于错捕。

(3) 依照审判监督程序再审改判无罪,原判刑罚已经执行的。

2. 侵犯公民生命健康权的赔偿

(1) 刑讯逼供或者以殴打等暴力行为或者唆使他人以殴打等暴力行为造成公民身体伤害或者死亡的。

(2) 违法使用武器、警械造成公民身体伤害或者死亡的。

(二)侵犯财产权的赔偿范围

1. 刑讯逼供或者以殴打等暴力行为或者唆使他人以殴打等暴力行为造成公民身体伤害或者死亡的。

2. 违法使用武器、警械造成公民身体伤害或者死亡的。

(三)不适用刑事赔偿的情形

1. 因公民自己故意作虚伪供述,或者伪造其他有罪证据被羁押或者被判处刑罚的。

2. 依照《刑法》第17条、第18条第1款的规定,不负刑事责任的人被羁押的。

3. 依照《刑事诉讼法》第15条规定不追究刑事责任的人被羁押的。

4. 侦查、检察、审判、监狱管理机关的工作人员实施的与行使职权无关的个人行为。

5. 因公民自伤、自残等故意行为致使损害发生的。

6. 法律规定的其他免除国家赔偿的情况。

第二节 刑事赔偿程序

一、刑事赔偿请求人

刑事赔偿请求人是指具有请求获得国家刑事赔偿资格的人,即受害的公民、法人和其他组织是刑事赔偿请求人。受害的公民、法人和其他组织因其合法权益被行使侦查、检察、审判、监狱管理职权的机关及其工作人员违法行使职权的行为而遭受损害,造成的公民、法人和其他组织的受害人死亡的,其继承人和其他有扶养关系的亲属有权要求赔偿。受害的法人和其他组织终止的,承受其权利的法人和其他组织有权要求赔偿。

二、刑事赔偿义务机关

1. 行使国家侦查、检察、审判、监狱管理职权的机关及其工作人员在行使职权时侵犯公民、法人和其他组织的合法权益造成损害的,该机关为赔偿义务机关。

2. 对没有犯罪事实或者没有事实证明有犯罪重大嫌疑的人错误拘留的,做出拘留决定的机关为赔偿义务机关。

3. 对没有犯罪事实的人错误逮捕的,做出逮捕决定的机关为赔偿义务机关。

4. 再审改判无罪的,做出原生效判决的人民法院为赔偿义务机关。

5. 一审判决有罪,二审改判无罪的,做出一审判决的人民法院和做出逮捕决定的机关为共同赔偿义务机关。

三、刑事赔偿的具体程序

(一)刑事赔偿义务机关处置程序

刑事赔偿义务机关处置赔偿,以侵权行为的违法性已经确认为前提。刑事赔偿义务机关处置程序有以下内容:(1)假如有两个赔偿义务机关,要求人能够向任何一个提出赔偿要求;(2)赔偿义务机关应该在收到赔偿要求之日起2个月内做出决议,如果逾期不予赔偿或者赔偿请求人对赔偿数额有异议的,赔偿要求人可以自期限届满之日起30日向其上一级机关申请复议。

(二)赔偿复议程序

赔偿义务机关如果逾期不予赔偿,或者赔偿请求人对赔偿数额有异议的,赔偿请求人可以自期间届满之日起30日内向其上一级机关申请复议。刑事赔偿的复议程序是指请求人向赔偿义务机关提出赔偿请求后,赔偿义务机关不予赔偿,或者请求人对赔偿金额有异议时,向赔偿义务机关的上一级机关提出复议申请,由复议机关经审查而对赔偿争议做出决定的活动。归纳起来,下列情形可能导致复议程序的发生:

1. 请求人提出赔偿请求后,赔偿义务机关拒绝受理;
2. 赔偿义务机关受理赔偿请求后,做出不予赔偿的裁决;
3. 请求人对赔偿裁决中有关赔偿金额、赔偿方式等内容有异议;
4. 请求人在赔偿决定做出后反悔;
5. 赔偿义务机关在收到赔偿请求后,超过2个月而不予答复;
6. 赔偿义务机关虽做出赔偿决定,但自收到申请书之日起超过2个月而不予履行。

需要指出的是,当赔偿义务机关是人民法院时,请求人如果逾期得不到赔偿或对法院所作的赔偿决定数额有异议时,不是向其上一级人民法院提起复议申请,而是申请上一级人民法院赔偿委员会做出赔偿决定。

(三)赔偿委员会的决定程序

赔偿委员会的决定程序因赔偿请求人的申请而发生。赔偿请求人不服复议决定的,可以在收到复议决定之日起30日内向复议机关所在地的同级人民法院赔偿委员会提出申请,要求纠正复议,做出赔偿决定;复议机关逾期不作决定的,赔偿请求人可以自期限届满之日起30日内向复议机关所在地的同级人民法院赔偿委员会提出申请,要求做出赔偿决定。

(四) 刑事赔偿中的追偿制度

追偿制度又称求偿权制度,是指刑事赔偿义务机关在赔偿请求人损失后,对具有法定情形之一的工作人员的一种经济上的惩罚。刑事赔偿中的追偿对象是《国家赔偿法》第15条第4项、第5项规定的行为的司法工作人员以及在处理案件时有贪污受贿、徇私舞弊,枉法裁判行为的司法工作人员。

四、刑事赔偿方式、计算标准及费用

(一) 刑事赔偿方式

刑事赔偿的方式主要为物质赔偿和精神赔偿。精神赔偿方式主要为消除影响、恢复名誉、赔礼道歉。物质赔偿方式主要为支付赔偿金、返还财产、恢复原状,以上三种赔偿方式既可以单独适用,也可以合并适用。

(二) 计算标准

1. 侵犯公民人身自由赔偿的计算标准

根据《国家赔偿法》第26条的规定,侵犯公民人身自由,每日的赔偿金按照国家上年度职工日平均工资计算。

2. 侵犯公民生命健康权赔偿的计算标准

(1) 造成公民身体伤害的,赔偿标准包括医疗费以及因误工减少的收入两部分。减少的收入每日的赔偿金按照国家上年度职工年平均工资计算,最高额为国家上年度职工平均工资的5倍。

(2) 造成公民部分或者全部丧失劳动能力的,赔偿标准包括医疗费以及残疾赔偿金。残疾赔偿金根据丧失劳动能力的程度确定,部分丧失劳动能力的,最高额为国家上年度职工年平均工资的10倍;全部丧失劳动能力的为国家上年度职工年平均工资的20倍。

(3) 造成公民死亡的,赔偿标准包括死亡赔偿金、丧葬费;总额为国家上年度职工年平均工资的20倍。

造成公民全部丧失劳动能力、死亡的,对其所扶养的无劳动能力的人还应当支付生活费。生活费的发放标准参照当地民政部门有关生活救济的规定办理。被扶养的人是未成年人的,生活费给付至18周岁止;其他无劳动能力的,生活费给付至死亡时止。生活费的计算参照婚姻法、继承法的有关规定按比例负担。受害人是唯一扶养人的,被扶养人的生活费全部由国家负担;还有其他扶养人的,国家只负担受害人应负担的部分。

3. 我国对精神损害承担责任的方式

造成公民精神损害的,《国家赔偿法》没有规定予以金钱赔偿,只规定对于具有下列三种情形之一并造成受害人名誉权、荣誉权损害的,赔偿义务机关应当在侵权行为影响的范围内,为受害人消除影响、恢复名誉、赔礼道歉,这三种情形是:(1)对没有犯罪事实或者没有事实证明有犯罪重大嫌疑的人错误拘留的;(2)对没有犯罪事实的人错误逮捕的;(3)依照审判监督程序再审改判无罪,原判刑罚已执行的。

4. 侵犯财产赔偿的处理

根据《国家赔偿法》的规定,对财产权造成损害的,主要采取直接损失予以赔偿的原则。直接损失主要指既得利益的丧失和现有财产的减少。直接损失必须针对合法权益而言,违法利益不受法律保护。在具体的赔偿方式上,我国采用返还财产、恢复原状和金钱赔偿三种方式。

(1) 返还财产。

返还财产包括返还金钱和其他财物,财产为金钱的,因金钱为种类物,不存在无法返还的情况;财产为物品的,只有当原财产存在能够返还的情况下才能适用。

(2) 恢复原状。

恢复原状包括恢复财产原有的权利状态和将受到损坏的财产恢复到原有的形状和性能两个方面,如查封、扣押、冻结财产的,应解除对财产的查封、扣押、冻结;造成财产损坏的,经过修理、重做、更换后予以返还等。恢复原状的适用条件是只有能够恢复原状的才恢复原状。

(3) 支付赔偿金。

支付赔偿又叫金钱赔偿,包括两种情况:一是应当返还的财产损坏的,不能恢复原状的,按照损害程度给付相应的赔偿金,即现存物品价值和赔偿之和应相当于物品的原价值;二是应当返还的财产灭失的,给付相应的赔偿金,即赔偿金的数额应相当于物品的原价值。

(三)赔偿的费用和支付

1. 赔偿费用的来源

国家赔偿费用,列入各级财政预算,由各级财政按照管理体制分级负担。各级政府应当根据本地区的实际情况,确定一定数额的国家赔偿费用,列入本级财政预算。国家赔偿费用由各级财政机关负责管理。

2. 赔偿费用的支付

国家赔偿费用由赔偿义务机关先从本单位预算经费和留归本单位使用的资金中支付,支付后再向同级财政机关申请核拨。

五、刑事赔偿请求时效

(一)赔偿请求时效期间

《国家赔偿法》第32条根据我国的实际情况,规定赔偿请求人请求国家赔偿的时效为2年。自国家机关及其工作人员行使职权时的行为被依法确定为违法之日起计算。

(二)赔偿请求时效的中止

赔偿请求时效中止是指在时效进行过程中,出现了特定的法定事由阻碍赔偿请求人行使权利,法律规定暂时停止时效的进行,待阻碍时效进行的原因消除后,时效期间继续进行。根据《国家赔偿法》第32条第2款的规定,赔偿请求人在赔偿请求时效的最后6个月内,因不可抗力或者其他障碍不能行使请求权的,时效中止。从中止时效的原因消除之日,赔偿请求时效期间继续计算。请求时效还适用《民法通则》关于时效中止的规定。

重点内容图解

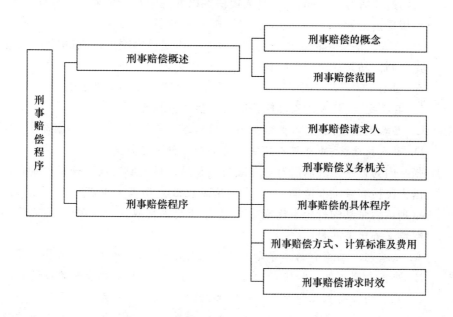

一、单项选择题

1. 1999 年 10 月,郭某被法院以盗窃罪判处有期徒刑 3 年,以侵占罪判处有期徒刑 4 年,合并执行有期徒刑 6 年。郭某服刑后不断申诉。2005 年 4 月,法院经审判监督程序对该案再审。再审判决维持了原审法院对郭某盗窃罪的判决部分,撤销了对郭某侵占罪的判决部分,随即释放。郭某提起国家赔偿请求,对其请求应如何处理(   )。
   A. 决定对郭某从 1999 年 10 月至 2005 年 4 月受羁押期间的损失给予赔偿
   B. 决定对郭某从 2003 年 10 月至 2005 年 4 月受羁押期间的损失给予赔偿
   C. 决定对郭某从 2002 年 10 月至 2005 年 4 月受羁押期间的损失给予赔偿
   D. 决定不予赔偿

2. 孙某和赵某是好朋友,孙某盗窃卡车一辆,赵某出于义气替孙某顶罪。于是被公安机关拘留,后赵某被判处有期徒刑 3 年。1 年后,执行中发现赵某当时只有 15 周岁,而孙某也在另一起案件的自首中交代了盗窃卡车是自己所为。赵某于是被释放,并提起刑事赔偿。下面说法正确的是(   )。
   A. 赵某不能获得国家赔偿,因为其被判刑是自己虚伪供述所致

B. 赵某可以获得国家赔偿,因为其不满16周岁

C. 赵某可以获得国家赔偿,因为判决已经执行

D. 赵某可以获得国家赔偿,因为公安机关对没有犯罪的赵某拘留违法

3. 某县公安局以马某涉嫌诈骗为由采取刑事拘留措施,县人民检察院批准对马某的逮捕后对其提起公诉,县人民法院以贪污罪判处马某有期徒刑5年,马某不服提出上诉,市中级人民法院以事实不清、证据不足为由撤销原判发回重审,县人民法院重审后改判马某无罪。县人民检察院抗诉,市中级人民法院维持原判。马某提出国家赔偿请求,应以谁为赔偿义务机关(　　)。

A. 县公安局、县人民检察院、县人民法院为共同赔偿义务机关

B. 县公安局、县人民检察院为共同赔偿义务机关

C. 县人民检察院、县人民法院为共同赔偿义务机关

D. 县人民法院、市中级人民法院为共同赔偿义务机关

4. 张某因为与赵某醉酒后打架斗殴将赵某鼻子打出血而被公安机关拘留。然后由人民检察院批准逮捕,并向人民法院以故意伤害罪提起公诉。经人民法院审理认为张某的行为不构成犯罪,张某于是被释放。在本案中,应当作为刑事赔偿义务机关的是(　　)。

A. 公安机关应当作为刑事赔偿义务机关,因为公安机关对张某实施了拘留

B. 应当由检察机关赔偿,因为张某的行为并没有构成犯罪而被错误地逮捕

C. 应当由公安机关和人民检察院共同赔偿,因为二者都侵犯了张某的人身权

D. 公安机关应当对其拘留行为承担赔偿责任,检察机关应当对其批准逮捕的行为承担责任

二、多项选择题

1. 王某是监狱管理人员,与郭某有隙。后郭某因盗窃罪被关押于王某所在的监狱。王某于是在巡视时借机找碴儿,对郭某进行殴打。郭某被打成重伤,遂要求刑事赔偿。下列说法中正确的是(　　)。

A. 国家不应当给予刑事赔偿,因为王某的行为是个人行为

B. 国家应当给予刑事赔偿,因为王某的行为侵犯了郭某的人身权

C. 国家在赔偿后,应当向王某追偿

D. 王某的行为如果构成犯罪,应当依法追究刑事责任

2. 2002年7月3日,张某驾驶车辆携带所承包金矿自产30公斤黄金前往甲市销售,途中被甲市公安局截获。公安局以张某违反《金银管理条例》,涉嫌经营国家限制买卖物品为由,对张某采取刑事拘留措施,并扣押了涉案黄金。随后检察院批准对张某逮捕。2003年2月,国务院发布决定,取消了涉及黄金生产销售的许可证,检察院遂以认定犯罪的法律、法规已经发生变化为由,做出不起诉决定,但并未返还扣押的黄金。张某不服,提出国家赔偿请求。关于此案,下列哪些说法不正确的是(　　)。

A. 检察院应当责令公安局返还扣押的黄金

B. 公安局与检察院为共同赔偿义务机关
C. 对张某被羁押期间的损失,国家应当承担赔偿责任
D. 对张某被扣押的黄金,应当返还

3. 被告人经审判监督程序改判无罪前的哪些情形,国家不承担赔偿责任(　　)。
A. 执行刑罚中被保外就医的,对保外就医期间的刑罚
B. 执行刑罚中被依法减刑的,对被减刑部分的刑罚
C. 被判处有期徒刑缓刑的
D. 被判处管制刑罚的

附录　同步练习答案

第一编　课程导读

学习任务一　认识刑事诉讼

一、单项选择题

1. A　　2. D　　3. C

二、案例分析题

李家大哥的主张是错误的,当自己的合法权益遭受侵害时,应寻求法律的保护;李家二哥的主张是正确的;村干部的主张是错误的。

王家兄弟的行为已经构成犯罪,李家众人可通过提起刑事诉讼的方式来保护其合法权益。

学习任务二　刑事诉讼法律关系主体

一、单项选择题

1. C　　2. D　　3. B　　4. B　　5. A

二、多项选择题

1. ABC　　2. BCD　　3. BCD　　4. ABCD　　5. BCD

三、不定项选择题

1. D　　2. ABCD　　3. C　　4. ABCD

学习任务三　刑事诉讼的基本原则

一、单项选择题

1. D　　2. D　　3. C　　4. A　　5. D

二、多项选择题

ABC

第二编　情境教学——刑事自诉案件的诉讼

诉讼任务一　接收与接受自诉案件

一、单项选择题

1. C　　2. A　　3. A　　4. C　　5. B

二、多项选择题

1. ACD　　2. ABC

三、不定项选择题
1. ABCD   2. AB   3. ABD

诉讼任务二 参与刑事自诉案件一审法庭审理
一、单项选择题
1. D   2. C   3. D   4. C   5. D
二、多项选择题
1. AB   2. AB   3. AC   4. BD   5. ABC
三、不定项选择题
1. ABCD   2. BC   3. AB
四、案例分析题

1. 段某所犯两罪分别为侮辱罪和故意伤害罪，前者为告诉才处理的案件，后者为被害人有证据证明的轻微刑事案件，均属自诉案件，应由被害人告诉。县法院在李某未告诉的情况下不应受理此案。

2. 本案不能公开审理，因为此案涉及当事人的个人隐私。

3. 段某表示不请律师，法院应为其指定律师进行辩护。因为段某是未成年人，按照法律规定，犯罪嫌疑人、被告人是未成年人时，属于指定辩护的范围。

4. 法院仍开庭审理是错误的，此案属于自诉案件中的告诉才处理的案件，自诉人有权处分自己的诉讼权利，撤回告诉。

5. 法院的以下做法是错误的：第一，法院公开审理此案；第二，李某不想控告段某，而法院仍开庭审理案件；第三，法院只讯问了被告人，没有宣读起诉书，未让段某作最后陈述；第四，法院未对附带民事部分做出处理。

6. 不适当，因为李某提出了附带民事诉讼，法院应当处理。

诉讼任务三 参与刑事自诉案件二审法庭审理
一、单项选择题
B
二、多项选择题
1. ABCD   2. AB   3. ACD

诉讼任务四 参与审判监督程序引起的再审审理
一、单项选择题
1. C   2. C   3. B   4. D
二、多项选择题
1. BD   2. ABD   3. ABD
三、不定项选择题
1. ABD   2. C   3. BCD   4. AB

诉讼任务五　协助刑事自诉案件执行

一、单项选择题

1. B　　2. B

二、多项选择题

CD

三、案例分析题

1. 本案属于公安机关管辖。

2. 张父可以直接向法院起诉。因为这种情况属于自诉案件的第三类,公安机关应该立案而未立案的,可以向人民法院提起自诉。

3. 可以提起附带民事诉讼,不能请求精神损失。

4. 不能调解,可以撤诉。

5. 不能适用简易程序。

第三编　情境教学——刑事公诉案件的诉讼

诉讼任务一　立案、侦查阶段提供法律服务

一、单项选择题

1. A　　2. A　　3. D　　4. C　　5. C

二、多项选择题

1. ABD　　2. BC　　3. BD　　4. CD　　5. ABCD

三、不定项选择题

1. C　　2. AD　　3. ABCD

四、案例分析题

1. 公安局的负责人认为对李某的拘留不需要经人大常委会的同意,是违法的。

2. 公安局近一个月未对李某进行询问是违法的。

3. 公安局认为对李某的拘留期限可以适用37天而不同意释放,是违法的。

诉讼任务二　提起公诉阶段的法律服务

一、单项选择题

1. B　　2. B　　3. D　　4. D　　5. B

二、多项选择题

1. AC　　2. BCD　　3. ABC　　4. BC　　5. BCD

三、不定项选择题

1. AD　　2. AB　　3. AB

四、案例分析题

1. 案件不应由检察院侦查是错误的。

2. 检察机关将案件退回公安机关补充侦查是错误的。

诉讼任务三 参与公诉案件一审审理

一、单项选择题

1．B　　2．A　　3．B　　4．D　　5．C

二、多项选择题

1．ACD　　2．AC　　3．ABCD　　4．AB　　5．ABD

三、不定项选择题

1．ABD　　2．AD

四、案例分析题

1．公诉人对被告人甲、乙同时讯问违反了分别进行讯问的原则。

2．附带民事诉讼原告不能就有关犯罪事实向被告人发问。

3．戊作为证人不能旁听案件的审理。

4．戊作为控方证人，控辩双方向其发问的顺序错误，应当先由要求传唤的一方进行发问。

5．公诉人在庭审中发现有漏罪的只能追加起诉，不能撤回起诉。变更、追加、撤回起诉应当报经检察长或检察委员会决定，并以书面方式向人民法院提出，公诉人不能当庭迳行决定。

6．法院对检察机关撤回起诉的要求应以裁定而不能以决定的方式做出。

7．审理部分被告人上诉的案件，应当对全案进行审查，包括甲、乙罪刑及附带民事诉讼部分的审查。

诉讼任务四 参与公诉案件二审审理

一、单项选择题

1．D　　2．C　　3．C　　4．C　　5．C

二、多项选择题

1．ABCD　　2．AB　　3．ACD　　4．BD　　5．BC

三、不定项选择题

1．C　　2．AC　　3．BD　　4．ABD　　5．BCD

诉讼任务五 参与死刑复核程序审理

一、单项选择题

1．B　　2．C　　3．D　　4．C

二、多项选择题

1．ABC　　2．ABCD　　3．AD　　4．BD

诉讼任务六 协助公诉案件执行

一、单项选择题

1．B　　2．B

二、多项选择题

1．ABC　　2．ABC　　3．ABC　　4．BCD　　5．AD

三、不定项选择题
1. D　　2. BD　　3. AC　　4. CD

第四编　特殊程序的刑事诉讼

诉讼任务一　未成年人犯罪案件的诉讼
一、单项选择题
1. C　　2. D
二、多项选择题
1. ABCD　　2. ABC

诉讼任务二　涉外刑事案件的诉讼
一、单项选择题
1. A　　2. D　　3. C　　4. A
二、多项选择题
1. ABCD　　2. ABCD　　3. ABCD　　4. ABCD　　5. ABC
三、不定项选择题
1. A　　2. D　　3. A

诉讼任务三　刑事赔偿程序
一、单项选择题
1. C　　2. A　　3. B　　4. B
二、多项选择题
1. BCD　　2. ABC　　3. ABCD

参 考 文 献

1. 陈光中.刑事诉讼法实施问题研究[M].北京:中国法制出版社,2000.
2. 胡锡庆.刑事诉讼法学[M].北京:法律出版社,2000.
3. 陈瑞华.刑事诉讼的前沿问题[M].北京:中国人民大学出版社,2000.
4. 胡锡庆.刑事诉讼热点问题探究[M].北京:中国人民公安大学出版社,2001.
5. 陈光中等.刑事诉讼法学[M].北京:中国政法大学出版社,2002.
6. 甄贞.刑事诉讼法学研究综述[M].北京:法律出版社,2002.
7. 谢佑平,万毅.刑事诉讼法原则:程序正义的基石[M].北京:法律出版社,2002.
8. 叶青.中国审判制度研究[M].上海:上海社会科学出版社,2003.
9. 陈瑞华.问题与主义之间——刑事诉讼基本问题研究[M].北京:中国人民大学出版社,2003.
10. 王国枢.刑事诉讼法学[M].北京:北京大学出版社,2003.
11. 徐静村.21世纪中国刑事程序改革研究:《中华人民共和国刑事诉讼法》第二修正案(学者建议稿)[M].北京:法律出版社,2003.
12. 叶青.刑事诉讼证据问题研究[M].北京:中国法制出版社,2003.
13. 樊崇义.诉讼原理[M].北京:法律出版社,2003.
14. 宋英辉.刑事诉讼原理[M].北京:法律出版社,2003.
15. 卞建林.刑事诉讼的现代化[M].北京:中国法制出版社,2003.
16. 宋英辉.刑事诉讼原理导读[M].北京:法律出版社,2003.
17. 汪海燕.刑事诉讼模式的演进[M].北京:中国人民公安大学出版社,2004.
18. 陈光中.刑事再审程序与人权保障[M].北京:北京大学出版社,2005.
19. 樊崇义,陈卫东.刑事公诉制度研究[M].北京:中国人民公安大学出版社,2005.
20. 彭海青.刑事诉讼程序设置研究[M].北京:中国法制出版社,2005.
21. 夏勤.刑事诉讼法释疑(第六版)[M].北京:中国方正出版社,2005.
22. 陈卫东主编.刑事诉讼法资料汇编[M].北京:法律出版社,2005.